區塊鏈➕時代
區塊鏈在金融領域的應用

帥青紅、段江、夏可〇編著

即將改變你未來的生活
會跟水一樣重要
不去了解日子將處處不便

區塊鍊不是只有加密貨幣功能

崧燁文化

前言

自 2008 年比特幣誕生以來，區塊鏈概念逐步受到社會各界的關注。經過近十年的發展，區塊鏈在 2018 年迎來了爆發的一年，其在行業中的應用開始顯現。金融業順勢而為，也大力開展區塊鏈的應用與研究。

有人把區塊鏈比作互聯網的 4.0 時代，因為區塊鏈是基於互聯網的一項新技術。其實它也和互聯網一樣，是一項基於底層的基礎技術。從長遠來看，儘管區塊鏈在概念提出之初存在資本過熱、ICO 虛高等問題，但它畢竟是一項基本技術，有為經濟和社會系統創造新基礎平臺的巨大潛能。區塊鏈是產業互聯網向價值互聯網轉變的重要基石，是現代數字貨幣體系的重要技術之一。它以密碼學技術為基礎，通過分佈式多節點「共識」機制，可以「完整、不可篡改」地記錄價值轉移（交易）的全過程。區塊鏈採用的具體技術包括密碼學、共識協議、博弈論、數據存儲、P2P 通信等，是多種已有技術的融合創新。

互聯網巨頭特別是 B（百度）A（阿里巴巴）T（騰訊），紛紛開展了區塊鏈技術與應用的研究。

騰訊從 2016 年起就開始自研區塊鏈底層技術，2017 年完成底層技術完整累積，目前已進入商業應用階段，進入金融、公益、法務、物流等多個領域。早在 2016 年 4 月，騰訊推出了區塊鏈落地「公益尋人鏈」，第一次實現各大公益平臺的信息共享；同年 5 月，微眾銀行就在深圳參與發起了金融區塊鏈合作聯盟——金鏈盟，其目的是共同開發適用於金融機構的聯盟區塊鏈；在金融和公益之外，騰訊

還在 2017 年 9 月和英特爾達成合作，宣布雙方將共同開發區塊鏈技術，用來提高物聯網場景中的安全防護能力。騰訊發布的《騰訊區塊鏈方案白皮書》披露了其區塊鏈整體架構：底層是自主研發的 Trust SQI 平臺，中層的 Trust Platform 是構建區塊鏈應用平臺產品，頂層的 Trust Application 則是用來向最終用戶提供區塊鏈應用。

百度在 2016 年 6 月投資美國區塊鏈技術支付公司 Circle；2017 年 5 月，百度金融與其他金融機構聯合發行了區塊鏈技術支持的 ABS 項目，發行規模 4.24 億元；2017 年 9 月，「百度—長安新生—天風 2017 年第一期資產支持專項計劃」發行，是國內首單場內公募 ABS；2017 年 10 月，百度金融正式加入 Linux 基金會旗下超級帳本；2018 年 1 月，百度推出區塊鏈開放平臺 BaaS，該平臺被命名為「百度 Trust」，主要用來幫助企業聯盟構建屬於自己的區塊鏈網絡平臺，目前已經支撐了超過 500 億元資產的真實性問題。

阿里巴巴已基於區塊鏈技術去中心化、分佈式存儲及防篡改的特性落地了多個應用場景，包括公益、正品追溯、醫療等，且主要集中於區塊鏈的底層技術，如「共識」機制、平臺架構、隱私保護和智能合約等。2016 年 7 月，螞蟻金服將區塊鏈技術應用於支付寶愛心捐贈平臺；2016 年 10 月，阿里與微軟、小蟻、法大大等合作開展「法鏈」；2017 年 3 月，阿里與普華永道展開合作，應用區塊鏈技術實現食品可溯源；2017 年 8 月，阿里健康與江蘇常州合作推出「醫聯體+區塊鏈」試點項目；2017 年 10 月，螞蟻金服技術實驗室宣布開放區塊鏈技術，支持進口食品安全溯源；2017 年 11 月，阿里巴巴與螞蟻金服宣布承建數字雄安區塊鏈實施平臺；同月，天貓國際宣布升級全球原產地溯源計劃。從合作項目來看，目前螞蟻金服已經成為阿里系內部對區塊鏈應用最深的團隊。

區塊鏈技術為我們解決信任和價值傳遞問題提供了一個新穎而實用的方案，我們可以不用只是依靠紙質合約的所謂約定，通過區塊鏈技術，可以將裡面的條款編寫成智能合約，部署在區塊鏈系統

上，系統將會嚴格地按照事先的約定條件來執行，沒有人能夠去篡改，也沒有人能夠撕毀。

區塊鏈是數字貨幣的技術載體，是發展數字經濟的重要形態，它不僅可以重塑貨幣市場、支付系統、金融服務及經濟形態的方方面面，而且將會改變人們生活的多個領域。金融行業由於是最數字化的行業，所以也被認為是可以最先應用區塊鏈技術的行業。中國中央銀行也正在研討數字貨幣方案。而大部分區塊鏈創業者的目標，也瞄準了各種各樣的金融行業應用。目前比較成熟的有支付、跨境匯款、眾籌、數字資產交易等，還有幾十個金融應用場景正在各大金融機構的區塊鏈創新實驗室裡進行試驗和驗證。因此，區塊鏈技術將日益成為整個數字化社會運行的基礎平臺，將把我們帶入價值高速公路時代。

隨著人們對區塊鏈技術的認識的加深，大家終將意識到，與其說這是一類技術，不如說這是一類思想，它代表了一種公正透明、信任協作的價值觀。我們將沿著歷史發展的路線，從最初的黃金屋(加密數字貨幣)走到智能合約，再走向更有前景的區塊鏈社會。

文明的發展就像河流一樣，每時每刻都靜靜地朝著一個方向流動著，而總會在某一刻，一顆包裹著新科技的石子落進了河流中，激起了新文明的浪花，並且產生了連續的波動，波動所到之處，皆會發生改變，我們就在這一次又一次的波動中，從遙遠的蠻荒，奔向文明的未來。區塊鏈技術就是這其中的一顆石子，就在某年某月某日，它就那麼滾落了進來，在它的附近開始激起了一些漣漪，然後有人發現這種技術真是太妙了，它能創造出數字貨幣，能創建信任網絡，能用它來解決太多的問題。於是產生了越來越多的波動，越來越多的人開始討論這種新思想，傳統的思路開始發生變革，難以解決的問題開始有了新方案，它將開始爆發。讓我們做好準備，我們每個人都將會成為新技術文明中的一員，站在風口浪潮之前，迎接這已到來的文明的波動！讓我們一起迎接區塊鏈時代的來臨吧！

在本書的撰寫過程中，參考了許多中外有關研究者的文獻和著作，在此一併致謝。本書編寫時間倉促，筆者閱覽、借鑑了大量國內外的出版物和網上資料，由於文中體例限制而未一一註明，或在參考文獻中有個別未予列出，在此謹向諸多學者、同仁表示由衷的敬意和感謝。

筆者非常感謝所有關心、支持和幫助過筆者的朋友、同事和家人，在此一併致謝！

帥青紅

目 錄

1 區塊鏈的起源
  1.1 比特幣的誕生 // 2
    1.1.1 神祕的創始人 // 2
    1.1.2 認識比特幣 // 6
  1.2 區塊鏈的發展 // 12
    1.2.1 區塊鏈的特性 // 12
    1.2.2 區塊鏈的發展歷程 // 15
  1.3 區塊鏈的區域認識 // 18
    1.3.1 區塊鏈在俄羅斯 // 18
    1.3.2 區塊鏈在美國 // 19
    1.3.3 區塊鏈在中國 // 20
    1.3.4 區塊鏈在歐洲 // 22
    1.3.5 區塊鏈在亞洲 // 24
    1.3.6 區塊鏈在大洋洲 // 26
2 區塊鏈核心技術
  2.1 區塊鏈基本原理 // 28
  2.2 區塊鏈的主要技術構成 // 29
    2.2.1 核心技術1：區塊+鏈 // 30
    2.2.2 核心技術2：分佈式結構 // 32
    2.2.3 核心技術3：非對稱加密算法 // 34
    2.2.4 核心技術4：腳本 // 35
  2.3 區塊鏈和密碼學 // 36
    2.3.1 密碼學概述 // 36

          2.3.2　密碼學在密碼學貨幣時代的發展 // 38
          2.3.3　哈希算法與 Merkle 樹 // 40
   2.4　挖礦以及共識機制 // 42
          2.4.1　挖礦 // 42
          2.4.2　智能合約 // 43
          2.4.3　共識機制 // 43
   2.5　區塊鏈交易過程——比特幣的例子 // 48
          2.5.1　產生新交易 // 49
          2.5.2　簽名加密 // 50
          2.5.3　交易在比特幣網絡中傳播 // 51
          2.5.4　整合交易 & 構建新區塊 // 53
          2.5.5　挖礦 // 54
          2.5.6　新區塊連接到區塊鏈 // 55

3　**區塊鏈價值**
   3.1　區塊鏈在金融領域的價值 // 58
          3.1.1　區塊鏈在數字貨幣應用中的價值 // 58
          3.1.2　區塊鏈在銀行業中的價值 // 60
          3.1.3　區塊鏈在證券業中的價值 // 62
          3.1.4　區塊鏈在保險業中的價值 // 64
   3.2　區塊鏈在非金融領域的價值 // 66
          3.2.1　區塊鏈在電商交易平臺中的價值 // 67
          3.2.2　區塊鏈在農產品市場中的價值 // 69
          3.2.3　區塊鏈在醫療健康行業中的價值 // 70

4　**區塊鏈與數字貨幣**
   4.1　概述 // 74
          4.1.1　數字貨幣定義 // 74
          4.1.2　數字貨幣的發展狀況 // 74
          4.1.3　數字貨幣的特點 // 77
   4.2　主要數字貨幣簡單解析 // 80

　　　　4.2.1　解析幣種原則 // 80
　　　　4.2.2　幣種解析 // 81
　　4.3　瑞波幣 // 84
　　　　4.3.1　瑞波系統與瑞波幣簡介 // 85
　　　　4.3.2　瑞波系統的工作原理 // 85
　　　　4.3.3　瑞波與 SWIFT 的對比 // 87
　　　　4.3.4　瑞波系統的風險和缺陷 // 88
　　4.4　基於區塊鏈技術的法定數字貨幣 // 88
　　　　4.4.1　中國法定數字貨幣研究背景及定義 // 88
　　　　4.4.2　區塊鏈技術發行法定數字貨幣的優勢 // 90
　　　　4.4.3　中國法定數字貨幣特徵、運行框架、核心技術及
　　　　　　　應用 // 92
　　4.5　基於區塊鏈技術的法定數字貨幣展望 // 98
　　　　4.5.1　不足 // 98
　　　　4.5.2　對中國發行法定數字貨幣的建議 // 99

5　區塊鏈與銀行

　　5.1　區塊鏈是傳統銀行的戰略性機遇 // 104
　　　　5.1.1　互聯網金融對傳統銀行的挑戰 // 104
　　　　5.1.2　區塊鏈成為銀行業變革的利器 // 105
　　　　5.1.3　區塊鏈銀行應用的優勢 // 106
　　5.2　區塊鏈在銀行業務中的應用 // 107
　　　　5.2.1　區塊鏈在銀行信貸管理中的應用 // 107
　　　　5.2.2　區塊鏈在銀行國際結算業務中的應用 // 111
　　　　5.2.3　區塊鏈在銀行票據中的應用 // 116
　　　　5.2.4　區塊鏈在銀行反洗錢工作中的應用 // 123
　　　　5.2.5　區塊鏈在銀行產業鏈金融中的應用 // 125
　　5.3　未來發展 // 127
　　　　5.3.1　區塊鏈在銀行中的應用面臨的挑戰 // 127
　　　　5.3.2　未來區塊鏈在銀行中應用的應對策略 // 128

6 區塊鏈與保險

- 6.1 保險業引入區塊鏈技術 // 133
  - 6.1.1 保險業現狀分析 // 133
  - 6.1.2 保險業引入區塊鏈的必要性 // 133
  - 6.1.3 區塊鏈與保險的「基因相似性」分析 // 136
- 6.2 實際應用 // 140
  - 6.2.1 行業痛點 // 140
  - 6.2.2 業內應用現狀 // 142
  - 6.2.3 農戶養殖保險 // 142
  - 6.2.4 航運區塊鏈保險平臺 // 143
  - 6.2.5 區塊鏈銀行保險業務平臺 // 143
  - 6.2.6 區塊鏈積分通兌 // 144
- 6.3 應用場景之反詐欺 // 145
  - 6.3.1 唯一性困境 // 145
  - 6.3.2 詐欺識別 // 146
  - 6.3.3 信息共享 // 147
- 6.4 應用場景之智能合約 // 149
  - 6.4.1 合同效率 // 149
  - 6.4.2 智能合約 // 149
  - 6.4.3 智能合約在保險上的優勢 // 150
  - 6.4.4 現階段的應用 // 151
  - 6.4.5 智能合約存在的爭議 // 154
- 6.5 應用場景之互助保險 // 154
  - 6.5.1 互助保險的概念 // 154
  - 6.5.2 互助保險的發展情況 // 155
  - 6.5.3 互助保險在中國面臨的挑戰 // 156
  - 6.5.4 區塊鏈與互助保險的結合 // 157
- 6.6 區塊鏈在保險業的發展前景 // 160
  - 6.6.1 大規模商用需要解決的技術難題 // 160

6.6.2　行業應用發展前景 // 160
　　　6.6.3　應用方向的選擇與思考 // 161

7　**區塊鏈與證券**
　7.1　基於區塊鏈的證券市場 // 164
　　　7.1.1　應用潛力巨大 // 164
　　　7.1.2　區塊鏈在交易所的佈局 // 165
　7.2　區塊鏈在證券發行與交易中的應用 // 166
　　　7.2.1　區塊鏈優化證券發行 // 166
　　　7.2.2　區塊鏈優化場外交易 // 168
　7.3　區塊鏈在證券清算與結算中的應用 // 171
　　　7.3.1　區塊鏈簡化清算流程、降低結算風險 // 172
　　　7.3.2　區塊鏈清算結算應用的局限性 // 173
　7.4　區塊鏈在資產證券化中的應用 // 175
　　　7.4.1　資產支持證券（ABS）概述 // 175
　　　7.4.2　區塊鏈應用於資產證券化的優勢 // 177
　　　7.4.3　區塊鏈技術在 ABS 上的應用
　　　　　　——以京東金融為例 // 177
　7.5　區塊鏈在股東投票中的應用 // 178
　　　7.5.1　傳統的股東投票制度 // 179
　　　7.5.2　區塊鏈股東投票系統 // 180

8　**區塊鏈與大數據**
　8.1　大數據概述 // 184
　　　8.1.1　數據量大（Volume）// 184
　　　8.1.2　類型繁多（Variety）// 184
　　　8.1.3　價值密度低（Value）// 184
　　　8.1.4　速度快時效性強（Velocity）// 184
　　　8.1.5　數據是在線的（Online）// 185
　8.2　大數據發展歷程 // 185
　　　8.2.1　政府推動 // 186

8.2.2　大數據價值 // 187
8.3　區塊鏈重構大數據 // 187
　　8.3.1　區塊鏈使大數據極大地降低信用成本 // 188
　　8.3.2　區塊鏈是構建大數據時代的信任基石 // 188
　　8.3.3　區塊鏈技術健全大數據價值流通體系 // 190
8.4　區塊鏈和大數據的結合 // 193
　　8.4.1　區塊鏈技術進入大數據領域彌補大數據的不足 // 193
　　8.4.2　大數據技術提升區塊鏈效率 // 195
　　8.4.3　區塊鏈為大數據行業帶來新的可能 // 196
8.5　區塊鏈+大數據的應用 // 199
　　8.5.1　智能電網的應用 // 199
　　8.5.2　數字資產的應用 // 200
　　8.5.3　社交數據的應用 // 202
　　8.5.4　預測市場的應用 // 204

9　區塊鏈+時代

9.1　區塊鏈的現狀 // 208
　　9.1.1　BATJ等的佈局 // 208
　　9.1.2　各國（地區）政府的態度 // 215
　　9.1.3　中國各級政府的政策 // 218
9.2　區塊鏈的未來 // 224
　　9.2.1　區塊鏈+金融面臨的挑戰與發展趨勢 // 224
　　9.2.2　區塊鏈技術在非金融領域應用的發展趨勢 // 228

1　區塊鏈的起源

1.1 比特幣的誕生

提及區塊鏈的起源，就不得不瞭解比特幣的誕生。作為目前世界上應用區塊鏈技術最成功的項目，比特幣自誕生之初就充滿了神奇的色彩並引來頗多爭議，而且伴隨著其價格的大漲而越來越多地出現在公眾媒體與大眾的視野中。2018 年是比特幣問世的第十年，也是區塊鏈技術出現的第十年。區塊鏈從最初的默默無聞到如今的震驚世界，並成為未來科技主流發展的方向之一，這期間比特幣到底經歷了什麼？讓我們來短暫地回顧一下。

在 2008 年 11 月，也就是全球經濟危機全面爆發之際，一個網名為「中本聰」的人通過互聯網發表了一篇題為《比特幣：一個點對點電子現金系統》（*Bitcoin: A Peer-to-Peer Electronic Cash System*）的文章。在這篇文章裡，中本聰構想了一種基於區塊鏈（block chain）的比特幣系統，沒錯，如今大火的區塊鏈技術，其創造者正是中本聰。

這篇研究報告最初只是在一個隱密的密碼學討論小組中提出的，隨後他又開發出最早的比特幣發行、交易和帳戶管理系統。在 2009 年 1 月 3 日，中本聰挖掘出了第一個區塊鏈，最初的 50 個比特幣宣告問世。至此，比特幣這套系統可以算是真正誕生了。而這個最初的區塊鏈也被稱為「上帝區塊」，被比特幣的信仰者與追隨者們視為一切的開端。

1.1.1 神祕的創始人

所有人都知道比特幣的創始人化名為「中本聰」，但值得一提的是，直到現在，他的真實身分依舊撲朔迷離。相關專家從未聽說過他，有關他的信息也寥寥無幾。

網絡上的簡介顯示他居住在日本，但他的電子郵箱地址來自德國的一個免費服務站點。他很少透露自己的信息，在網上談論的話題也只限於源代碼技術的討論。2010 年 12 月 5 日，在比特幣使用者開始要求維基解密接受比特幣捐贈後，中本聰首次參與到了技術業務以外的話題，

並在論壇發帖表示「這個項目需要逐步成長，這樣軟件才能在這個過程中不斷增強。我呼籲維基解密不要接受比特幣，它還只是一個萌芽階段的小型測試社區。在這個階段，如果不能妥善處理，只會毀了比特幣」。

接下來，就像他的神祕出現一樣，中本聰再次消失了。格林尼治時間 2010 年 12 月 12 日 6 點 2 分，他在論壇發了最後一個帖子，談到軟件最新版本中幾個無關緊要的細節，電郵回覆也完全終止，只與少數幾個核心開發者還保持間斷聯繫。而到了 2011 年 4 月 26 日，他對核心開發者安德烈森的郵件也不再回覆了。

安德烈森告訴編碼員，中本聰希望他們在公開談論比特幣時應淡化「神祕創始人」的話題。

作為比特幣的創造者，中本聰本人據說擁有約 100 萬個比特幣，按照如今的市值換算，價值至少有 100 億美元，即便放在頂級的富豪圈子裡也絕對是巨頭級的人物。而因為區塊鏈的不可篡改性與私鑰簽名，這些最初的比特幣也是能夠證明他身分的最有力的證據。

人們將很多在區塊鏈上有著傑出技術的人猜測為中本聰。首個獲得此殊榮的，是一個叫多利安·S. 中本聰的日裔美國人。多利安被綁上「比特幣之父」的標籤是在 2014 年。國外媒體挖出來的情報顯示，此人畢業於加州州立理工大學，獲得物理學學士學位，曾經供職多家公司，參與過國防保密項目，從事過很多機密工作，這些「履歷」都很容易讓人將其同比特幣聯繫起來。不過，儘管媒體一度篤信多利安就是比特幣的發明人，然而多利安始終不承認自己同比特幣的誕生有關。實際上，媒體找到多利安時，後者正過著窮困潦倒的生活，怎麼看都不像是一個坐擁近百萬個比特幣的「隱豪」。而決定性的轉折是那個曾經消失了近 5 年的「中本聰」突然借互聯網重現江湖，發了一則極為簡短的消息：「我不是多利安。」

在多利安被排除是中本聰的可能性後，人們並未放棄尋找「比特幣之父」的努力。2016 年 5 月，第二個中本聰很快就「浮出水面」。這回被冠上「比特幣之父」的，是一個名叫克雷格·賴特的澳大利亞企業家。值得一提的是，賴特是主動公開站出來宣稱自己就是「中本聰」

的。現實中的賴特是一名計算機科學家兼商人，曾在澳大利亞證券交易所、會計師事務所 BDO Kendalls 及多個信息技術公司任職，其一大成就是他於 1999 年設計了世界上第一個網上賭場 Lasseter's Online。重點還在於，賴特本身就是一個比特幣大玩家，而他名下還有一家從事數字加密貨幣的公司。那麼賴特為何要公開「承認」自己就是比特幣的發明者呢？對此，賴特的說法是為了結束大家多年來的猜想。當然，空口無憑，賴特也出示過所謂的證據，包括一份用「中本聰」帳號的私鑰所產生的簽名，不過這只是比特幣第一筆交易的密鑰簽名，發生於比特幣出現後的第 9 天，並不是與最初那 50 個「上帝區塊」比特幣有關的密鑰，不具備實際說服力。

很快，賴特的信誓旦旦就迎來了考驗——澳大利亞政府長期對比特幣在內的數字加密貨幣持近似於敵對的態度，甚至賴特過去好幾次嘗試在澳大利亞開設數字貨幣相關業務都被政府阻撓，而這回賴特的高調終於引發了政府的不爽，於是以「稅務調查」的名義出動聯邦警察搜查了賴特的公司和住所。就在政府的搜查行動結束後沒多久，賴特以無法應對外界的質疑為由刪掉了他用來證明自己是比特幣發明者的證據，淡出了公眾的視線。也有人認為這不過是賴特在炒作自己的騙局被戳破後為退場找的借口而已。

而目前最後一個被認為可能是中本聰本尊的人是哈爾·芬尼。哈爾·芬尼在 2014 年因為「漸凍症」去世，並且死前他選擇參與名為「人體低溫貯藏」的實驗項目，也就是將自己的屍體用零下 195 攝氏度的超低溫保存起來，以期未來人類科技進步到能夠讓人起死回生時再讓自己復活。撇開「人體低溫貯藏」先驅實驗者的身分不提，之所以如今有人將芬尼同比特幣的誕生聯繫起來，是因為有很多事實都從側面證明了這點：芬尼生前乃是 IT 界公認的「技術大拿」，他是 PGP（開創性的加密軟件）的第二個開發者，創造了匿名軟件 Tor 的前身。

此外，中本聰進行第一次比特幣的交易對象正是芬尼，並且芬尼當時還是除中本聰以外最早一批為比特幣的開源項目提供技術支持的開拓者之一。有人認為，中本聰其實就是芬尼用來掩飾其真身所特意創造的

一個匿名帳戶，而他同中本聰之間的互動也不過是障眼法而已。另外一點證據也很重要：芬尼是在 2009 年被確診為漸凍症的，因為這種惡疾，芬尼逐步喪失了四肢的活動能力。而正是從 2009 年開始，中本聰逐步從網絡上銷聲匿跡。有必要提及一件事，那就是即便因為疾病而全身麻痺，芬尼仍堅持通過眼球控制器為比特幣項目貢獻代碼，積極參與比特幣社區的討論。然而，前文有提到，在 2014 年，當眾人都認為多利安就是中本聰本尊時，中本聰突然現身網絡對自己的身分予以闢謠，而此時芬尼的時日已經所剩不多，甚至完全沒法做到同外界進行溝通（整個人接近癱瘓），所以認為芬尼就是中本聰本人，同樣是疑點眾多。不僅如此，晚年的芬尼生活非常窘困，甚至他參加「人體低溫貯藏」項目的部分費用直接源自於一些比特幣粉絲主動捐贈的比特幣，這顯然不符合中本聰擁有百萬枚比特幣的「隱豪」身分。

對中本聰真實身分的探討與猜測從未停止，同時人們也開始思考「中本聰」對於比特幣的意義。在 TechCrunch 的報導中，他們用 Linux 來進行類比：「Linux 的創始人 Linus Torvalds 並不是第一個使用開源代碼的人，但這個市場就是需要一個起源的故事，關鍵在於這種技術能夠讓人不再花費大量資金去租用專業服務器，而是使用自己的計算機作為服務器。」

康奈爾大學的教授 Emin Gun Sirer 就認為：「最重要的是中本聰帶來了什麼。我們的銀行架構非常陳舊，從千年蟲問題爆發以來基本上沒有改進……直到今天，銀行還是通過差勁的方式管理我們的資金。當然我不會肯定像比特幣一樣的虛擬貨幣就是終極解決方案。比特幣在安全方面還有很大的難度需要挑戰，但中本聰和他的一些前輩還是帶來了一些全新的技術思路，能夠應用在我們全球的社會中。有責任的媒體應該放下對於『中本聰』這個人的猜測，更多地去關注其帶來的技術與影響。」

中本聰雖然神祕地消失了，但他留下的比特幣與區塊鏈技術卻蓬勃發展。也許這個問題終有一日會得到答案，但那時可能問題本身已經不再重要，因為比特幣不再屬於中本聰與任何一個人，而是所有人都可以使用的工具。就像那個很可能是中本聰的人在反駁賴特就是中本聰的猜

測時留下的話一樣：「我不是克雷格・賴特。我們每個人都是中本聰。」（I am not Craig Wright. We are all Satoshi.）

1.1.2 認識比特幣

1.1.2.1 比特幣原理

簡單來說，比特幣是一種通過密碼編碼，基於區塊鏈技術在複雜算法的大量計算下產生的，去中心化點對點交易的數字貨幣。「幣」這個詞雖然準確地描述了其金融特性，但過於形象，大多數人對於它如何與完全虛擬的「比特」關聯起來迷惑不解。其實在比特幣的系統中，最重要的並不是「幣」的概念，而是一個沒有中心存儲機構的「帳本」概念。

在比特幣的系統中，每 10 分鐘會通過礦工產生一個區塊（block），這個區塊是一份帳單，裡面記錄的是 10 分鐘內全球發生的所有交易信息，一個區塊相當於帳本中的一頁，而這一頁上面記錄了這 10 分鐘內全球的交易信息。比特幣會永久保存自創世區塊以來的所有有效區塊，其中每一個區塊都被打上了時間戳（timestamp），通過計算機算法得到的哈希值來告訴人們它的上一個區塊是哪個，嚴格按照這樣的時間順序將所有區塊組織成一個首尾相接的長長的數據鏈條，故名區塊鏈。

每一個比特幣的節點（使用比特幣客戶端驗證和廣播交易的計算機）都會獲得一份完整的區塊鏈副本，裡面記錄了從創世區塊開始到現在的所有交易數據，相當於區塊鏈就是一個記錄了所有比特幣交易信息且完全開放給很多用戶保存的帳本（分佈式記帳）。由於比特幣帳本已經交給用戶保存，因此不再需要中央機構管理，達成去中心化。

之所以說比特幣的「幣」的概念並不是最重要的，是因為在區塊鏈系統中，比特幣的「幣」是一段保存在所有人帳本中的記錄，並不是具有實體（比如硬幣）或者對應某種實體而發行的具體「貨幣」。如果所有分佈式帳本中都記載某人擁有這些數據，整個交易系統就承認此人對數據的擁有權。想要更改記錄，需要至少同時篡改 51% 以上帳本中的記錄，而這相對於如今比特幣客戶端使用者的規模來說，幾乎是一個不可能完成的任務。

1.1.2.2 數字貨幣與虛擬貨幣

比特幣，或者說隨之誕生的以區塊鏈技術為基準的數字貨幣，與虛擬貨幣並不相同。虛擬貨幣存在於互聯網服務器上，而比特幣作為一種字符串，存在於計算機、手機或者其他本地硬件設備上。

虛擬貨幣是互聯網上的非真實貨幣，如騰訊公司的 Q 幣、盛大的點券，還有一些游戲內的交易貨幣，等等。虛擬貨幣包括網站或應用程序發行的專用貨幣和游戲幣兩種。這類貨幣是互聯網上同類機構或法人內部使用並記帳的符號。

騰訊公司的 Q 幣就屬於網站或應用程序發行的專屬貨幣，可以用來購買 QQ 會員資格、QQ 秀等增值服務，使用比較廣泛。與 Q 幣類似的由即時通信工具服務商或門戶網站發行的用來購買站內服務的貨幣都屬於這一類虛擬貨幣。

大多數游戲應用程序都有自己的專屬游戲幣，而且只能在自身的游戲系統裡使用。在游戲裡，用戶依靠打倒敵人、完成任務或直接用錢購買等方式累積游戲幣，再使用游戲幣購買游戲內的服務。

比特幣是基於互聯網與區塊鏈技術的數字貨幣，隨後誕生的萊特幣、以太坊等都屬於這種類型的貨幣。這類貨幣可以在互聯網上跨機構跨法人使用，並統一記帳。數字貨幣的應用場景比虛擬貨幣更加廣泛，更加接近現實貨幣的功能，承擔著互聯網金融投資、部分領域支付等功能。如果用戶擁有一些比特幣的使用權，那麼通常需要一個比特幣錢包去掌管這些財產。例如 PC 端的 bitcoin-qt 或者手機端的 bitcoin wallet。在比特幣錢包裡，用戶會獲得一個字符串地址和二維碼地址，然後通過這個地址與他人進行比特幣交易。

這個字符串的本質是一串對應的、以密碼學為基準誕生的公鑰和私鑰。用戶通過用私鑰簽名來證明在整個比特幣帳本中的某一個字符串（比特幣）屬於自己。而與別人交易比特幣則用公鑰的地址完成。因此，保存好錢包文件也就是比特幣地址的公鑰和私鑰十分重要。這些文件存儲在用戶的電腦中而不是網絡中，一旦丟失幾乎沒有找回的可能性，但文件本身是可以備份的，用戶可以在多個地方保存文件以防止其

丟失。除此之外，用戶也可以通過加密來保護自己的私鑰地址，這樣就算別人盜取了比特幣地址也無法使用它。

1.1.2.3　比特幣的歷史

在比特幣誕生之初，很少有人知道它，並且當時的比特幣沒有什麼價值。2010年5月21日，第一次比特幣交易發生在佛羅里達，程序員拉斯洛・豪涅茨（Laszlo Hanyecz）用1萬比特幣購買了價值25美元的披薩優惠券。也就是說，比特幣的初始價值應該是0.002,5美元。比特幣產生價值後，挖礦熱度持續走高，2010年11月，全球最大的比特幣交易平臺Mt.Gox上單枚比特幣價格已突破0.5美元，比初始價格上漲約167倍。

2010—2011年，比特幣的價格一直在不停上漲（畢竟價格基數小，加入的人又越來越多），到2011年2月，比特幣價格正式與美元等價，在這不到一年的時間裡價格上漲約333倍。2011年3月到2011年4月，比特幣的發展歷史再一次出現重大轉折點——比特幣與英鎊、巴西幣、波蘭幣兌換交易平臺上線，隨後《時代周刊》《福布斯》等美國主流媒體相繼發表與比特幣相關的文章，來自更多國家的投資者瘋狂湧入炒幣行列，2011年6月8日，比特幣單枚成交價達到31.9美元，創造歷史新高，比初始價格上漲約1.06萬倍。隨後不久，比特幣交易平臺Mt.Gox爆發了「黑客事件」，數字貨幣的安全性受到了投資者們的質疑，比特幣價格持續走低，急遽回落。

2013年3月，按照兌換匯率，全球發行的比特幣總價值超過10億美元，比特幣從這年開始猛漲，投資者們這時才普遍意識到比特幣「去中心化」和「全面監管」的意義是多麼的具有劃時代意義。2013年1月，因塞浦路斯債務危機，不少民眾開始摒棄由銀行監管的傳統金融行業，數字貨幣受到青睞，單枚比特幣價格暴漲至265美元。隨後不久，投資者們漸漸理性下來，比特幣價格開始下跌。2013年下半年，歐洲多數國家競相出抬比特幣發行政策，受到各國民眾的高度重視，比特幣價格開啟飛漲模式，截至當年12月，單枚比特幣價格突破1,147美元，超越黃金國際價格。

2014—2016年比特幣市場持續低迷，原因是數字貨幣市場受外界

干擾頻率較小,新投資者數量不斷減少,沒有成長空間。2015 年 8 月,比特幣單枚價格跌至 200 美元。隨後的 2016 年,比特幣市場迎來巨大變化,其內部變化是年產量開始收縮,外部變化是受英國脫歐、美國大選、亞洲投資者激增等事件影響,價格持續上漲。截至 2016 年 12 月,比特幣單枚價格突破 1,000 美元。

2017 年是比特幣發展史中十分重要的一年,全年漲幅高達 1,700%(要知道,2016 年比特幣價格已經是處於頂峰期了),整個價格走勢圖有如坐了一輪過山車,暴漲暴跌讓投資者為之瘋狂。2017 年全年比特幣最低價位是 789 美元/枚,對應日期為 1 月 11 日,最高價位為 18,674 美元/枚(目前也是歷史記錄最高價位),對應日期是 12 月 18 日。2017 年 1～5 月比特幣價格緩慢上漲,到 5 月中旬上漲到 2,000 多美元/枚,但進入六七月後又開始急速下跌,跌幅達到 45%。2017 年 9 月,國家發布《關於防範代幣發行融資風險的公告》,中國市場熱度漸漸消退,但日本和韓國比特幣投資者持續湧入,比特幣價格一路高漲,12 月 18 日觸及歷史峰值,之後開始暴跌,12 月 31 日封盤價跌破 11,000 美元/枚。

比特幣貨幣市場在 2017 年輝煌一時,但 2018 年的市場表現並不理想。受多方政策影響,比特幣價格開始大幅度下跌。2018 年 1 月的第一個星期,比特幣有過短暫的升值期,1 月 7 日達到峰值 16,448 美元/枚,但從 1 月 8 日開始暴跌,僅 1 月 8 日起一天就跌了 2,219 美元,跌幅達 15.6%,後續幾天有漲有跌,但跌幅始終高於漲幅,截至 2018 年 2 月,比特幣單枚價格為 8,100 美元或 50,585 元人民幣(2018 年 2 月 7 日 18:23 數據),相比 2017 年 12 月峰值 18,674 美元確實低了不少。數字貨幣市場的大起大落還將繼續上演。

比特幣在全球的影響力越來越大,年產量卻越來越少,國內很多投資者都躍躍欲試,這場收益與虧損並存的數字貨幣大戰還將持續很多年。從 0.003 美元的價格起步,到 18,674 美元「前無古人」的天價,再到如今 7,000 多美元的中庸表現,縱觀比特幣這 10 年的發展史,可謂是「暴漲暴跌永不休,幾家歡喜幾家愁」。比特幣的初衷是推廣區塊鏈技術,如今區塊鏈被越來越多的投資者看重,無數科技公司吸收了這

種先進的技術理念，準備將它投入市場運用。不管比特幣以後還會漲跌多少次，未來的技術前景一定是廣闊的。

1.1.2.4 比特幣的特性

區塊鏈比特幣的價格來自其自身的價值，並非商業投機。投機是股市中的一個概念，即購買的目的是買賣。在貨幣市場中，英鎊和日元是投機的典型代表，吸引了大量投機者進行短線操作。與英鎊、日元不同，比特幣並不是投機品，因為比特幣的總量有限，就像黃金一樣有保值功能。眾所周知，儘管市場中很少使用黃金作為流通貨幣，但其市值仍然很高，這不僅是因為它能夠被制成飾品或者金屬元件，還因為人們更看重黃金的保值功能，因此願意買入並持有它。比特幣的價值原理也是這樣。比特幣的價值源於其誕生於區塊鏈中的特性，為未來的互聯網領域尤其是金融領域帶來了不可估量的可能性。

（1）去中心化（Decentralized）

比特幣是一種去中心化自治系統。所謂去中心化，是指這個系統自2009年1月3日創世後，以既定的規則在互聯網中自主運行，不依賴某個機構的服務器，也無須某個機構來監管。換句話說，與傳統貨幣不同，比特幣的運行機制不依賴於任何中央銀行、政府、企業的支持或者信用擔保，而是依賴於對等網絡中種子文件達成的網絡協議。去中心化、自我完善及透明開放的貨幣體質，在理論上確保了任何人、機構或者政府都無法操控比特幣的貨幣總量，或者製造通貨膨脹。比特幣的發行機制如前文介紹的，貨幣總量按照預定的速率逐步增加，貨幣發行速度逐步放緩，並最終在2140年達到2,100萬個的極限，以後不再有新的比特幣發行。這個發行機制是連政府都無法干預的，並且因為規則、代碼和數據的開放性，不存在暗箱操縱的可能性，這在根本上杜絕了不良主權法幣利用通脹剝削公眾利益的弊端，在貨幣體系層面的理解上，這一點恰恰成為數字貨幣之所以具有頑強生命力的驅動力。

（2）信任系統（Trustless）

如前文介紹的，比特幣是一個公開透明的分佈式帳單系統，它把帳單完全公開透明地交給全球所有的比特幣用戶維護。正因為所有用戶都

有一份公開透明的帳單，至少要事先串通51%的用戶做假，才可能讓自己偽造的交易被整個網絡信以為真。比特幣交易被記帳員（礦工）確認後作為帳單分發給所有用戶確認，並且要在系統裡總共確認6次才能被最終接納，再加上所有的帳單都是透明可查的，因此交易的參與方不需要相互瞭解或者彼此信任，不再需要中央銀行這樣的仲介，就能安全可靠地完成交易。綜上所述，比特幣基於區塊鏈所帶來的交易機制在理論上比世界上任何銀行都安全，它幾乎不受任何機構的監管，帳目完整、完全公開且所有記錄將永存（永遠不能被刪除或者篡改），因此它是值得信賴的。

（3）全球支付（Worldwide Payments）

比特幣轉帳依靠的是互聯網，完全沒有國界限制，而且無論身處地球的哪個角落，比特幣的到帳時間都是10分鐘，交易完成的時間都是1小時。對比世界上流通最廣的貨幣——美元，美元通過布雷頓森林協定讓自己成為國際貨幣結算的幣種，但全世界大多數國家都不允許美元在本國國內市場自由流通。如果某個國家想要購買另一個國家的商品，需要將本國貨幣兌換成美元，用美元購買之後，接受美元的國家還需要將美元兌換成自己國家的貨幣。這個流程不但複雜，還必定要給銀行等第三方機構繳納手續費。而以比特幣為代表的數字貨幣，不僅是貨幣，同時也是一種支付網絡。所謂支付網絡，是指依靠比特幣本身構建的錢包軟件，就可以對他人轉帳與收款。就像國外如果沒有PayPal，國內沒有支付寶、微信等軟件解決網絡交易的支付問題，就完全不可能有現在這麼火熱的電子商務市場。對於電子商務來說，支付是至關重要的一環，雖說互聯網沒有國家的界線，各種法定貨幣卻都有過節，它們從來不是全球化的，更談不上完全自由流通，這就是現有的貨幣體系與互聯網之間的矛盾所在，而以比特幣為代表的數字貨幣恰好能完美地解決這裡面的矛盾。

（4）溯源性（Traceability）

因為區塊鏈的產生機制，比特幣的交易不可逆且具有唯一性。在區塊鏈的記錄上每一筆交易都有跡可循且無法篡改，而礦工的6次確認可以杜絕雙重支付的可能性。使用比特幣不需要提供身分信息，所以從比

特幣創始到現在，很多人都認為比特幣是匿名幣，但這只是相對於比特幣不用像使用法幣時那樣把自己的姓名資料等提交給銀行。另外，比特幣轉帳時會用到一種特殊的「找零機制」技術。簡單來說，就是轉帳 1 個比特幣給對方的某個地址（B）時，如果持幣的地址（A）上實際有 10 個比特幣，那麼比特幣錢包會把地址 A 上面的 10 個比特幣全部打出去，1 個轉到地址 B，另外 9 個轉到自己錢包上的某個備用地址 C 上。所以想要猜出比特幣到底轉給了誰，只有 50% 的可能性。如果多轉幾次，那麼猜中的概率就會一直對半降低。不過這些都無法構成真正的匿名，或者說只有在比特幣發展初期的這 10 來年中，可以實現這樣的匿名。這其中的關鍵在於比特幣地址的轉帳記錄都保存在區塊上，是可追蹤的。即使大家不知道地址 A 和 C 都屬於你，但地址 B 的主人知道它們都是你的，因此地址 C 從 blockchain.info 上查詢地址 A 的交易記錄就能查到。如果與地址 B 的主人做過交易，知道地址 B 屬於他，那麼也能查到地址 A 的主人與他做過交易。試想一下，假如某個公司使用比特幣進行交易，那麼這家公司的所有帳目都是清晰可查，且不能篡改的，這將從根本上保證帳目的誠信度。如果某次活動中很多粉絲都用比特幣來給某個明星打賞，那麼這個明星的比特幣資產很容易就被曬個底朝天，並且連帶出其他親朋好友。這就是區塊鏈帶來的溯源性，所有交易記錄都是真實可尋的，只需要證明自己是某個地址的擁有者，那麼前後發生的交易都能清楚明白地查詢到。溯源性是區塊鏈的一個重要特性，不只是表現在比特幣的交易記錄追尋上，在更多拓展應用中都有很高的價值，如新興的農產品溯源、物流溯源等領域。

1.2 區塊鏈的發展

1.2.1 區塊鏈的特性

人們對區塊鏈的認識基本源於比特幣。簡單來說，區塊鏈是一串使用密碼學方法相關聯產生的數據塊，每一個數據塊中包含了一次網絡交

易的信息，用於驗證其信息的有效性和生成下一個區塊。用通俗的概念講，區塊鏈就是一本人人可記的帳本。現實中，在一個公司或機構裡，多數人只有看帳的份兒，而只有少數受過專業訓練的人才有權提筆記帳。當然，區塊鏈並非傳統意義上的帳本，它在技術原理上有以下三個關鍵點：第一，去中心化。一個踐行區塊鏈技術的網絡中，其所涵蓋的每臺計算機均可讀取、添加記錄。從帳本這個角度來講，他們就是共同記帳的人，而沒有權威人士從中指導、修正。第二，非對稱加密。別看這本帳本人人可記，可若非局內人，一定讀不懂。因為，在記帳過程中，每個人都遵從統一的加密規則，但讀取時，卻必須使用自己獨有的解密方式。因此，雖然每個人都保存著這本不斷更新的帳本，但能讀懂的部分，卻僅限於自己能解密的那一塊，也就是與自己相關的那一部分。第三，時間印記，也就是時間戳（Timestamp），是指字符串或編碼信息用於辨識記錄下來的時間日期。區塊鏈上的每一個區塊，是按照其所生成的時間按先後順序排列的，並經過集體認證、確認成立。而且，之前的記錄是無法修改的。就像在一本帳本裡，我們可以通過一個時間點之後的記錄，搜索、驗證之前的內容。而這些內容一旦被確認，再進行篡改就難上加難。

　　區塊鏈技術是維護一個不斷增長的數據記錄的分佈式數據庫，這些數據通過密碼學的技術和之前被寫入的所有數據關聯，使得第三方甚至是節點的擁有者難以篡改。區塊（block）包含有數據庫中實際需要保存的數據，這些數據通過區塊組織起來被寫入數據庫。鏈（chain）通常指的是利用 Merkle tree 等方式來校驗當前所有區塊是否被修改。對於這一點，用過 Git 的「碼農」們早就熟悉了。回想一下如何修改 Git 的歷史記錄吧！

　　區塊鏈主要分為三大類，主要是公有鏈、聯盟鏈和私有鏈。

1.2.1.1　公有區塊鏈（Public Blockchain）——公有鏈

　　例子：比特幣，Ethereum Frontier。公有區塊鏈上的數據所有人都可以訪問，所有人都可以發出交易等待被寫入區塊鏈。共識過程的參與者（對應比特幣中的礦工）通過密碼學技術以及內建的經濟激勵維護

數據庫的安全。公有區塊鏈是完全的分佈式。

亮點和痛點：公有區塊鏈完全分佈式，具有比特幣的一切特點，然而需要有足夠的成本來維持系統運行，依賴於內建的激勵。目前來看公有區塊鏈中只有比特幣算是足夠安全的，採用和比特幣的算法一樣的瑞波幣，由於沒有內部獎勵機制，容易受到集中貨幣攻擊。公有區塊鏈上試圖保存的數據越有價值，越要審視其安全性以及安全性帶來的交易成本、系統擴展性問題。

1.2.1.2 聯盟區塊鏈（Federated Blockchain）——聯盟鏈

例子：Hyperledger 以及德勤等會計事務所嘗試的審計系統。參與區塊鏈的節點是事先選擇好的，節點間很可能有很好的網絡連接。這樣的區塊鏈上可以採用非工作量證明的其他共識算法，比如有 100 家金融機構之間建立了某個區塊鏈，約定必須有 67 個以上的機構同意才算達成共識。這樣的區塊鏈上的數據可以是公開的也可以是這些節點參與者內部部分意義上的分佈式。

亮點和痛點：聯盟區塊鏈可以做到很好的節點間的連接，只需要極小的成本就能維持運行，提供迅速的交易處理和低廉的交易費用，有很好的擴展性（但是擴展性隨著節點增加又會下降），數據可以有一定的隱私。開發者在共識下有能力更改協議，沒有比特幣「hard fork」的問題，但是這也意味著在共識下，大家可以一起篡改數據。聯盟區塊鏈也意味著這個區塊鏈的應用範圍不會太廣，缺少比特幣的網絡傳播效應。

1.2.1.3 私有區塊鏈（Private Blockchain）——私有鏈

例子：Eris Industries。參與的節點只有用戶自己，數據的訪問和使用有嚴格的權限管理。近期部分金融機構公布的內部使用的區塊鏈技術大都語焉不詳，不過很可能都在這個範圍內。

亮點和痛點：私有區塊鏈實際上是很迷惑人的名詞，這樣的一個系統無非是傳統意義上的共享數據庫用上 Merkle Tree 等方式，試圖說明其中的數據可校驗。這樣的數據庫早有成熟的解決方案，Merkle tree 也只是很多成熟方案中的一種。由於全是用戶說了算，裡面的數據沒有無

法更改的特性，對於第三方也沒有多大的保障。因此很多私有區塊鏈會通過依附在比特幣上的方式存在，比如定期將系統快照記錄到比特幣中。

1.2.2 區塊鏈的發展歷程

1.2.2.1 區塊鏈 1.0

區塊鏈 1.0 是以比特幣為代表的數字貨幣應用，其場景包括支付、流通等貨幣職能。主要具備的是去中心化的數字貨幣和支付平臺的功能，目標是為了去中心化。

區塊鏈 1.0 架構：典型為 BTC，LTC（見圖 1.1）。

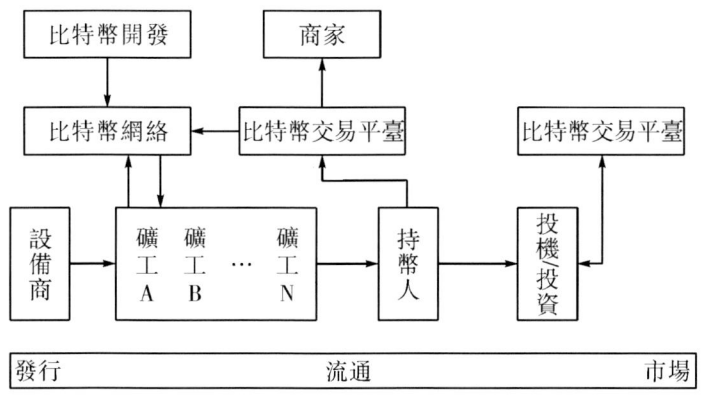

圖 1.1　區塊鏈 1.0 格局示意圖

區塊鏈 1.0 的局限：比特幣的 1M 的區塊大小導致在交易頻次越來越高、人們需求越來越多的情況下，轉帳速度變得越來越慢。這個問題可以由擴容解決，所以出現了之後的比特現金和比特黃金，以及比特鑽石等；只滿足數字貨幣的交易和支付功能使得該應用不能被大範圍地普及到人們的日常生活中，給人們的日常生活帶來的益處十分有限，區塊鏈的概念也難以深入人心。

1.2.2.2 區塊鏈 2.0

區塊鏈 2.0 是數字貨幣與智能合約相結合，對金融領域更廣泛的場

景和流程進行優化的應用。其最大的升級之處在於有了智能合約。智能合約是 20 世紀 90 年代由尼克薩博提出的理念，幾乎與互聯網同齡。由於缺少可信的執行環境，智能合約並沒有被應用到實際產業中，自比特幣誕生後，人們認識到比特幣的底層技術區塊鏈天生可以為智能合約提供可信的執行環境。以太坊 ETH 首先看到了區塊鏈和智能合約的契合，發布了白皮書《以太坊：下一代智能合約和去中心化應用平臺》，並一直致力於將以太坊打造成最佳智能合約平臺，所以比特幣引領區塊鏈，以太坊復活智能合約。所謂智能合約，如之前文章中介紹的一樣，是指以數字形式定義的一系列承諾，包括合約參與方可以在上面執行這些承諾的協議。智能合約一旦設立指定後，能夠無須仲介的參與自動執行，並且沒有人可以阻止它的運行。可以這樣通俗地說，通過智能合約建立起來的合約同時具備兩個功能：一個是現實產生的合同；一個是不需要第三方的、去中心化的公正、超強行動力的執行者。

區塊鏈 2.0 架構，典型為：ETH（見表 1.1）。

表 1.1　　　　　　　　區塊鏈 2.0 構造

去中心化應用 Dapp	瀏覽器錢包 Mist	移動錢包 Light Clinet	桌面錢包 Etherwall
智能合同開發工具 Mix IDE	命令行 CMD	控制臺 Console	JS 框架 Web3js
智能合約 Solidity Serpent		帳戶管理	區塊鏈管理
		共識 POW	校驗 區塊校驗
EVM		POS	交易校驗 Merkle 交易池
密碼模塊	RLP		
secp256k1	節點管理	挖礦模塊 CPU miner GPY miner 礦池挖礦	事件　數據庫 日志　levelDB
SHA3	P2P 網絡		
容器支持	Whisper		P2P 儲存
HTTPClient			

1.2.2.3　區塊鏈 3.0

隨著技術的發展，超越貨幣及金融領域的區塊鏈 3.0 也開始進入人們的視線。將區塊鏈技術擴展至物流、人力資源、科學、教育等各行各業並提供去中心化解決方案的「可編程社會」，可被定義為區塊鏈 3.0 技術。而支持行業的應用同時也意味著，這類區塊鏈平臺需要具備企業級屬性，從而更好地處理實際場景中的問題。從目前來說，對於區塊鏈 3.0 技術的定義還存在一定的不確定性。在大多數人看來，專為商業分佈式應用而設計的 EOS 及物聯網新型交易結算和數據轉移層 IOTA 等應用了「泛區塊鏈技術」的項目，或許能夠歸於區塊鏈 3.0 技術之列。

從技術層面看，這兩個項目都應用了具有並行式特點的數據存儲框架——EOS 基於石墨烯技術，通過並行鏈方式實現企業級數據處理能力；而 IOTA 則是基於「Tangle」技術的平臺，其使用的類似於並發式多線程區塊鏈的 DAG 概念，可解決交易速度、交易驗證及並發等問題。不過，當前區塊鏈的底層技術尚未成熟，其共識算法等區塊鏈核心技術還存在優化及完善的空間，區塊鏈處理效率也未達到現實高頻應用環境的需求；為此現階段區塊鏈 3.0 的應用場景較為有限。區塊鏈 3.0 的概念，已經超越貨幣、金融範圍的區塊鏈應用，涵蓋了智能化物聯網未來的各種應用場景（見表 1.2）。

表 1.2　　　　　　　　　　區塊鏈 3.0 構造

桌面客戶端	移動客戶端	瀏覽器客戶端	API	
接入網關				
註冊	認證	授權	監控	審計
區塊鏈 3.0 應用				
鏈上程序 智能合約 圖靈完備高級語言 合約容器/虛擬機	帳戶管理 區塊校驗	區塊鏈管理 交易校驗	可拔插共識 POW　　POS PBFT　　RAFT	
分佈式計算平臺	分佈式數據庫	分佈式儲存	分佈式網絡	

1.3 區塊鏈的區域認識

目前，所有國家都逐漸在加大對區塊鏈技術的開發，多個國家已建立了自己的區塊鏈研究院。也有的國家將區塊鏈上升到了國家戰略層面，足見區塊鏈對當今世界的影響力。再說區塊鏈代幣資產，區塊鏈技術中應用最完美也是最早的就是比特幣，它的誕生使區塊鏈技術從技術小群體走到了大眾面前，也是因為比特幣價格的火爆，使區塊鏈技術的熱度持續上揚，現在從國家領導到商業領袖，從區塊鏈技術開發人員到普通的投資者，都在談論區塊鏈投資。可見區塊鏈技術已慢慢地進入了人們的視野，同時區塊鏈技術下的各種代幣暴漲，也使得一小部分人先富起來，更加引起了投資市場的大力追捧。但是由於其監管困難，也帶來了極大的投資風險，於是各國相繼出抬了各種政策來限制比特幣的瘋狂上漲。

1.3.1 區塊鏈在俄羅斯

2014年，俄羅斯政府發出禁令，禁止比特幣在國內的一切活動。這引起了比特幣等虛擬貨幣的瘋狂暴跌。而2017年，普京同以太坊創始人維塔利克·布特林（Vitalik Buterin）會面後，對區塊鏈的態度發生了很大改變。同年8月，普京也促成了俄羅斯國家開發銀行與以太坊基金會達成了戰略合作關係。

目前，俄羅斯對待區塊鏈資產分為兩種態度。一方面俄羅斯政府嚴厲禁止公民持有和交易虛擬貨幣，而另一方面大力支持區塊鏈技術的落地。普京在與俄羅斯聯邦儲蓄銀行總裁赫爾曼·格列夫（Herman Gref）對話時表示，我們需要區塊鏈技術，石器時代的終結不是因為缺石頭了，而是因為出現了新技術。現在的區塊鏈發展如同賽跑，一旦落於下風，會很快地被賽道中的領先者碾壓。前不久，普京為了推動區塊鏈技術在俄羅斯落地，還聯合以太坊創始人布特林和美國、印度、以色列和土耳其在內的15個國家的區塊鏈專家討論了未來區塊鏈和加密貨幣的

網絡協議。對於普京的態度轉變和有關於區塊鏈技術改變世界的看法，我們可以分析其緣由：可能與近幾年俄羅斯經濟低迷以及受到西方制裁有很大關係。俄羅斯的經濟結構短時間很難轉型，只能借助區塊鏈，尋求對西方經濟制裁的突破，增強俄羅斯在全球經濟中的影響力。

而在剛剛發布的普京國情咨文中，就提到俄羅斯應當利用區塊鏈技術打造自己的數字平臺。另外，俄羅斯計劃在2019年頒布「實施去中心化登記和合法證書中技術應用管理的監管法案」，以明確對區塊鏈技術的監管。

總之，俄羅斯對於區塊鏈技術處在探索期，而且由於普京對區塊鏈技術以及虛擬貨幣態度的轉變，在不久的將來，虛擬貨幣交易和持有也將在俄羅斯合法化。

1.3.2 區塊鏈在美國

美國作為全球最大的經濟體、科技創新最發達的國家，一直對區塊鏈技術的發展持積極的態度。

2014年6月，美國加利福尼亞州州長簽署了一項編號為AB129的法律，保障加州比特幣以及其他數字貨幣交易的合法化。2016年6月，美國國土安全部對六家致力於政府去管理應用的開發公司進行補貼。

2015—2017年，Circle公司在波士頓，Ripple公司在舊金山，Coinbase公司在紐約都分別獲得了數字貨幣許可證BitLicense。隨著特朗普的執政，保守主義和經濟保護主義逐漸成為美國經濟政策的傾向。美國對數字貨幣交易開始持謹慎甚至是有些抵制的態度。

2017年，美國美國商品期貨委員會（CFTC）將比特幣定性為大宗商品。2017年2月美國亞利桑那州通過區塊鏈簽名和智能合約合法性法案。同月，美國國會宣布成立國會區塊鏈決策委員會，美國醫療保健部門（ONC）以舉辦醫療保健黑客應用開發馬拉松，將區塊鏈技術應用到醫療保健領域當中，以特朗普政府為代表的國會行政部門承認了區塊鏈的潛力，呼籲發展區塊鏈技術在公共部門中的應用，而在對比特幣的態度上，美國也是鼓勵投資並實施嚴格的監管。2017年7月，美國

證券交易委員會（SEC）認定以太坊代幣 The DAO 屬於證券發行方，需要依法辦理證券發行的登記，同月，美國商品期貨交易委員會 CFTC 批准 LedgerX 為與加密幣市場掛勾的期權和衍生品提供清算服務。

目前在很多項目的白名單申請和投資者認證中都明確表示不接受美國公民投資。這主要是因為美國為了保護投資者利益，項目融資需要通過美國證券交易委員會（SEC）的認證，通過後才可以進行融資。總之在美國，對數字貨幣交易仍是非常謹慎的，雖然有交易所拿到了交易許可，但是最近美國政府連續拒絕了多家數字貨幣公司的註冊申請。在硅谷，每天都有新的項目團隊組建，目前美國依然是區塊鏈技術的前沿陣地。美國對於技術創新本身一直持有積極態度。

1.3.3　區塊鏈在中國

中國自改革開放以來，國家經濟實力和國際影響力一直在逐年增強，而對於技術創新國家一直都是持開放包容的態度。所以在中國，區塊鏈技術受到了從上到下的積極回應。科技創新是中國的國策，在區塊鏈技術上，中國政府與企業表現出濃厚興趣並支持發展區塊鏈技術。而中國經濟的發展核心是穩定，對數字貨幣的態度保持克制和理性。中國央行表示，比特幣不是由國家發行的，不具有法償性與強制性等貨幣屬性，並不是真正意義上的貨幣，不能且不應該作為貨幣在市場上流通使用。央行多次發布公告，提醒投資者數字貨幣的風險。

2015 年 12 月，區塊鏈研究聯盟、區塊鏈應用研究中心成立；

2016 年 1 月，中國區塊鏈研究聯盟成立；

2016 年 2 月，中國央行行長周小川表示數字貨幣必須由央行來發行，同時在中關村成立了區塊鏈產業聯盟；

2016 年 4 月，中國分佈式總帳基礎協議聯盟（China Ledger）宣布成立；

2016 年 12 月，國家將區塊鏈列入了「十三五」國家信息化規劃；

2016 年 10 月，工信部發布了《中國區塊鏈技術和應用發展白皮書（2016）》；

2017年6月22日,廣東省佛山市禪城區在推出「智信城市」計劃,是全國首個探索區塊鏈政務應用的縣區;

2017年初,中國眾安科技公司宣布將推出基於 blockchain（區塊鏈技術）生產系統,將區塊鏈技術應用到整個食品供應鏈。

由於區塊鏈技術的熱潮,一些團隊開始用新型的融資方式發放虛擬貨幣進行項目融資,大家稱之為 ICO。截至2017年上半年,中國 ICO 市場已初具規模,募資金額達到26億元。但與此同時,缺少政府監管的 ICO 活動催生了大量良莠不齊的 ICO 項目,存在發行方缺乏明晰的規範、投資者缺乏適當性管理、投資者非理性行為引發市場泡沫和不法之徒借機詐騙洗錢等隱患。

2017年9月,中國人民銀行聯合七部委發布《關於防範代幣發行融資風險的公告》,指出代幣發行融資本質上是一種未經批准非法公開融資的行為,要求各類代幣發行融資活動立即停止。認定 ICO 是一種未經批准的非法公開融資的行為,涉嫌非法發售代幣票券,非法發行證券,以及非法集資金融詐騙傳銷等違法行為。並責令相關虛擬貨幣交易所停止法幣與虛擬貨幣的兌換業務。

然而,監管政策針對 ICO 融資模式的叫停,並非是對區塊鏈在初創企業融資應用的否定,也並非是對區塊鏈及數字貨幣等金融科技的否定。監管的到來,更加說明國家重視安全和穩定,國務院設立了金融穩定發展委員會,強化人民銀行宏觀審慎管理和系統性風險防範職責。中國的監管機構一方面及時地預見風險,處置風險,叫停比特幣和 ICO 代幣的集中交易,降低數字資產市場風險,維護國家金融的穩定和安全。另一方面監管者也明確表示,當前的一些監管措施並不是否定數字貨幣的科技創新,更不是否定區塊鏈技術,而是對其已經引發的金融亂象進行治理,對可能出現的金融風險加以防範。

總之,在2018年的「兩會」期間,有多個代表提到了科技創新,提到了區塊鏈技術,通過區塊鏈技術的發展,更完善的監管措施出抬,不給不法分子可乘之機,真正使區塊鏈技術成為未來中國投資者的新型投資渠道和方向。通過投資者的資金支持和相關領域的資源整合,使區

塊鏈技術更多更快地應用到各行各業中，使價值傳輸成為可能。

1.3.4　區塊鏈在歐洲

1. 德國

德國是最早將比特幣等數字資產認定為私有財產的國家。並且將發展區塊鏈技術作為國家發展戰略。

2013年8月德國承認比特幣的合法地位，已經納入國家監管體系，德國也成為世界上首個承認比特幣合法地位的國家。德國政府表示，比特幣可以當作私人貨幣和貨幣單位，比特幣個人使用一年內免稅，但是進行商業用途要徵稅。德國金融監管局發布報告指出，用來交換真實經濟品或服務在物物交換俱樂部（barter-club）、私人集市或其他支付系統流通的價值代幣，例如比特幣。2016年3月1日，德國聯邦金融監管局（BaFin）公開了一份題為《分佈式帳本：虛擬貨幣背後的技術——區塊鏈為例》的內部報告，對分佈式分類帳本在跨境支付中的使用，銀行之間轉帳和交易數據的儲存等領域的潛在應用進行了探討。2016年11月，德意志聯邦銀行和法蘭克福金融管理學院聯合召開了區塊鏈技術機遇與挑戰的大會，大會的主要目的是對分佈式帳本的潛在運用展開研究，包括跨境支付、跨行轉帳以及貿易數據的存儲等等。在德國，電子貨幣的法律概念只適用於那些最終源於真實貨幣的金融工具，因此比特幣實際上被定義為一種商品。這類似於最近一些政府決定把比特幣捐贈當作實物捐贈（如捐贈食品和物資）的做法。目前德國的比特幣政策相對明朗，德國本土的比特幣交易平臺bitcoin.de也已經與Fidor銀行展開合作。

2. 英國

英國呼籲公民警惕虛擬貨幣的金融風險，但是並不禁止公民持有和交易虛擬貨幣。

英國FCA近日表示，呼籲消費者謹慎投資比特幣和加密數字貨幣交易。FCA負責人表示：「加密數字貨幣目前是不受管理的金融工具，FCA有必要提醒消費者其潛在風險，目前我們還沒有與該資產相關的

具體保護措施。當然，我們並不是在全盤否定加密數字貨幣，但我們必須謹慎行事。」英國央行表現出對區塊鏈技術極大的興趣。2016年1月19日，英國政府發布了一份關於區塊鏈技術的重要報告。這份題為《分佈式帳本技術：超越區塊鏈》的報告中提到，英國聯邦政府正在探索類似於區塊鏈技術這樣的分佈式帳本技術，並且分析區塊鏈應用於傳統金融行業的潛力。不僅是金融領域，英國央行在上述報告中指出，去中心化帳本技術，在改變公共和私人服務領域都有著巨大的潛力。它重新定義了政府和公民之間的數據共享、透明度和信任。

3. 法國

法國的比特幣等數字貨幣交易並不違法，但是提醒公民正視風險。

法國AMF提醒公眾需小心對待數字貨幣交易。虛擬數字貨幣風險很大，也是不法分子進行詐騙、洗錢的利器。對於數字貨幣價格的波動，警告用戶謹慎投資比特幣。歐洲各國的理念基本一致，不禁止公民持有和交易虛擬貨幣，但是強調風險控制。而且歐洲的區塊鏈技術研究一直處於世界領先地位。

2016年3月，歐洲央行（ECB）在題為《歐元體系的願景——歐洲金融市場基礎設施的未來》的報告中公開宣布正在探索如何使用區塊鏈技術為己所用。歐洲議會日前新起草的一項虛擬貨幣報告強調，虛擬貨幣與區塊鏈技術可大幅降低交易中的支付、資金轉移等成本，對消費者福利和經濟發展做出重要貢獻，同時提高支付系統的速度和彈性，可跟蹤記錄交易，以防不法行為。此外，歐洲中央銀行對新技術持開放態度，表示歐洲央行計劃對區塊鏈和分類帳簿技術與支付、證券託管以及抵押等銀行業務的相關性進行評估，比特幣與區塊鏈技術正在高速發展。歐洲各大銀行與科技公司早已在多個項目中涉獵比特幣和區塊鏈技術；各國政府在確保不對洗錢等非法活動做出讓步的前提下，對這一已經深入金融系統（甚至延伸至金融行業之外）的重大變革已經轉為持更加開放的態度。

1.3.5 區塊鏈在亞洲

1. 日本

日本作為比特幣與區塊鏈技術的「發源國」，日本政府對比特幣等數字貨幣的發展十分重視。

2016年3月，日本內閣通過投票將比特幣和數字貨幣均視為數字等價貨幣。2017年4月1日，日本實施了《支付服務法案》，正式承認比特幣是一種合法的支付方式，對於數字資產交易所提出了明確的監管要求。2017年7月，日本新版消費稅正式生效，比特幣交易將不再需要繳納8%的消費稅。同月，日本央行宣布將嘗試發展區塊鏈項目，主要推動比特幣等數字資產的應用。目前，日本已經將比特幣合法化。日本監管機構與交易所也出抬政策大力發展數字貨幣。據悉，日本金融監管人員在考慮將比特幣等虛擬貨幣視為與現金等價的貨幣，此舉將強化消費者保護機制，鋪設一條虛擬經濟增長的發展道路。在日本，比特幣現在仍被視為物品，無法受到與其他同類產品相同的待遇，然而照此發展速度，日本未來或視比特幣為現金的構想並不會只是空談。

2. 韓國

韓國將區塊鏈作為國家級戰略，但是對於數字資產交易實施積極的監管政策。

2016年2月，韓國央行在報告中提出鼓勵探索區塊鏈技術。2017年，韓國政府則表態接納並引進區塊鏈技術。韓國證券期貨交易所（KRX）運用區塊鏈技術，已經啟動建立場外交易平臺的初期計劃。2017年7月，韓國《比特幣監管法案》面世，設置了5億韓元的投資者准入門檻。韓國拒絕承認比特幣的合法地位，比特幣不是真正的投資，不會對比特幣徵收資本所得稅，因為這將會增加虛擬貨幣的合法性。2017年9月，韓國金融服務委員會（FSC）宣布將如何對數字貨幣，比如比特幣、以太幣進行監管。韓國加大監管力度，對洗錢、非法融資和其他數字貨幣非法交易進行調查。2018年1月，韓國互聯網與安全局已經開始全力構建區塊鏈生態系統，並計劃於4月開始在物流、

能源等核心產業內開展試點項目，並把此技術當作是第四次工業革命。

3. 新加坡

新加坡的政策相對開放，並積極擁抱區塊鏈技術創新項目。

2016年6月，新加坡金融管理局（MAS）在近期針對金融科技企業推出了「沙盒（Sandbox）」機制，即只要在沙盒中註冊的金融科技公司，允許在事先報備的情況下，從事和目前法律法規有所衝突的業務；並且即使以後被官方終止相關業務，也不會追究相關法律責任。通過這種「沙盒」機制，新加坡政府能夠在可控範圍內，鼓勵企業進行多種金融創新。新加坡李顯龍總理曾經公開督促新加坡金融部門需要跟上區塊鏈技術發展的步伐，因此，新加坡對於區塊鏈證券金融創新監管政策的開放程度遠超亞洲其他國家。

4. 泰國

泰國將一切比特幣等虛擬貨幣交易視為非法活動。

泰國外匯管理和政策部表示，由於缺乏適用的法律和資本管制措施，加之比特幣等數字貨幣跨越多種金融業務，因此下述比特幣活動在泰國都被視為非法行為：買賣比特幣、用比特幣買賣任何商品或服務、與泰國境外的任何人存在比特幣的往來。泰國比特幣創業公司Bitcoin. Co也由於泰國央行封殺比特幣，成為世界少有的停止數字貨幣相關所有業務的公司。

5. 印度

印度政府部門此前表示，會持續關注數字貨幣的發展，目前不會進行監管。

2017年1月，印度央行發布了一份全面的區塊鏈白皮書，認為區塊鏈對於印度數字貨幣的時機已經成熟。2017年6月，印度政府委員會宣布支持監管比特幣成立專門的任務組，創建監管框架，計劃短期內全面完成比特幣的合法化。印度相關機構稱，虛擬貨幣給監管、法律以及營運風險帶來了挑戰。

1.3.6 區塊鏈在大洋洲

澳大利亞政策開放，積極與各大交易所尋求合作關係，並大力支持區塊鏈技術的創新發展。

2014年8月，澳大利亞政府宣布將數字貨幣交易所納入澳大利亞交易數據分析中心監管，澳大利亞證券交易所、悉尼證券交易所等均在使用區塊鏈技術進行交易的測試。澳大利亞比較注重區塊鏈技術的應用和標準的制定。2016年4月，澳大利亞標準局呼籲制定全球ISO區塊鏈標準。2017年3月，澳大利亞國家標準局根據國際標準組織ISO分配的任務，發布了國際區塊鏈標準開發路線圖。澳大利亞證券及投資委員會（ASIC）近日表示，區塊鏈技術具有從根本上改變市場和金融系統的潛力，對於ASIC的監管方式有著深遠的指導意義。澳大利亞證券交易所（ASX）早已與多家加密貨幣公司建立合作關係，將利用區塊鏈技術為澳大利亞證券市場研發解決方案。

綜上我們可以看出，世界各國對區塊鏈技術的態度大致分為三種，以日本、德國、澳大利亞為代表的國家不僅對區塊鏈技術本身完全支持，而且對區塊鏈資產比特幣等也給予開放的政策空間，推動其蓬勃發展；以中國、美國、俄羅斯為代表的國家則大力支持區塊鏈技術本身的發展創新，但是對虛擬貨幣的金融屬性持謹慎的態度；泰國、韓國等國家雖然支持卻持抵制態度。總之，對於區塊鏈技術，世界大部分國家都基本認可，並積極促進其發展。區塊鏈技術本身將是互聯網技術之後又一個將對世界產生重大影響的技術，它不但將改變應用場景，而且它將深刻地改變整個社會的信任機制，真正地改變世界。

2　區塊鏈核心技術

2.1 區塊鏈基本原理

我們已經知道,「區塊鏈」技術最初是由一位化名為中本聰的人為比特幣（一種數字貨幣）設計出的一種特殊的數據庫技術,它基於密碼學中的橢圓曲線數字簽名算法（ECDSA）來實現去中心化的P2P系統設計。但區塊鏈的作用不僅僅局限在比特幣上。現在,人們在使用「區塊鏈」這個詞時,有時是指數據結構,有時是指數據庫,有時則是指數據庫技術,但無論是哪種含義,都和比特幣沒有必然的聯繫。

從字面上看,區塊鏈是由一連串使用密碼學方法產生的數據塊組成的分佈式帳簿系統,每個數據塊都包含大量的交易信息,用於驗證其信息的有效性並生成下一個區塊。這些區塊按生成順序前後排列,同時,每個區塊都是一個節點。區塊鏈的顯著特點是沒有作為中央服務器的第三方監管,區塊中的交易信息不能被更改。區塊中包含的信息可以是金融交易,也可以是其他任何數字交易,包括文檔。而長期以來支配人類社會商業世界的互聯網商業模式,其成功依賴於作為處理和調解電子交易的授信第三方金融機構,授信第三方的作用是驗證、保護並保存交易記錄。儘管如此,詐欺性在線交易仍大量存在,需要授信第三方居中調解,從而導致較高的交易成本。而基於區塊鏈技術的比特幣使用加密證明,而非通過授信第三方,使願意交易的各方均可以通過互聯網實現在線交易。每一次交易都可通過數字簽名進行保護,並使用發送者的「私鑰」進行數字簽名然後用加密接收者的「公鑰」解密。比特幣,即加密貨幣的所有者需要證明其「私鑰」的所有權才能在線消費、交易。接收數字貨幣的一方使用發送者的「公鑰」在交易上驗證數字簽名,即對方的「私鑰」所有權。每一項交易都被廣播到比特幣網絡中的每個節點,並在驗證後記錄在公共帳本中。而且在每一項交易被記錄在公共帳本前,都需要對其進行有效性驗證,因此,驗證節點需要在記錄每一項交易前確保兩件事情:①消費者擁有對其加密電子貨幣的簽名認證;②消費者帳戶中有充足的加密電子貨幣。圖1.1展示了基於區塊鏈技術的交易過程和原理。

根據上面的描述，我們可以簡單地將如今的區塊鏈技術概括為一類通過去中心化和去信任的方式集體維護一個可靠數據庫的技術。其實，區塊鏈技術並不是一種單一的技術，而是多種現有技術整合的結果，包括加密算法、P2P文件傳輸、分佈式帳本，等等，這些技術與數據庫巧妙地組合在一起，形成了一種新的數據記錄、傳遞、存儲與呈現的方式。簡單地說，區塊鏈技術就是一種大家共同參與記錄信息、存儲信息的技術。過去，人們將數據記錄、存儲的工作交給中心化的機構來完成，而區塊鏈技術則讓系統中的每一個人都可以參與數據的記錄、存儲。區塊鏈技術在沒有中央控制點的分佈式對等網絡下，使用分佈式集體運作的方法，構建了一個P2P的自組織網絡。通過複雜的校驗機制，區塊鏈數據庫能夠保持完整性、連續性和一致性，即使部分參與人作假也無法改變區塊鏈的完整性，更無法篡改區塊鏈中的數據。

2.2 區塊鏈的主要技術構成

說起區塊鏈的技術原理，就不得不提到拜占庭將軍問題（Byzantine failures）。拜占庭將軍問題是由萊斯利·蘭伯特提出的點對點通信中的基本問題，其含義是在存在消息丟失的不可靠信道上試圖通過消息傳遞的方式達到一致性是不可能的。我們可以將區塊鏈技術原理的來源歸結為拜占庭將軍問題在實際中的應用問題：在互聯網大背景下，當需要與不熟悉的對手方進行價值交換活動時，人們如何才能防止不會被其中的惡意破壞者欺騙、迷惑從而做出錯誤的決策。進一步將拜占庭將軍問題延伸到技術領域中來，其內涵可概括為：在缺少可信任的中央節點和可信任的通道的情況下，分佈在網絡中的各個節點應如何達成共識。區塊鏈技術解決了聞名已久的拜占庭將軍問題——它提供了一種無須信任單個節點、還能創建共識網絡的方法。

區塊鏈技術涉及的關鍵點包括：去中心化（Decentralized）、去信任（Trustless）、集體維護（Collectively Maintain）、可靠數據庫（Reliable Database）、時間戳（Time Stamp）、非對稱加密（Asymmetric Cryptography）等。其本質是一種互聯網協議，用以解決一個互聯網時代的核心

問題——信任。

如果我們要設計一個去中心化的合理數據庫，那麼我們將面臨三個難題：

一是如何建立一個嚴謹的數據庫，使得該數據庫能夠存儲下海量的信息，同時又能在沒有中心化結構的體系下保證數據庫的完整性；二是如何記錄並存儲下這個嚴謹的數據庫，使得即便參與數據記錄的某些節點崩潰，我們仍然能保證整個數據庫系統的正常運行與信息完備；三是如何使這個嚴謹且完整存儲下來的數據庫變得可信賴，使得我們可以在互聯網無實名背景下成功防止作假和詐騙。

針對這三個核心問題，區塊鏈構建了一整套完整的、連貫的數據庫技術來達成目的，解決這三個問題的技術也成了區塊鏈最核心的三大技術。此外，為了保證區塊鏈技術的可進化性與可擴展性，區塊鏈系統設計者還引入了「腳本」的概念來實現數據庫的可編程性。這四大技術構成了區塊鏈的核心技術。

2.2.1 核心技術1：區塊+鏈

關於如何建立一個嚴謹數據庫的問題，區塊鏈的辦法是：將數據庫的結構進行創新，把數據分成不同的區塊，每個區塊通過特定的信息連結到上一區塊的後面，前後順連來呈現一套完整的數據，這也是「區塊鏈」這三個字的來源。

區塊（Block）：在區塊鏈技術中，數據以電子記錄的形式被永久儲存下來，存放這些電子記錄的文件我們就稱之為「區塊（Block）」。區塊是按時間順序一個一個先後生成的，每一個區塊記錄下它在被創建期間發生的所有價值交換活動，所有區塊匯總起來形成一個記錄合集。

區塊結構（Block Structure）：區塊中會記錄下區塊生成時間段內的交易數據，區塊主體實際上就是交易信息的合集。每一種區塊鏈的結構設計可能不完全相同，但大結構上分為塊頭（Header）和塊身（Body）兩部分。塊頭用於連結到前面的塊並且為區塊鏈數據庫提供完整性的保證，塊身則包含了經過驗證的、區塊創建過程中發生的價值交換的所有記錄。

區塊結構有兩個非常重要的特點：①每一個區塊上記錄的交易是上一個區塊形成之後、該區塊被創建前發生的所有價值交換活動，這個特點保證了數據庫的完整性。②在絕大多數情況下，一旦新區塊完成後被加入到區塊鏈的最後，則此區塊的數據記錄就再也不能改變或刪除。這個特點保證了數據庫的嚴謹性，即無法被篡改。

顧名思義，區塊鏈就是區塊以鏈的方式組合在一起，以這種方式形成的數據庫我們稱之為區塊鏈數據庫。區塊鏈是系統內所有節點共享的交易數據庫，這些節點基於價值交換協議參與到區塊鏈的網絡中來。

區塊鏈是如何做到的呢？由於每一個區塊的塊頭都包含了前一個區塊的交易信息壓縮值，這就使得從創世塊（第一個區塊）到當前區塊連接在一起形成了一條長鏈。如果不知道前一區塊的「交易縮影」值，就沒有辦法生成當前區塊，因此每個區塊必定按時間順序跟隨在前一個區塊之後。這種所有區塊包含前一個區塊引用的結構讓現存的區塊集合形成了一條數據長鏈。

人們把一段時間內生成的信息（包括數據或代碼）打包成一個區塊，蓋上時間戳，與上一個區塊銜接在一起，每下一個區塊的頁首都包含了上一個區塊的索引數據，然後再在本頁中寫入新的信息，從而形成新的區塊，首尾相連，最終形成了區塊鏈。這個結構的神奇之處：區塊（完整歷史）＋鏈（完全驗證）＝時間戳。

「區塊+鏈」的結構為我們提供了一個數據庫的完整歷史。從第一個區塊開始，到最新產生的區塊為止，區塊鏈上存儲了系統全部的歷史數據。

區塊鏈為我們提供了數據庫內每一筆數據的查找功能。區塊鏈上的每一條交易數據，都可以通過「區塊+鏈」的結構追本溯源，一筆一筆進行驗證。

區塊+鏈＝時間戳，這是區塊鏈數據庫的最大創新點。區塊鏈數據庫讓全網的記錄者在每一個區塊中都蓋上一個時間戳來記帳，表示這個信息是這個時間寫入的，形成了一個不可篡改、不可偽造的數據庫。

2.2.2 核心技術2：分佈式結構

我們有了區塊+鏈之後，接下來就要考慮記錄和存儲的問題了。我們應該讓誰來參與數據的記錄，又應該把這些蓋了時間戳的數據存儲在哪裡呢？在現如今中心化的體系中，數據都是集中記錄並存儲於中央電腦上的。但是區塊鏈結構設計精妙的地方就在這裡，它並不贊同把數據記錄並存儲在中心化的一臺或幾臺電腦上，而是讓每一個參與數據交易的節點都記錄並存儲下所有的數據。

（1）關於如何讓所有節點都能參與記錄的問題，區塊鏈的辦法是：構建一整套協議機制，讓全網每一個節點在參與記錄的同時也來驗證其他節點記錄結果的正確性。只有當全網大部分節點（甚至所有節點）都同時認為這個記錄正確時，或者所有參與記錄的節點都比對結果一致通過後，記錄的真實性才能得到全網認可，記錄數據才允許被寫入區塊中。

（2）關於如何存儲下「區塊鏈」這套嚴謹數據庫的問題，區塊鏈的辦法是：構建一個分佈式結構的網絡系統，讓數據庫中的所有數據都即時更新並存放於所有參與記錄的網絡節點中。這樣即使部分節點損壞或被黑客攻擊，也不會影響整個數據庫的數據記錄與信息更新。

區塊鏈根據系統確定的開源的、去中心化的協議，構建了一個分佈式的結構體系，讓價值交換的信息通過分佈式傳播發送給全網，通過分佈式記帳確定信息數據內容，蓋上時間戳後生成區塊數據，再通過分佈式傳播發送給各個節點，實現分佈式存儲。分佈式記帳則是實現會計責任的分散化（Distributed accountability）的重要手段。

從硬件的角度講，區塊鏈的背後是大量的信息記錄儲存器（如電腦等）組成的網絡，這一網絡如何記錄發生在網絡中的所有價值交換活動呢？區塊鏈設計者沒有為專業的會計記錄者預留一個特定的位置，而是希望通過自願原則來建立一套人人都可以參與記錄信息的分佈式記帳體系，從而將會計責任分散化，由整個網絡的所有參與者來共同記錄。

區塊鏈中每一筆新交易的傳播都採用分佈式的結構，根據P2P網絡層協議，消息由單個節被直接發送給全網其他所有的節點。

2 區塊鏈核心技術

區塊鏈技術讓數據庫中的所有數據均存儲於系統所有的電腦節點中,並即時更新。完全去中心化的結構設置使數據能即時記錄,並在每一個參與數據存儲的網絡節點中更新,這就極大地提高了數據庫的安全性(見圖2.1、圖2.2)。

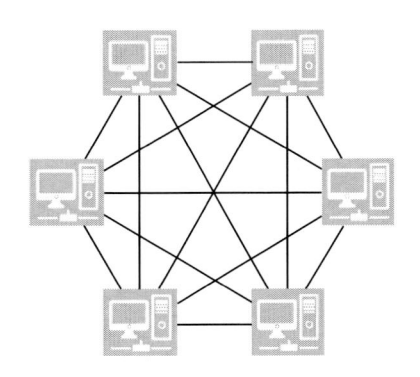

圖2.1　P2P 網絡模式

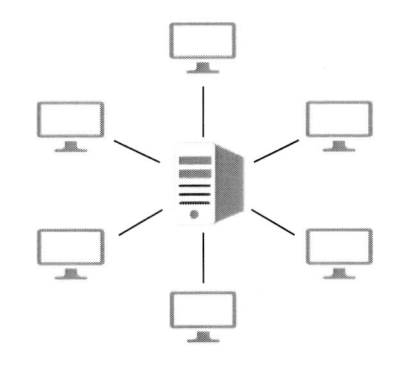

圖2.2　中心化網絡模式

資料來源:《中國區塊鏈技術和應用發展白皮書》。

通過分佈式記帳、分佈式傳播、分佈式存儲這三大「分佈」,我們可以發現,沒有人、沒有組織甚至沒有哪個國家能夠控制這個系統,系統內的數據存儲、交易驗證、信息傳輸過程全部都是去中心化的。在沒有中心的情況下,大規模的參與者達成共識,共同構建了區塊鏈數據庫。可以說,這是人類歷史上第一次構建了一個真正意義上的去中心化體系。甚至可以說,區塊鏈技術構建了一套永生不滅的系統——只要不

33

是網絡中的所有參與節點在同一時間集體崩潰，數據庫系統就可以一直運轉下去。

我們現在已經有了一套嚴謹的數據庫，也有了記錄並存儲這套數據庫的可用協議，那麼當我們將這套數據庫運用於實際社會中時，我們要解決最核心的一個問題是：如何使這個嚴謹且完整存儲下來的數據庫變得可信賴，使得我們可以在互聯網無實名背景下成功防止詐騙？

2.2.3 核心技術3：非對稱加密算法

什麼是非對稱加密？簡單來說，它讓我們在「加密」和「解密」的過程中分別使用兩個密碼，兩個密碼具有非對稱的特點：①加密時的密碼（在區塊鏈中被稱為「公鑰」）是公開全網可見的，所有人都可以用自己的公鑰來加密一段信息（信息的真實性）；②解密時的密碼（在區塊鏈中被稱為「私鑰」）是只有信息擁有者才知道的，被加密過的信息只有擁有相應私鑰的人才能夠解密（信息的安全性）。

簡單的總結：區塊鏈系統內，所有權驗證機制的基礎是非對稱加密算法。常見的非對稱加密算法包括RSA、Elgamal、D-H、ECC（橢圓曲線加密算法）等。在非對稱加密算法中，如果一個「密鑰對」中的兩個密鑰滿足以下兩個條件：①對信息用其中一個密鑰加密後，只有用另一個密鑰才能解開；②其中一個密鑰公開後，根據公開的密鑰別人也無法算出另一個，那麼我們就稱這個密鑰對為非對稱密鑰對，公開的密鑰稱為公鑰，不公開的密鑰稱為私鑰。在區塊鏈系統的交易中，非對稱密鑰的基本使用場景有兩種：①公鑰對交易信息加密，私鑰對交易信息解密。私鑰持有人解密後，可以使用收到的信息（發送者的原始信息）。②私鑰對信息簽名，公鑰驗證簽名。通過公鑰簽名驗證的信息確認為私鑰持有人發出（見圖2.3）。

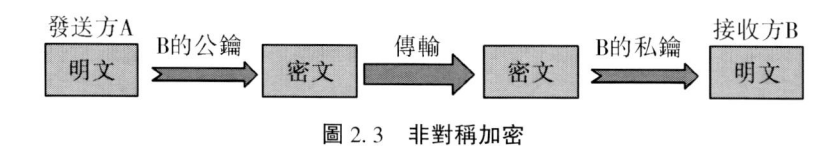

發送方A 明文 → B的公鑰 → 密文 → 傳輸 → 密文 → B的私鑰 → 接收方B 明文

圖2.3 非對稱加密

我們可以看出，從信任的角度來看，區塊鏈實際上是使用數學方法解決信任問題的產物。過去，人們解決信任問題可能依靠熟人社會的「老鄉」，政黨社會的「同志」，傳統互聯網中的交易平臺「支付寶」。而在區塊鏈技術中，所有的規則事先都以算法程序的形式表述出來，人們完全不需要知道交易的對手方是「君子」還是「小人」，更不需要求助中心化的第三方機構來進行交易背書，而只需要信任數學算法就可以建立互信。區塊鏈技術的背後，實質上是算法在為人們創造信用，達成共識背書。

2.2.4　核心技術4：腳本

腳本可以理解為一種可編程的智能合約。如果區塊鏈技術只是為了適應某種特定的交易，那腳本的嵌入就沒有必要了，系統可以直接定義完成價值交換活動需要滿足的條件。然而，在一個去中心化的環境中，所有的協議都需要提前取得共識，那腳本的引入就顯得不可或缺了。有了腳本之後，區塊鏈技術就會使系統有機會去處理一些無法預見到的交易模式，保證了這一技術在未來的應用中不會過時，增加了技術的實用性。

一個腳本在本質上是眾多指令的列表，這些指令記錄在每一次的價值交換活動中，價值交換活動的接收者（價值的持有人）如何獲得這些價值，以及花費掉自己曾收到的留存價值需要滿足哪些附加條件。通常，發送價值到目標地址的腳本，要求價值的持有人提供以下兩個條件，才能使用自己之前收到的價值：一個公鑰，以及一個簽名（證明價值的持有者擁有與上述公鑰相對應的私鑰）。腳本的神奇之處在於，它具有可編程性：①它可以靈活改變花費掉留存價值的條件，例如腳本系統可能會同時要求兩個私鑰，或幾個私鑰，或無須任何私鑰等；②它可以靈活的在發送價值時附加一些價值再轉移的條件，例如腳本系統可以約定這一筆發送出去的價值以後只能用於支付中信證券的手續費，或支付給政府等。

2.3 區塊鏈和密碼學

2.3.1 密碼學概述

密碼學是一門古老的學科,其最早可以追溯到古巴比倫時代,作為一種保護信息傳輸安全的手段和措施,早期的應用一般都是在軍事、外交以及情報等秘密領域,直到20世紀70年代之前,密碼學的應用一般都是在政府的專屬領域。

按照算法思想的革新可劃分為三個主要的階段:古典密碼學、現代密碼學和公鑰密碼學。

2.3.1.1 古典密碼學(1949年之前)

一般來說,我們將1949年之前的密碼學統稱為古典密碼學,這個階段的密碼學歷史悠久,主要應用在軍事、外交和情報領域上,其主要的特徵是這個時期的信息安全都是基於加密算法的保密性。古典密碼編碼算法歸根究柢只有兩種,置換和代換。

將明文字符中的字母重新排列,字母本身不變,位置發生改變,由此編排而成的密碼稱之為置換密碼。最簡單的置換密碼是把明文中的字母倒序排列,然後截成固定長度的字母組作為密文。代換密碼則是將明文中的字符代替成其他字符,比如古羅馬愷撒密碼是將明文中的所有字母都在字母表上向後(或者向前)按照一個固定數目進行偏移,得到的新數據就是密文,位數就是愷撒密碼加密和解密的密鑰。

古典密碼學大都比較簡單,主要採用手工或者機械操作來實現加密,而算法是基於字符串的,由於信息安全都是基於加密算法的保密性,所以整體的安全性不高。這一時期可以看作是科學密碼學的前夜時期,這階段的密碼技術可以說是一種藝術,而不是一種科學,密碼學專家常常是憑知覺和信念來進行密碼設計和分析,而不是推理和證明。

2.3.1.2 現代密碼學(1949—1975年)

1949年香農(Claude Shannon)的《保密系統的通信理論》,為近代密碼學建立了理論基礎。1949—1967年,密碼學文獻近乎空白。許

多年來，密碼學是軍隊獨家專有的領域。美國國家安全局以及蘇聯、英國、法國、以色列及其他國家的安全機構將大量的財力投入到加密自己的通信，同時又千方百計地去破譯別人的通信的殘酷游戲之中。面對這些政府，個人既無專門知識又無足夠財力來保護自己的秘密。

在這個階段，現代計算機科學和信息技術的不斷發展使得基於複雜計算的密碼學成為可能，同時密碼學從一門藝術逐漸變成一門科學，密碼學迎來了加密算法時代。加密算法開始是基於密鑰來進行信息通信，但加密和解密算法都是基於同一模式，同時只用一把密鑰保證加密數據的安全，因此這種加密算法也被稱為對稱加密算法。

這個時間段是密碼學開始蓬勃發展的開端，後期的一系列發展都是在這個時間段提出的思想和路線基礎上誕生的。

2.3.1.3　公鑰密碼學（1976年至今）

1976年，貝利·迪菲（Bailey W. Diffie）、馬丁·赫爾曼（Martin E. Hellman）兩位密碼學的大師發表了論文《密碼學的新方向》，論文覆蓋了未來幾十年密碼學所有的新的發展領域，包括非對稱加密、橢圓曲線算法、哈希等一些手段，奠定了迄今為止整個密碼學的發展方向的基礎，也對區塊鏈的技術和比特幣的誕生起到了決定性作用。同年，發生了另外一件看似完全不相關的事情——哈耶克出版了他人生中最後一本經濟學方面的專著：《貨幣的非國家化》。對比特幣有一定瞭解的人都知道，貨幣的非國家化所提出的非主權貨幣、競爭發行貨幣等理念，可以說是去中心化貨幣的精神指南。

因此，本書將1976年作為區塊鏈理論發展的元年，正式開啓了整個密碼學貨幣的時代。

較之1976年之前的思想，公鑰密碼學可以在不直接傳遞密鑰的情況下，完成密文的解密。這個算法機制啓發了其他的科學家，人們開始意識到，加密和解密可以使用不同的規則，只要這兩種規則之間存在某種對應關係就可以，這樣就避免了直接傳遞密鑰。基於這種公鑰機制的思想，一系列的非對稱加密算法開始出現。

圖2.4、圖2.5將對稱和非對稱加密算法的區別作了對比。

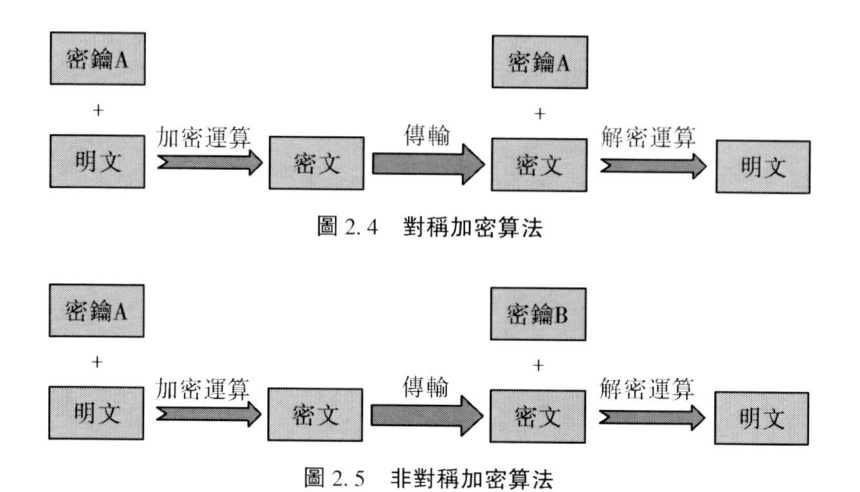

圖 2.4　對稱加密算法

圖 2.5　非對稱加密算法

非對稱加密需要一對密鑰：公鑰和私鑰，用公鑰對數據進行加密之後，只有對應的私鑰才能解密；反之如果採用私鑰進行加密，只有對應的公鑰才能解密。通信雙方無須交換密鑰，就可以建立保密通信。

2.3.2　密碼學在密碼學貨幣時代的發展

1976 年之後，密碼學開啓了密碼學貨幣時代，進入了一個飛速發展的時期，雖然在這個時期，真正的密碼學貨幣尚未產生，但大量的新理論的發展，為區塊鏈和區塊鏈貨幣的產生奠定了理論基礎。

1977 年，著名的 RSA 算法誕生，這應該說是 1976 年《密碼學的新方向》的自然延續，一點都不令人驚訝，羅納德·李維斯特（Ron Rivest）、阿迪·薩莫爾（Adi Shamir）、倫納德·阿德曼（Leonard Adleman）三位發明人也因此在 2002 年獲得了圖靈獎。不過，他們為 RSA 申請的專利，在世界上普遍認同算法不能申請專利的環境下，確實沒什麼人承認，在 2000 年也提前失效了。

到了 1980 年，梅克爾·拉爾夫（Merkle Ralf）提出了 Merkle-Tree 這種數據結構和相應的算法，後來的主要用途之一是分佈式網絡中數據同步正確性的校驗，這也是在比特幣中引入用來做區塊同步校驗的重要手段。

1982 年，蘭波特（Lamport）提出拜占庭將軍問題，標誌著分佈式

計算的可靠性理論和實踐進入了實質性階段。同年，大衛·喬姆（David Chaum）提出了密碼學支付系統 ECash。可以看出，隨著密碼學的發展，眼光敏銳的人已經開始嘗試將其運用到貨幣、支付相關的領域了，應該說 ECash 是密碼學貨幣最早的先驅之一。

1985 年，科布利茨（Koblitz）和米勒（Miller）各自獨立提出了著名的橢圓曲線加密（ECC）算法。由於此前發明的 RSA 算法計算量過大很難以實用，ECC 的提出才真正使得非對稱加密體系產生了實用的可能。因此，可以說到了 1985 年，也就是《密碼學的新方向》發表 10 年左右的時候，現代密碼學的理論和技術基礎已經完全確立了。

有意思的是，1985—1997 年這段時期，密碼學、分佈式網絡以及與支付/貨幣等領域的關係方面，沒有什麼特別顯著的進展。這種現象很容易理解：新的思想、理念、技術的產生之初，總要有相當長的時間讓大家去學習、探索、實踐，然後才有可能出現突破性的成果。前十年往往是理論的發展，後十年則進入到實踐探索階段，1985—1997 年這十多年的時間，應該是相關領域在實踐方面迅速發展的階段。最終，從 1976 年開始，經過 20 年左右的時間，密碼學、分佈式計算領域終於進入了爆發期。

1997 年，HashCash 方法，也就是第一代 POW（Proof of Work）算法出現了，當時發明出來主要用於反垃圾郵件。在隨後發表的各種論文中，具體的算法設計和實現，已經完全覆蓋了後來比特幣所使用的 POW 機制。

到了 1998 年，密碼學貨幣的完整思想終於破繭而出，戴偉（Wei Dai）、尼克·薩博同時提出密碼學貨幣的概念。其中戴偉的 B-Money 被稱為比特幣的精神先驅，而尼克·薩博的 Bitgold 提綱和中本聰的比特幣論文裡列出的特性非常接近，以至於有人曾經懷疑薩博就是中本聰。有趣的是，這距離後來比特幣的誕生又是整整 10 年時間。

2001 年 NSA 發布了 SHA-2 系列算法，其中就包括目前應用最廣的 SHA-256 算法，這也是比特幣最終採用的哈希算法。

2.3.3 哈希算法與 Merkle 樹

哈希算法是 Hash function 的音譯，也有學者翻譯為散列算法，就是把任意長度的輸入（又叫作預映射，pre-image），通過散列算法，變換成固定長度的輸出，該輸出就是散列值。這種轉換是一種壓縮映射，也就是說，散列值的空間通常遠小於輸入的空間，不同的輸入可能會散列成相同的輸出，所以不可能從散列值來確定唯一的輸入值。簡單地說就是一種將任意長度的消息壓縮到某一固定長度的消息摘要的函數。

哈希函數是現代密碼學的基本構件之一，最初被用於數字簽名。為了實現對長文件的數字簽名，先對消息進行哈希函數運算，然後對消息的哈希值進行簽名而不是對原始消息進行簽名。哈希函數具有單向性、抗碰撞性等特點，還可用於承諾方案設計、流媒體認證、公平交易、電子拍賣等領域。

哈希算法將一段信息轉換成固定長度的字符串，這些字符串具備以下特點：

（1）如果某兩段信息是相同的，那麼字符串也是相同的；

（2）即使兩段信息十分相似，但只要是不同的，那麼字符串將會十分雜亂隨機並且兩個字符串之間完全沒有關聯。

從本質上來看，哈希算法的目的不是為了「加密」而是為了抽取「數據特徵」，也可以把給定數據的散列值理解為該數據的「指紋信息」。典型的哈希算法有 MD5、SHA1/SHA2 和 SM3，表 2.1 對比了這些算法的特點。

表 2.1　　　　　　　　　典型的哈希算法對比

加密算法	安全性	運算速度	輸出大小（位）
MD5	低	快	128
SHA1	中	中	160
SHA256	高	比 SHA1 略低	256
SM3	高	比 SHA1 略低	256

在區塊鏈中，哈希函數主要用於數據完整性、數據加密、共識計算的工作量證明、區塊之間連結等。區塊鏈採用了雙 SHA256、RIPEMD160 等哈希函數，SHA256 主要用於加密交易形成區塊，RIPEMD160 則用於生成比特幣的地址。現著重分析 SHA256 算法。區塊鏈系統中的雙 SHA256 函數是將不同長度的消息經過兩次 SHA256 計算處理，輸出為 256 位二進制字符串統一存儲。因為哈希函數具有單向性的特點，即對於給定的消息摘要 h，找到消息 M 使得 h＝H（M）在計算上是不可行的。同時，哈希函數還具有抗碰撞性的特點，即找到兩個不同的消息 M 和 M′使得 H（M）＝ H（M′）在計算上是不可行的。這種特性被用來確保區塊鏈中信息的完整性，在存儲、傳輸的過程中，使得信息不會被篡改，以及篡改後能及時發現。另外，哈希函數在區塊鏈的另外一個應用是，區塊鏈可以看作一類使用哈希指針的鏈表，鏈表連結一系列的區塊，每個區塊包含數據以及指向是作為區塊間相連的哈希指針，即前一個區塊的指針。區塊鏈中，前一個區塊的指針有包含區塊的哈希值，因此，每個區塊不但連結前一個區塊的位置，也提供一個哈希值去驗證這個區塊所包含的數據的完整性。

Merkle 樹是區塊鏈以及數字簽名中被大量使用的一種數據結構。Merkle 樹是為了解決多重一次簽名中的認證問題而產生的，Merkle 樹結構具有一次簽名大量認證的優點，在認證方面具有顯著的優勢。

Merkle 樹類似於數據結構中的樹形結構，主要為二叉樹與多叉樹，在節點中保存信息的哈希值。在區塊鏈的數據區塊中，數據結構主要為二叉 Merkle 樹，每個交易記錄對應於一個哈希值，並對應於 Merkle 樹的葉子節點，兩個葉子節點再次兩兩配對哈希計算，通過遞歸的方式直到最後一個哈希值作為 Merkle 樹根存入區塊體。在區塊鏈中，用戶通過區塊頭得到 Merkle 樹根和別的節點所提供的中間哈希值來驗證某個交易是否存在於區塊中。中本聰在比特幣的白皮書中指出，節點無須下載完整交易區塊也可以完成確認。例如，在比特幣系統中，節點只需要保存區塊頭信息，即可進行交易驗證，即沿 Merkle 樹的葉子節點上溯至 Merkle 根哈希處，然後根據根部哈希與計算交易記錄所得的哈希值來快速確認交易的存在性和完整性。這將極大地降低比特幣運行所需的

帶寬和驗證時間，提高了共識的效率。

如今，Merkle 樹的樹形結構已經被廣泛應用到了信息安全的各個領域，比如證書撤銷、主播源認證、群密鑰協商等。並且基於 Merkle 可信樹的數字簽名方案在安全性上僅僅依賴於哈希函數的安全性，且不需要太多的理論假設，這使得基於 Merkle 可信樹的數字簽名更加安全、實用。

2.4 挖礦以及共識機制

2.4.1 挖礦

數字貨幣的挖礦只是一種形象的說法，源於大家都熟悉的黃金的挖礦。比特幣的挖礦機制其實是中本聰設計的通過競爭記帳的方式來解決去中心化記帳系統的一致性問題。比特幣的挖礦本質包含 3 件事：發行比特幣、給全球交易記帳和通過算例保障系統安全。在早期，這三者是同時兼具的，等到了 2140 年後比特幣已經全部挖完，挖礦的目的就變成了維持貨幣的支付功能和保障系統安全。

新的比特幣是通過運行軟件製造出來的，而挖礦的本質就是爭奪記帳權。在比特幣的網絡裡，每 10 分鐘會在全網公開的帳本上記錄一個數據塊，其中包含了 10 分鐘內全球被驗證的所有交易，而確認這個數據塊的權利是需要搶的。每搶到一個新的區塊就會允許獲勝者向自己的帳戶增加一筆金額作為獎勵。如果這 10 分鐘某個礦工沒能搶到記帳權，就等於白干活，重新進入下一輪爭搶的過程。而爭奪記帳權的辦法其實就是大家一起玩一個叫哈希的密碼學遊戲，具體算法是 SHA-256。由於哈希計算結果的隨機性，只能從零開始一直往上運算，誰的運算能力強，誰就越有機會先找到哈希值。爭奪記帳權的好處就是最終成功生成那個交易記錄塊的人，可以獲得伴隨這些交易而生成的交易費用外加一筆額外的報酬。交易費用一般都是轉出資金方自願提供給挖礦者的，因此不是系統新增的貨幣，而額外的報酬是新生成的比特幣，這就是比特幣系統新增貨幣的方式。關於挖礦的具體說明，在後面的區塊鏈交易的例子裡會詳述。

2.4.2 智能合約

隨著區塊鏈逐漸被人們所熟知，特別是以太坊爆發之後，智能合約開始被頻頻提起，但其實尼克·薩博在 20 世紀 90 年代的某篇論文就已經對智能合約有了簡單而明確的探討：一個智能合約是一套以熟知形式心意的承諾，包括合約參與方可以在上面執行這些承諾的協議。

對智能合約模型可以這樣描述：一段代碼（智能合約）被部署在分享的、賦值的帳本上，它可以維持自己的狀態，控制自己的資產和對接收到的外界信息或者資產進行回應。所以智能合約本身就是程序，這個程序就像一個完全可信的資產保管員，總是按照事先規定好的條約執行操作。另外，這個程序還能控制帳本上的資產，能夠接受資產，也能按照合約與帳本進行交互或者處置資產。所以，這個程序已經完全是一個自足的經濟活動參與者，稱為智能合約。

比特幣既然是可編程的貨幣，它本身就很容易構建簡單的智能合約。一個經典案例是：A 可以約定必須由收款人 B、擔保人 C 同時簽名才能支配某筆比特幣（擔保交易），也可以約定 B、C、D 中任意兩人簽名就能支配（聯名帳戶）；A 可以約定 B 必須在一年後才能動用某筆比特幣（延時支付），也可以約定任何人都能支配（撒錢）或者都不能支配（燒錢）。這看上去與「智能」並沒有關係，但其未來不可限量。原因就是它取代了傳統模式裡完全依賴於人去做的最重要的工作——當然現在程序本身還要依賴於人。這兩年「機器學習」和「大數據分析」常常是成雙成對出現的兩個熱門詞，但很多人不知道的是：機器學習的本質就是自動編程。自動編程已經被普遍應用於數控領域，在不遠的將來，電腦或許也可以自行去編寫區塊鏈的合約代碼，讓代碼更嚴謹，讓黑客無漏洞可鑽，並且創造出新的合約規則。去中心化自治組織 The DAO，就是在以太坊裡面採用智能合約完成了史上最大規模的 1.6 億美元的眾籌。

2.4.3 共識機制

眾所周知，沒有一種共識機制是完美無缺的，各種共識機制都有其

優缺點，各種共識機制都是為了解決一些特定的問題而產生的。

2.4.3.1　工作量證明機制（POW）

POW 是比特幣的證明機制，即通過挖礦來證明。通過運算，計算出一個滿足規則的哈希值，即可獲得本次記帳權；發出本輪需要記錄的數據，全網其他節點驗證後一起存儲。依賴機器進行數學運算來獲取記帳權，相比其他共識機制資源消耗高、可監管性弱，同時每次達成共識需要全網共同參與運算，性能效率比較低，容錯性方面允許全網50%的節點出錯。用一句話進行概括就是投入的運算和資源越多，獲得的收益越多。

優點：

（1）算法簡單，容易實現；

（2）節點間無須交換額外的信息即可達成共識；

（3）破壞系統需要投入極大的成本。

缺點：

（1）浪費能源；

（2）區塊的確認時間難以縮短；

（3）新的區塊鏈必須找到一種不同的散列算法，否則就會面臨比特幣的算力攻擊；

（4）容易產生分叉，需要等待多個確認；

（5）永遠沒有最終性，需要檢查比例點機制來彌補最終性。

2.4.3.2　權益證明機制（POS）

POS 是 POW 的一種升級共識機制，主要思想是節點記帳權的獲得難度與節點持有的權益成反比，根據每個節點所占代幣的比例和時間，等比例的降低挖礦難度，從而加快尋找隨機數的速度。相對於 POW，POS 在一定程度上減少了數學運算帶來的資源消耗，性能也得到了相應的提升，但依然是基於哈希運算競爭獲取記帳權的方式，可監管性弱。該共識機制容錯性和 POW 相同。它是針對 POW 的特點所發展出的機制，在一定程度上縮短了共識達成的時間。用一句話介紹：持有的權益越多，獲得收益越多。

優點：在一定程度上縮短了共識達成的時間，不再需要消耗大量能源挖礦。

缺點：還是需要挖礦，本質上還沒有解決商業應用的難點；所有的確認都只是一個概率上的表達，而不是一個確定性的事情，理論上有可能存在其他攻擊影響。例如，以太坊的DAO攻擊事件造成以太坊硬分叉，而此事件的出現，事實上證明了此次硬分叉的失敗。

2.4.3.3 股份授權證明機制（DPOS）

DPOS有點類似於董事會投票，持幣者投票決定出一定數量的節點，代理他們進行驗證和記帳。

BitShares社區首先提出了DPOS機制。與POS的主要區別在於節點選舉若干代理人，由代理人驗證和記帳。其合規監管、性能、資源消耗和容錯性與POS相似。類似於董事會投票，持幣者投出一定數量的節點，代理他們進行驗證和記帳。

DPOS的工作原理為：去中心化表示每個股東按其持股比例擁有影響力，51%的股東投票的結果將是不可逆且有約束力的。其挑戰是通過及時而高效的方法達到51%的批准。為達到這個目標，每個股東可以將其投票權授予一名代表。獲票數最多的前100位代表按既定時間表輪流產生區塊。每名代表分配到一個時間段來產生區塊。所有的代表將收到等同於一個平均水準的區塊所含交易費的10%作為報酬。如果一個平均水準的區塊含有100股作為交易費，一名代表將獲得1股作為報酬。

網絡延遲有可能使某些代表沒能及時廣播他們的區塊，而這將導致區塊鏈分叉。然而這不太可能發生，因為製造區塊的代表可以與製造前後區塊的代表建立直接連接。建立這種與其之後的代表（也許也包括其後的那名代表）的直接連接是為了確保其能得到報酬。

該模式可以每30秒產生一個新區塊，並且在正常的網絡條件下區塊鏈分叉的可能性極小，即使發生也可以在幾分鐘內得到解決。

成為代表：成為一名代表，你必須在網絡上註冊你的公鑰，然後分配到一個32位的特有標示符。該標示符會被每筆交易數據的「頭部」引用。

授權選票：每個錢包有一個參數設置窗口，在該窗口裡用戶可以選

擇一個或更多的代表，並將其分級。一經設定，用戶所做的每筆交易將把選票從「輸入代表」轉移至「輸出代表」。一般情況下，用戶不會特別創建以投票為目的的交易，因為那將耗費他們一筆交易費。但在緊急情況下，某些用戶可能覺得通過支付費用這一更積極的方式來改變他們的投票是值得的。

保持代表誠實：每個錢包將顯示一個狀態指示器，讓用戶知道他們的代表表現如何。如果他們錯過了太多的區塊，那麼系統將會推薦用戶去換一個新的代表。如果任何代表被發現簽發了一個無效的區塊，那麼所有標準錢包將在每個錢包進行更多交易前要求選出一個新代表。

抵抗攻擊：在抵抗攻擊上，因為前100名代表所獲得的權力是相同的，每名代表都有一份相等的投票權。因此，無法通過獲得超過1%的選票而將權力集中到一個單一代表上。因為只有100名代表，可以想像一個攻擊者對每名輪到生產區塊的代表依次進行拒絕服務攻擊。幸運的是，由於事實上每名代表的標示是其公鑰而非IP地址，這種特定攻擊的威脅很容易被減輕。這將使確定DDOS攻擊目標更為困難。而代表之間的潛在直接連接，將使攻擊者妨礙代表們生產區塊變得更為困難。

優點：大幅減少參與驗證和記帳節點的數量，可以達到秒級的共識驗證。

缺點：整個共識機制還是依賴於代幣，很多商業應用是不需要代幣存在的。

2.4.3.4 實用拜占庭容錯算法（PBFT）

在保證活性和安全性（Liveness & Safety）的前提下提供了$(n-1)/3$的容錯性。

在分佈式計算上，不同的計算機通過信息交換，嘗試達成共識；但有時系統上計算機（Coordinator/Commander）或成員計算機（Member/Lieutanent）可能因系統錯誤並交換錯的信息，導致影響最終的系統一致性。

拜占庭將軍問題根據錯誤計算機的數量，尋找可能的解決辦法，這無法找到一個絕對的答案，但是可以用來驗證一個機制的有效程度。

而拜占庭問題的可能解決方法為：在 N ≥ 3F + 1 的情況下一致性是可能解決的。其中，N 為計算機總數，F 為有問題計算機總數。信息在計算機間互相交換後，各計算機列出所有得到的信息，以大多數的結果作為解決辦法。

優點：

（1）系統運轉可以脫離幣的存在，PBFT 算法共識各節點由業務的參與方或者監管方組成，安全性與穩定性由業務相關方保證；

（2）共識的時延大約在 2~5 秒，基本達到了商用即時處理的要求；

（3）共識效率高，可滿足高頻交易量的需求。

缺點：

（1）當有 1/3 或以上記帳人停止工作後，系統將無法提供服務；

（2）當有 1/3 或以上記帳人聯合作惡，且其他所有的記帳人被恰好分割為兩個網絡孤島時，惡意記帳人可以使系統出現分叉，但是會留下密碼學證據。

2.4.3.5　授權拜占庭容錯算法（dBFT）

dBFT 機制，是由權益來選出記帳人，然後記帳人之間通過拜占庭容錯算法來達成共識。此算法在 PBFT 基礎上進行了以下改進：將 C/S 架構的請求回應模式，改進為適合 P2P 網絡的對等節點模式；將靜態的共識參與節點改進為可動態進入、退出的動態共識參與節點；為共識參與節點的產生設計了一套基於持有權益比例的投票機制，通過投票決定共識參與節點（記帳節點）；在區塊鏈中引入數字證書，解決了在投票中對記帳節點真實身分的認證問題。

優點：

（1）專業化的記帳人；

（2）可以容忍任何類型的錯誤；

（3）記帳由多人協同完成，每一個區塊都有最終性，不會分叉；

（4）算法的可靠性有嚴格的數學證明。

缺點：

（1）當有 1/3 或以上記帳人停止工作後，系統將無法提供服務；

（2）當有 1/3 或以上記帳人聯合作惡，且其他所有的記帳人被恰好分割為兩個網絡孤島時，惡意記帳人可以使系統出現分叉，但是會留下密碼學證據。

總之，dBFT 機制最核心的一點，就是能夠最大限度地確保系統的最終性，使區塊鏈適用於真正的金融應用場景。

2.4.3.6　驗證池（POOL）

POOL 是基於傳統的分佈式一致性技術，加上數據驗證機制。

優點：不需要代幣也可以工作，在成熟的分佈式一致性算法的（Pasox、Raft）基礎上，實現秒級共識驗證。

缺點：去中心化程度不如比特幣；更適合多方參與的多中心商業模式。

2.5　區塊鏈交易過程——比特幣的例子

一筆比特幣交易 A 一旦被創建，它的生命週期就開始了。隨後，交易 A 會被一個或者多個簽名加密（這些簽名用來說明交易 A 的資金流向是被資金的擁有者所許可的）。而後，交易 A 被廣播到比特幣網絡中，最快收到廣播信息的是相鄰的 2～3 個節點，這些節點都會參與驗證這筆交易，與此同時將交易在網絡中再次進行廣播，直到這筆交易 A 被網絡中大多數節點（所有下載比特幣客戶端的設備都有可能成為這樣的節點）接收。

最終，交易 A 被一個正在參與挖礦的節點驗證，交易 A 連同其他一些近期被創建的交易一起被打包到一個區塊 B 中，並被添加到區塊鏈上，這時整個區塊鏈就被延長並新增了一個區塊 B。區塊 B 獲得 6 次以上的「確認」時就被認為是不可撤銷的，因為要撤銷和重建 6 個區塊需要巨量的計算，交易被打包在一起放進區塊中時需要極大的計算量來證明，但只需少量計算就能驗證它們已被證明。

可以將上面的交易過程簡單描述為以下 6 個步驟：

（1）產生新交易；

（2）簽名加密；

(3) 交易在比特幣網絡中傳播；
(4) 整合交易 & 構建新區塊；
(5) 挖礦；
(6) 新區塊連接到區塊鏈。

2.5.1 產生新交易

當一個人想要將自己錢包中的一個比特幣轉帳給另一個人時，這個交易就被交易發起者的錢包所構建了。

將一筆比特幣交易理解成紙質支票有助於我們的理解，一筆比特幣交易是一個有著以貨幣轉移為目的的工具，如同當收款人或持票人拿著支票到銀行時，銀行會無條件支付其規定數量的金額。並且交易發起人並不一定是簽署該筆交易的人。

比特幣交易可以被任何人在線上或線下創建，即便創建這筆交易的人不是這個帳戶的授權簽字人。就像一家企業中秘書開出的這張支票 (發起交易)，需要等待 Boss 簽署該筆交易（數字簽名）一樣。

有以下 4 個概念需要展開討論，以更加深入地理解「新交易構建」的一些細節：UTXO、交易輸出、交易輸入和交易費。

（1）UTXO。UTXO 易於理解的說法就像是帳戶的餘額。它是比特幣交易的基本單位，是未經使用的一個交易輸出，Unspent Transaction Output，簡稱 UTXO，「未花費的交易輸出」。UTXO 不能再分割，1 個 UTXO 可以是 1「聰」的任意倍，就像美元可以被分割成「美分」一樣，「分」就不可以再分割了。UTXO 被記錄於區塊鏈中，比特幣網絡監測著以百萬為單位的所有可用的 UTXO。

假設接收者此時擁有 1.9 枚比特幣，當接收者接收到 0.1 枚比特幣時，這個金額被當作 UTXO 記錄到區塊鏈裡，現在一共擁有的 2 枚比特幣，同樣都被當作 UTXO 分散到數百個交易和數百個區塊中。實際上，並不存在一個儲存比特幣的地址或帳戶餘額的地方，只有被所有者鎖住的、分散的 UTXO。

因此，「比特幣餘額」這個概念，是通過掃描區塊鏈並聚合所有屬於該用戶的 UTXO 來計算該用戶的餘額。

（2）交易輸出。一筆比特幣交易是一個含有輸入值和輸出值的數據結構，其中包含了將一筆資金從初始地址（輸入）轉移至目標地址（輸出）的代碼信息：版本規則、輸入＆其數量、輸出＆其數量、時間戳。

每一筆比特幣交易創造輸出都會被比特幣帳簿記錄下來。所有的輸出都能創造一定數量的可用於支付的比特幣（也就是 UTXO）。這些 UTXO 會被整個網絡所識別記錄，其所有者可在未來的交易中使用它們。例如給隔壁老王發送比特幣實際上是創造新的 UTXO，並且能被他用於新的支付。

（3）交易輸入。交易輸入則是指向 UTXO 的指針，當用戶付款時，他的錢包通過選擇可用的 UTXO 來構造一筆交易。

例如：交易者想要支付 0.015 枚比特幣，他的錢包應用會選擇一個 0.01 UTXO 和一個 0.005 UTXO，使用它們加在一起來得到想要的付款金額。

（4）交易費。大多數交易包含交易費，這是在網絡安全方面給比特幣礦工的一種補償。大多數錢包自動計算並計入交易費，交易費被挖出這個區塊的礦工得到，並且記錄在這個交易的區塊鏈中。交易的數據結構沒有交易費的字段，意味著你無法從交易信息中直接看到交易費的金額。

2.5.2　簽名加密

一筆比特幣交易一旦被創建，它就會被資金所有者（可能存在多位所有者）簽名。如果它是合法創建並簽名的，則該筆交易現在就是有效的。它包含資金轉移時所需要的所有信息。用戶的私鑰用於生成支付比特幣所必需的簽名，來證明資金的所有權，這樣的簽名加密是為了確保交易內容不被篡改。

網絡中節點收到交易信息後，會對交易的合法性進行檢查，資金所有者的簽名加密是重要的驗證依據，檢查都通過後，則將交易標記為合法的未確認交易，才會在網絡中進行廣播。

有以下 4 個概念需要展開討論，以更加深入地理解「簽名加密」的一些細節：私鑰、公鑰、錢包和交易腳本。

（1）私鑰。一個比特幣錢包中包含一系列的密鑰對，每個密鑰對包括一個私鑰和一個公鑰。私鑰是一個數字，通常是隨機產生的。一個

比特幣地址中的所有資金的控制取決於相應私鑰的所有權和控制權。私鑰必須保密，因為一旦被洩露，相當於該私鑰保護下的比特幣也就丟失了。

通過在一個密碼學安全的隨機源中取出一串隨機字節，對其使用 SHA256 哈希算法進行運算，生成了一個 256 位的數字，這樣的一個數字就可以作為私鑰。以十六進制格式表示一個隨機生成的私鑰。

（2）公鑰。通過橢圓曲線算法可以從私鑰計算得到公鑰，這是不可逆轉的過程。由公鑰經過單向的加密哈希算法生成的比特幣地址以數字「1」開頭，在交易中比特幣地址就是收款人的地址。

（3）錢包。比特幣錢包是私鑰的容器，錢包只包含私鑰而不是比特幣，每一個用戶有一個包含多個私鑰的錢包。錢包中包含成對的私鑰和公鑰，用戶用這些私鑰來簽名交易。

其中一種常見且典型的錢包就是使用「助記碼詞彙」作為種子，而生成私鑰的錢包。這樣的單詞的序列可以重新創建種子，並重新創造錢包以及所有私鑰。在首次創建錢包時，帶有助記碼的錢包應用程序將會向使用者生成一個 12～24 個的單詞，單詞的順序就是錢包的備份。

（4）比特幣端通過執一個類 Forth 腳本語言編寫的腳本驗證比特幣交易。鎖定腳本被寫入 UTXO，同時它往往包含一個用同種腳本語言編寫的簽名。當一筆比特幣交易被驗證時，每一個輸入值中的解鎖腳本被其對應的鎖定腳本同時（互不干擾地）執行，從而查看這筆交易是否滿足使用條件。

比特幣交易驗證並不是基於一個不交易的模式，而是通過運行腳本語言來實現。這種語言可以表達出多到數不盡的條件變種，這也是比特幣作為一種「可編程的貨幣」所擁有的權力。

比特幣腳本語言被戲稱為基於棧語言，因為它使用的數據結構被稱為「棧」。棧是非常簡單的數據結構，它可以被理解為一堆卡片。棧允許兩類操作：入棧和出棧。入棧是在棧頂部增加一個項目，出棧則是從棧頂部移除一個項目。

2.5.3　交易在比特幣網絡中傳播

一筆交易需要傳遞至比特幣網絡才能被傳播，也才能加入區塊鏈

中。一筆比特幣交易只是300~400字節的數據，一旦交易被發送到任意一個連接至比特幣網絡的節點，這筆交易將會被該節點驗證。如果交易被驗證有效，該節點會將這筆交易傳播到這個節點所連接的其他節點。

無論交易是否被節點驗證有效，交易發起者都會收到一條回執消息，包含了此筆交易是否被接受的返回信息。在幾秒鐘之內，一筆有效的交易就會呈指數級擴散的效率在網絡中傳播，直到所有連接到網絡的節點都接收到它。

值得注意的是：每一個節點在傳播每一筆交易之前均進行獨立驗證。因此，一個異常交易能到達的節點不會超過一個。所以，比特幣網絡能有效地抵禦入侵，避免垃圾信息的濫發和有效拒絕服務攻擊。

有以下4個概念需要展開討論，以更加深入地理解「交易傳播」的一些細節：客戶端、完整節點、輕量節點（SPV節點）和挖礦節點。

（1）客戶端。bitcoin.org可以下載標準客戶端，即比特幣核心，也叫「中本聰客戶端」（Satoshi Client）。它包括了比特幣系統的所有內容：錢包功能、整個交易帳簿（區塊鏈）的完整拷貝、交易確認引擎、P2P比特幣網絡中的一個完整網絡節點。

（2）完整節點。保存有一份完整的、最新的區塊鏈拷貝的節點被稱為「完整節點」。完整節點能夠獨立自主地校驗所有交易，而不需借由任何外部參照。

（3）輕量節點（SPV節點）。只保留了區塊鏈的一部分，通過一種名為「簡易支付驗證（SPV）」的方式來完成交易驗證的節點被稱為「SPV節點」，又叫「輕量節點」。越來越多的用戶錢包都是SPV節點，尤其是運行於智能手機等資源受限設備上，這些設備沒有空間存儲完整的150G大小的區塊鏈。

（4）挖礦節點。挖礦節點通過運行在特殊硬件設備上的工作量證明算法，以相互競爭的方式創建新的區塊。一些挖礦節點同時也是全節點，保有區塊鏈的完整拷貝；還有一些參與礦池挖礦的節點是輕量級節點，它們必須依賴礦池服務器維護的全節點進行工作。

2.5.4 整合交易 & 構建新區塊

驗證交易後，每個比特幣網絡節點都會將這些交易添加到自己的內存池中，內存池也稱作交易池，用來暫存尚未被加入到區塊的交易記錄。而挖礦節點除了收集和驗證交易以外，還會將這些交易打包到一個候選的區塊中。

挖礦節點需要為內存池中的每筆交易分配一個優先級，並選擇較高優先級的交易記錄來構建候選區塊，在區塊被填滿後，內存池中的剩餘交易會成為下一個區塊的候選交易。例如，一個挖礦節點從內存池中整合到了全部的交易之中，新的候選區塊包含有 418 筆交易，總的礦工費為 0.090,949,25 個比特幣。現在既然創建好了一個包含 418 筆交易的候選區塊，挖礦節點就準備拿它來挖礦。

有以下 4 個概念需要展開討論，以更加深入地理解「整合交易」的一些細節：臨時未驗證的交易池、交易優先級、區塊結構和礦池。

（1）臨時未驗證的交易池。比特幣網絡中幾乎每個節點都會維護一份未確認交易的臨時列表，被稱為內存池或交易池。節點們利用這個交易池來追蹤記錄那些被網絡所知曉但還未被區塊鏈所包含的交易。交易池是存儲在本地內存中，並不是存儲在硬盤裡，因此不同節點的兩池（內存池、交易池）內容可能有很大差別。

（2）交易優先級。挖礦節點需要為內存池中的每筆交易分配一個優先級，並選擇較高優先級的交易記錄來構建候選區塊。交易的優先級是由交易輸入所花費的 UTXO 的交易創建時間決定，交易輸入值高且創建時間較早的交易比那些輸入值小且創建時間較晚的交易擁有更高的優先級。

區塊中用來存儲交易的前 50K 字節是保留給較高優先級交易的，如果區塊中有足夠的空間，高優先級的交易行為將不需要礦工費。礦工費越高，交易被處理的優先級也越高。

（3）區塊結構。區塊是一種聚合了交易信息容器的數據結構。由區塊頭和區塊主體組成，區塊頭是 80 字節，而平均每個交易至少是 250 字節，而且平均每個區塊至少包含超過 500 個交易。

區塊頭包含三組元數據：用於連接前面的區塊、索引自父區塊哈希值的數據；挖礦難度、Nonce（用於工作量證明算法的計數器）、時間戳；能夠總結並快速歸納校驗區塊中所有交易數據的 Merkle（默克爾）樹根數據。

（4）礦池。改變了原來挖礦獎勵由一個勝出礦工獨自獲得的狀態，採用團隊協作的方式來集中算力進行挖礦，對產出的數字貨幣按照算力進行分配。

採礦成為一項團隊運動，一群礦工於 2010 年一起在 Slush 礦池挖出了它的第一個區塊。根據其所貢獻的工作量，每位礦工都獲得了相應的報酬。此後的兩個月間，Slush 礦池的算力從 1,400Mhash/s 增長到了 60Ghash/s。

2.5.5 挖礦

現在既然已經創建好了一個候選區塊，挖礦節點就準備拿它來挖礦。礦工們爭相完成一種基於加密哈希算法的數學難題，獲勝者有權在區塊鏈上進行交易記錄並得到獎勵。每 10 分鐘左右生成一個不超過 1MB 大小的新區塊，這個區塊記錄了這 10 分鐘內發生並驗證過的交易內容。礦工們在挖礦過程中會得到兩種類型的獎勵：創建新區塊的新幣獎勵，以及區塊中所含交易的交易費。

一旦某一個挖礦節點在算力競爭中勝出，優先得到了數學難題的答案，會立刻將這個區塊發給它的所有相鄰節點，這些節點在接收並獨立驗證這個新區塊後，也會繼續傳播此區塊，每個節點都會將它作為新區塊加到自身節點的區塊鏈副本中。

有以下 3 個概念需要展開討論，以更深入地理解「確認交易」的一些細節：工作量證明、創幣交易、Coinbase 獎勵和礦工費。

（1）工作量證明。之前我們提到過的 Proof of Work，通過計算來猜測一個數值（Nonce）。具體到比特幣，礦工必須要在滿足全網目標難度的情況下求解 SHA256 算法。優先完成工作量證明的礦工可以獲得比特幣獎勵。保證在一段時間內，系統中只能出現少數合法提案。

哈希問題具有不可逆的特點，只有通過暴力計算找到問題的答案。

一旦獲得符合要求的 Nonce，說明在概率上是付出了對應的算力。誰的算力越多，誰能最先解決問題的概率就越大。

（2）創幣交易。區塊中的第一筆交易都是一筆特殊交易，稱為創幣交易或者 Coinbase 交易，這個交易是通過挖礦節點構造並用來獎勵礦工們所做的貢獻的。

創幣交易的輸入：創幣交易與其他交易的不同點在於其交易輸入沒有 UTXO，也沒有「輸入腳本」。這個字段被 Coinbase 數據替代，除開始的幾個字節外，礦工可以任意使用 Coinbase 的其他部分，隨意填充任何數據。因此，中本聰在創世區塊的 Coinbase 中填入了這樣的數據「The Times 03/Jan/ 2009 Chancellor on brink of secondbailout for banks」。

創幣交易的輸出：由挖礦勝出的礦工構建並將創幣獎勵和礦工費一起支付給了自己的比特幣錢包地址。

（3）Coinbase 獎勵和礦工費。礦工們在挖礦過程中會得到兩種類型的獎勵：創建新區塊的新幣獎勵，以及區塊中所含交易的交易費。比特幣的貨幣是通過挖礦發行的，大約每 4 年減少一半。2009 年 1 月每個區塊獎勵 50 個比特幣，到 2012 年 11 月減半為每個區塊獎勵 25 個比特幣，現在每個新區塊獎勵 12.5 個比特幣。比特幣挖礦獎勵以指數方式遞減，直到 2140 年所有的比特幣全部發行完畢，不會再有新的比特幣產生。

2.5.6 新區塊連接到區塊鏈

比特幣交易生命週期的最後一步是將新區塊連接至有最大工作量證明的鏈中。一個節點一旦驗證了一個新的區塊，它將嘗試將新的區塊連接到現存的區塊鏈組裝起來。

節點維護三種區塊：第一種是連接到主鏈上的區塊，第二種是從主鏈上產生分支的（備用鏈）區塊，最後一種是在已知鏈中沒有找到已知父區塊的。在驗證過程中，一旦發現有不符合標準的地方，驗證就會失敗，區塊會被節點拒絕並不會加入到任何一條鏈中。

如果節點收到了一個有效的區塊，而在現有的區塊鏈中卻未找到它的父區塊，那麼這個區塊就會被認為是「孤塊」。孤塊會被保存在孤塊池中，直到它們的父區塊被節點找到。

有以下 4 個概念需要展開討論，以更加深入地理解「新區塊連接到鏈」的一些細節：創世區塊、難度目標與難度調整、區塊鏈的分叉和區塊鏈瀏覽器。

（1）創世區塊。區塊鏈裡的第一個區塊創建於 2009 年，被稱為創世區塊。它是區塊鏈裡面所有區塊的共同祖先，這意味著你從任一區塊，循鏈向前回溯，最終都將到達創世區塊。創世區塊哈希值為 000000000019d6689c085ae165831e934ff763ae46a2a6c172b3f1b60a8ce26f。

（2）難度目標與難度調整。比特幣的區塊平均每 10 分鐘生成一個。這就是比特幣貨幣發行速率和交易達成速率的基礎，必須始終保持恒定。隨著技術的發展，計算機性能將飛速提升。此外，參與挖礦的人和計算機也會不斷變化。為了能讓新區塊保持每 10 分鐘生成一個的速率，挖礦的難度必須根據這些變化進行調整。

2009 年 12 月 30 日，比特幣挖礦難度首次增長。尋找一個比特幣區塊需要整個網絡花費 10 分鐘來處理，每發現 2,016 個區塊時會根據前 2,016 個區塊完成的時間對難度進行調整。

（3）區塊鏈的分叉。分叉就是兩名礦工在較短的時間內，各自都算得了工作量證明解的時候。兩個礦工在各自的候選區塊一經發現解，便立即傳播自己的「獲勝」區塊到網絡中，先是傳播給鄰近的節點而後傳播到整個網絡。由於每個礦工的區塊數據都不一樣，所以他們解題得出的結果也是不一樣的，都是正確答案，只是區塊不同。區塊鏈在這個時刻，出現了兩個都滿足要求的不同區塊。不同的礦工看到這兩個區塊是有先後順序的，通常情況下，礦工們會把自己先看到的區塊複製過來，然後接著在這個區塊開始新的挖礦工作。這時分叉就產生了。

從分叉的區塊起，由於分叉的鏈上礦工的數量不同，因此算力也有差別，兩條鏈的增長速度也是不一樣的，總有一條鏈的長度要超過另一條。當礦工發現全網有一條更長的鏈時，他就會拋棄他當前分叉的鏈，而繼續在更長的主鏈上進行挖礦工作。

（4）區塊鏈瀏覽器。用戶想要瀏覽區塊鏈信息，就得用區塊鏈瀏覽器。每一個區塊所記載的內容都可以從區塊鏈瀏覽器上進行查閱。區塊鏈瀏覽器可以說是區塊鏈信息瀏覽的主要窗口。

3　區塊鏈價值

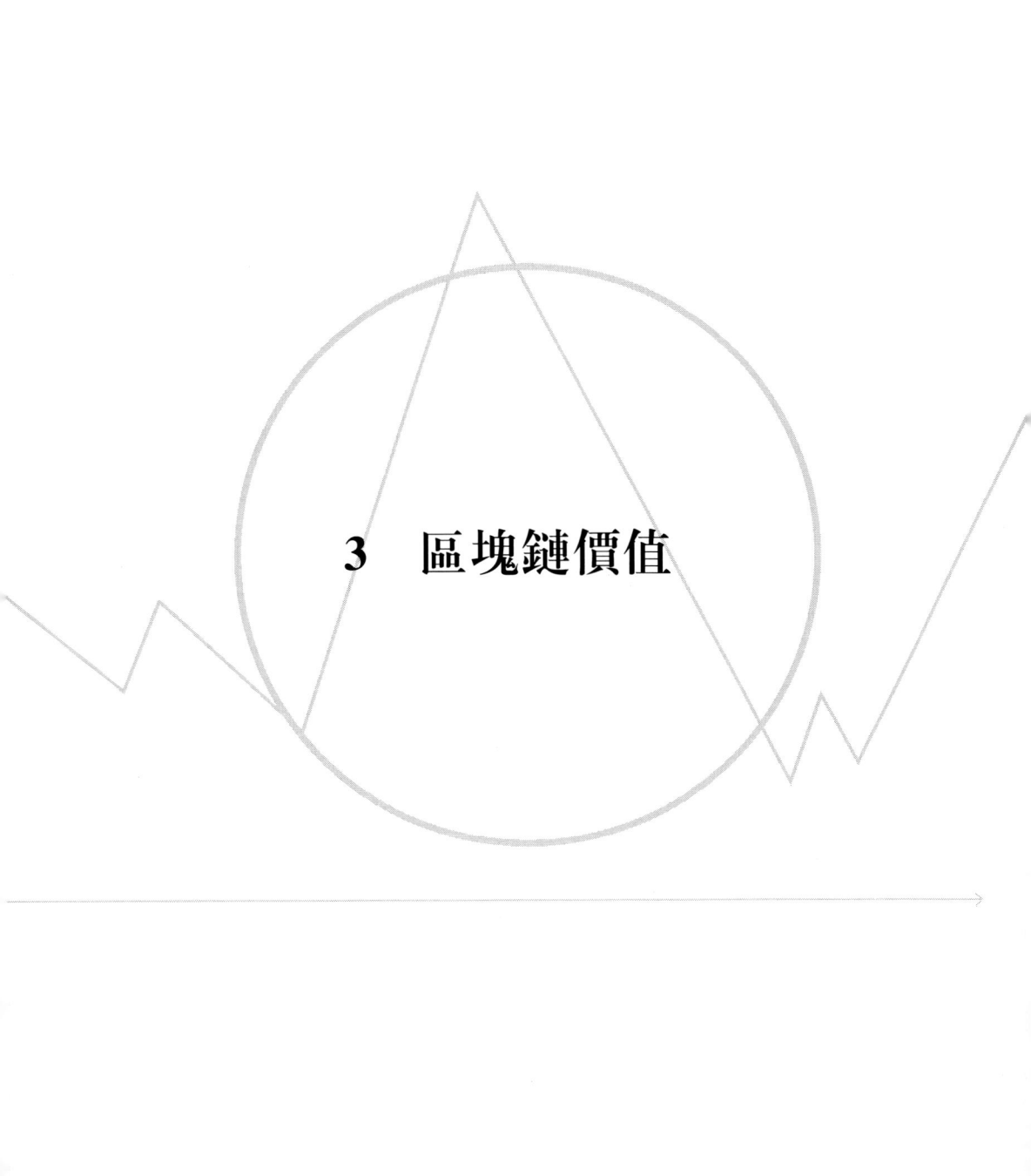

3.1 區塊鏈在金融領域的價值

目前區塊鏈的應用範圍涵蓋了金融、農業、醫療、教育等諸多領域，其中，金融領域是廣為應用的一個領域，從數字貨幣、銀行、證券、再到保險都能看到區塊鏈的影子。眾所周知，區塊鏈是一門技術，採用的是分佈式記帳原理，其本質是一個去中心化的信任機制。區塊鏈金融自然也就是區塊鏈在金融領域的應用，應用此技術可以解決金融交易中的信任和安全問題，區塊鏈技術成了金融業未來升級的一個可選方向，通過區塊鏈技術，交易雙方可在無須借助第三方信用仲介的條件下開展經濟活動，從而降低資產在全球範圍內轉移的成本。

3.1.1 區塊鏈在數字貨幣應用中的價值

眾所周知，區塊鏈是比特幣的基層應用技術，同時也是區塊鏈最初的一個應用領域，隨著區塊鏈技術的出現，為解決貨幣的數字化發行、流通和持有問題提供了新的角度與可能，數字貨幣也成了區塊鏈金融的先行者。

3.1.1.1 國家數字貨幣（法定數字貨幣）

國家數字貨幣也是法定數字貨幣，法定數字貨幣是指由一國（地區）央行或貨幣當局發行的代表具體金額的加密數字串，可用於真實商品、服務的消費和交易。相對於傳統貨幣，發行法定數字貨幣不僅在成本和效率方面有著得天獨厚的優勢，而且安全性有保證，同時也更便於央行的監管和調控。這是國家選擇性地利用已有技術，結合國家數字貨幣自身需要的發展，它的演進可能會在以下幾個方向發揮重要作用：

（1）防偽。國家發行的數字貨幣將有望在人類歷史上第一次擺脫偽鈔發行的可能性。這一防偽的特性，又可以用在各種跟國家數字貨幣相關的票據、憑證上，從而解決長時間內困擾票據詐騙的問題。

（2）數據追蹤和公證。新技術的使用使得海量的各類金融數據，能夠被更清晰準確地收集和跟蹤分析，這就意味著國家將掌握先進的信

息工具，其對於反洗錢和稅務徵收等工作具有重要的意義。

（3）自動化金融服務。未來隨著國家數字貨幣金融服務的開發，金融機構會越來越小型化、數字化、自動化，在銀行排長隊辦理某項業務的情景，在下一個十年很可能將一去不復返了。

（4）反制裁、抗攻擊。目前國與國之間的金融紛爭愈演愈烈，一旦出現國家之間的交惡，凍結銀行資產，中斷資金往來是常用的制裁手段。即使對於俄、美這樣的大國，這種事情也經常發生。國家的金融機構，也往往是黑客攻擊的重點，特別是 DDOS（分佈式拒絕攻擊服務），對於中心化的金融系統來說，幾乎是無法防禦的。而如果參考區塊鏈技術，去中心化的數字貨幣能夠具備全網記帳，分佈式網絡的特點，天然地對於此類攻擊具有很強的防禦能力。即使局部發生暫時的網絡中斷，記錄在全網各個節點的交易數據，也不會丟失。

以上這些特點，對於國家金融安全來說，都是難能可貴的優點，能夠極大地提高金融效率和安全性。在非常時期，甚至有可能成為一國金融生命線的保障。當然，國家數字貨幣的研發，還需要大量艱苦卓絕的技術創新和測試，才能進入實用領域。

區塊鏈技術的應用和國家數字貨幣，將會是未來不可阻擋的趨勢和潮流。目前，各國金融機構已經在紛紛研發區塊鏈技術，R3 聯盟、花旗、德勤等自身開發的區塊鏈系統，只是整個金融 2.0 產業變革的前奏而已，尚不會對整個國家的金融產業產生顛覆性的影響。國家數字貨幣的出現，很可能是人類近千年金融史上又一次激動人心的變革。

3.1.1.2 區塊鏈使價值的點對點傳播成為可能

貨幣在發行流通中只是在帳戶上進行數字的加減，數字貨幣可以發揮數字的本質特性，對人類貨幣史的發展具有重要的意義。當前，如需發行數字貨幣，點對點的發行系統是非常值得研究和探索的。區塊鏈這種天然的分佈式技術，必定會成為未來數字貨幣發行的主流方向，甚至是唯一的方向。區塊鏈是「一種讓人們在無須信任的情況下通過共享的事件記錄或日志達成共識的技術」。這個共享的記錄或日志分佈式存儲於整個網絡中，並由所有參與方進行驗證，由此避免了對第三方信用

的需求。

現在的信息互聯網需要向價值互聯網轉變。貨幣的本質是交易便利性，只包含信息而沒有價值的點對點傳播無法滿足交易便利性的要求。只有實現價值點對點傳遞，經濟交易和整個社會、企業組織才能成為一種新形態。只有區塊鏈才能將這種中間交易過程消除，從而提升整個社會和經濟系統的效率。

3.1.2　區塊鏈在銀行業中的價值

區塊鏈可以應用於商業銀行傳統業務的方方面面，從支付結算，到票據鏈金融，再到銀行的風險管理等領域，區塊鏈多中心化、公共自治、不可篡改的特性從根本上改變了中心化的銀行系統的業務模式，優化銀行後臺和基礎構架，提高服務效率和用戶體驗，為銀行的傳統業務向互聯網金融業務轉型提供了契機。因此，區塊鏈技術的發展對於商業銀行也有著深遠的影響和巨大的潛在價值。表 3.1 所示為國內一些發展區塊鏈技術的銀行的基本情況。

表 3.1　　　　國內一些發展區塊鏈技術的銀行的基本情況

銀行	發展區塊鏈的基本情況
中國平安銀行	首個加入 R3 分佈式分類帳聯盟的中國金融公司，已落地資產交易和徵信兩大應用場景，將開發和運用區塊鏈技術打造更加高效的端對端金融資產數字化管理，有望成為率先發展的行業，形成以點帶面的效應，再帶動其他行業的發展
微眾銀行	落地聯合貸款結算和清算業務，微眾銀行主要與上海華瑞銀行共同開發了一套針對聯合貸款結算和清算業務的區塊鏈應用系統，現主要應用於「微粒貸」業務，由微眾銀行帶頭成立的區塊鏈聯盟「金鏈盟」也吸納了平安銀行、騰訊、華為等金融和互聯網企業
民生銀行	加入 R3，搭建區塊鏈雲平臺，對區塊鏈共識算法、智能合約、交易記帳、數據傳輸、智能錢包、去中心化應用等進行了深入研究

3 區塊鏈價值

表3.1(續)

銀行	發展區塊鏈的基本情況
中國郵政儲蓄銀行	落地資產託管業務,在資產託管業務場景中,利用區塊鏈技術實現了中間環節的縮減、交易成本的降低及風險管理水準的提高,這也標誌著中國郵政儲蓄銀行已在銀行核心系統中實踐區塊鏈,解決了相互信用校驗的成本
招商銀行	實現將區塊鏈技術應用於全球現金管理領域的跨境直聯清算、全球帳戶統一視圖及跨境資金歸集三大場景
浙商銀行	上線移動數字匯票平臺,發布首個基於區塊鏈的移動數字匯票平臺,為企業與個人提供在移動客戶端簽發、簽收、轉讓、買賣、兌付數字匯票的功能

3.1.2.1 運用區塊鏈技術能改善銀行內重要數據的儲存狀況

在國家支持下建立起來的銀行,長期以來,掌握著大量的隱私數據,主要來自於商業銀行內部和客戶,大量數據的儲存主要關注如何儲存又能保證高安全性,而區塊鏈技術就能很好地解決這一問題。區塊鏈的每一個節點就能儲存一份數據、去除中間清算體系、安全的保護隱私等優勢對於商業銀行大量重要數據的儲存剛好適合,進一步減少了因銀行系統被攻陷或者內部管理體系制定不合理造成的大量重要圖片、文本等數據的洩露。其與比特幣交易數據儲存類似,即以哈希運算生成的Merkle樹將存在的數據打包在一塊,然後計入區塊鏈,通過內在程序的設定、密碼學的運用、多方面簽字技術等來使數據的安全性提高,如有人要訪問數據就需要多個人的同時授權才能訪問。

3.1.2.2 運用區塊鏈技術能優化客戶資產的管理業務,提高銀行利潤

隨著利率市場化改革的順利進行,商業銀行的利潤增長戰略也就轉向了中間業務發展,其中給銀行帶來豐厚利潤的是資產管理業務。雖然近幾年來中國經濟步入新常態,但是經濟發展速度還是繼續保持在中高速的水準上,人們生活水準有了較大提高,其中高收入群體就占了重大的比例。因此,發展資產管理業務是商業銀行現在亟須解決的事情,而

區塊鏈技術正好就能解決這個問題。針對客戶實物資產，通過區塊鏈授權和特定程序安排權限使得實物資產實現了自動化交接，提高了商業銀行對於客戶資產管理的效率。針對客戶有形資產，通過設計獨特的辨別標志並附屬在區塊鏈上，這樣實現了對分佈式資產的控制，同時在對客戶的資產管理過程中，對其資產產生的效益進行即時監控，可有效預防金融風險的發生。在增加安全性的前提下實現收益最大化，很好地改善和解決商業銀行目前利潤低下的現狀。

3.1.2.3 運用區塊鏈技術去中心化能提高商業銀行業務辦理的效率

目前傳統商業銀行辦理業務主要以櫃臺辦理為主，相比之下，新興起的互聯網金融使客戶足不出戶就能實現資金的運轉，大大提高了辦理效率，但是對於客戶的徵信問題還需要人力去操作。而在這一方面，區塊鏈技術可以很好地解決這一問題，區塊鏈技術能自動產生信用並保證信用信息的真實性，更進一步顛覆傳統的商業模式，達到完全的去中心化效果。對於商業銀行來說，極大地促進貸款業務的開展，增加商業銀行利潤，要做到快捷轉帳、快捷支付與安全的跨境轉帳就要用到區塊鏈技術的即時到帳，安全高效的運作能使商業銀行業務辦理效率得到極大提高。

總的來說，由於銀行有在資金和監管保證方面的天然優勢，可以充分利用區塊鏈技術形成新的場景金融服務模式和支付結算方式，改變現有的銀行功能，最大化區塊鏈技術應用的價值。

3.1.3 區塊鏈在證券業中的價值

區塊鏈在證券業中的應用潛力巨大。證券市場的靈魂是信息，而區塊鏈天然地具有信息透明和自證其信的特點，因此證券市場將是區塊鏈技術大有作為的領域，一些國家和地區關注到這一趨勢並已將區塊鏈應用到現有的證券市場實踐中。其在證券業中的價值主要體現在以下四個方面，本書在第七章中將對區塊鏈在這四個方面的應用進行具體的闡述，這裡只對其進行簡要的介紹。

3.1.3.1 證券發行與交易

在證券發行方面，現行的發行方式主要是網上定價發行，互聯網技術的進步降低了證券市場的信息不對稱，提高了效率，但是網上發行僅僅是將發行和交易程序放到了互聯網場景下進行，發行的前期準備和審批流程並沒有簡化。發行人必須聯繫券商，簽訂委託募集合同，完成繁瑣的申請流程後，才能尋求投資者認購。而在證券交易過程中，交易指令需要依次經過證券經紀人、資產託管人、中央銀行和中央登記機構等仲介機構的協調，才能完成交易。整個流程效率較低，且造就了強勢仲介，增加了代理成本和道德風險問題，金融消費者的權利往往得不到保障。

區塊鏈技術下的證券發行和交易，可以實現真正的點對點交易，經紀商和代理商將不復存在，發行的證券將以數字形式出現。在發行方面，區塊鏈的另一項技術彩色幣技術（Colored Coins）可以實現通過不同編碼，來對證券和資產進行分類；而發行和轉讓的限制，如 180 天的鎖定期，亦可以以編碼的形式添加在證券上，由計算機程序自動識別證券的種類和資格。在交易方面，智能合約技術可以直接實現買賣雙方的自動配對和撮合成交，結合計算機算法實現交易的自動化，由於每一個區塊的信息都是公開而一致的，因此交易的發生和所有權的確認不會有任何爭議，而區塊的時間戳具有不可篡改性，確保了全部交易過程的安全性。在整個發行和交易過程中，買賣雙方都是點對點交易，免去了經紀商的代理行為，將大幅節省發行和交易費用。

3.1.3.2 證券結算與清算

一個高效、透明的結算清算系統是證券市場發達與否的重要表現，從最初的實物交付和記名更改，到後來的依託第三方電腦系統進行電子帳簿劃撥，傳統的證券清算方式一直依賴著第三方仲介機構的協助。證券的結算清算工作需要中央結算機構、銀行、券商和交易所之間的相互協調，成本高，效率低。一般來說，從證券所有人處發出交易指令，到交易最終在登記機構得到確認，在中國通常需要「T+1」天，而在美國

則需要「T+3」天。與以往交易的結算清算需要「T+1」天不同，在區塊鏈交易中，可以實現「T+0」交易，每筆交易確認完成之後即公告於網絡並將交易信息記錄在每個區塊中，不需要第三方清算機構單獨進行帳簿記載和結算清算，新區塊的添加一般需要 10 分鐘，即結算和清算的完成僅僅需要 10 分鐘的時間，提高了資產的流動性，能夠有效降低資金成本和結算風險。

3.1.3.3 資產證券化

區塊鏈技術可有效防範資產證券化中的操作風險，提高透明度。資產證券化因其涉及原始權益人、特殊目的實體、擔保人、投資者等多方利益，對託管、信息披露等問題要求較高。儘管如此，因其複雜性仍會造成部分違約情況。通過結合資產證券化的可操作特性，區塊鏈技術可為相關交易結構與產權變更設定交易邏輯，從根本上防範操作風險。同時，因資產證券化涉及優先、劣後、流動性補充條款等事項，通過區塊鏈技術及時更新基礎資產情況並對相應閾值發出報警，有利於監督合約履行與投資者的自身權益，緩解信息不對稱問題，防範金融詐欺事件的發生。

3.1.3.4 股東投票

區塊鏈技術還可應用於股東投票系統，其價值主要體現在三個方面：①區塊鏈可以有效地降低中小股東參加股東大會的時間成本和資金成本，提高股東投票的積極性，擴大股東投票的參與度；②區塊鏈能夠簡化股東投票流程，由於區塊鏈投票系統在設計之初就去掉了紛繁複雜的中間環節，簡化投票流程，為投票提供直接、安全的通道，大大提高了股東投票系統的效率；③區塊鏈的安全加密認證可以克服網絡技術缺陷，確保投票結果的唯一性、真實性和可追溯性。

3.1.4 區塊鏈在保險業中的價值

保險業是繼銀行業之後討論區塊鏈運用最多的行業。作為保險業最初形式的互助保險與區塊鏈所強調的「共識機制」有著天然的契合。

但是互聯網保險在創新過程中遇到了很多問題，其中最大的瓶頸就是信用和安全，區塊鏈技術的加密認證技術和全網共識機制可以彌補傳統互聯網的不足，它可以建立完整、分佈式、不可篡改的連續帳本數據庫，確保資金和信息在安全的前提下高效、低成本流通，使這兩大弊病得到有效化解。

在區塊鏈的應用過程中，可以利用其去中心化、開放性、自治性、透明性、不可篡改性、匿名性等特徵，突破現行保險業發展所遇到的瓶頸。

3.1.4.1 去中心化

去中心化是指區塊鏈採用分佈式核算與存儲，任意節點的權利和義務都是相等的。運用區塊鏈這一特性，可以助力保險「脫媒」，降低保險仲介費用。點對點的聯繫可以突破時空界限，突破傳統互助保險的局限性，使同質風險個體可以在更大範圍內實現互助。

3.1.4.2 開放性

開放性是指採用公鑰和私鑰的設置，除了交易主體的私有信息被加密以外，所有人都可以通過公開的接口查詢區塊鏈數據和開發相關運用，系統信息公開透明。運用區塊鏈這一特性，可以減少信息不對稱，進而解決保險供給和需求雙方存在的道德風險和逆向選擇問題。同時借助開放性可以提升大數據和雲計算的運用，使保險產品開發和定價更加精準。

3.1.4.3 自治性

自治性是指採用基於協商一致的規範和協議，使整個系統中的所有節點能夠在信任的環境中自由安全地交換數據。運用區塊鏈這一特性，可以降低人工成本，提高保險智能程度，開發更多觸發型賠付的保險產品，投保人在滿足特定條件時自動執行合同啟動賠付，同時可以通過自治性設計減少合同糾紛，保護保險消費者的合法權益。

3.1.4.4 透明性

透明性是指極短時間內，區塊信息會被複製到網絡中的所有區塊，實現全網數據同步，每個節點都能回溯交易雙方過去的所有交易信息。

運用區塊鏈這一特性，可以提升保險消費者的信任度，解決制約保險需求的信任問題；突破互聯網保險發展對信任的剛性約束；構建保險情景，進行精準行銷；減少保險公司交易信息丟失的風險。

3.1.4.5 不可篡改性

不可篡改性是指一旦信息經過驗證並添加至區塊鏈，就會永久的存儲起來，除非能夠同時控制住系統中超過51%的節點，否則單個節點上對數據庫的修改是無效的，使得區塊鏈具有極高的數據穩定性和可靠性。運用區塊鏈這一特性，可以提高保險公司的內部風控能力，確保帳本系統、資金和信息的安全，建立區塊鏈的總帳系統，提高財務安全。

3.1.4.6 匿名性

匿名性是指節點之間的交換遵循固定的算法，其數據交互是無須信任的，區塊鏈用戶儘管能夠獲悉其他人的交易內容，但對非屬於自己的交易記錄無法瞭解交易者的真實身分。運用區塊鏈這一特性，可以避免用戶隱私的洩露，保險合同的內容只有當事人才有權訪問，而智能合約和自動理賠提升了合同履約自動化程度，省去了傳統做法中大量人員的配備，並且有著完美的精確性。

總的來說，區塊鏈技術在一定程度上有助於加快金融產品創新，減少信息不對稱，提升現代金融運行效率和服務質量，有效維護金融穩定。隨著金融業逐步邁入「區塊鏈+」時代，基於區塊鏈技術衍生的新型金融業形態開始出現，區塊鏈金融涉及的領域也逐漸擴大，區塊鏈與金融的結合和應用正在進入嶄新的階段。

3.2 區塊鏈在非金融領域的價值

區塊鏈技術將不僅僅應用在金融支付領域，而且將會擴展到目前所有應用範圍，諸如去中心化的微博、微信、搜索、租房，甚至是打車軟件都有可能會得到應用。因為區塊鏈可以讓人類以無地域限制的、去信任的方式來進行大規模協作。

紐約社會研究新學院哲學和經濟理論家梅蘭妮（Melanie Swan）在新書《區塊鏈——新經濟的藍圖》中指出，如果說區塊鏈1.0指貨幣，即應用中與現金有關的加密數字貨幣，如貨幣、轉帳、匯款和數字支付系統等，那麼區塊鏈2.0就是指合約，如股票、債券、期貨、貸款、智能資產和智能合約等更廣泛的非貨幣應用；未來還可能會進化到3.0階段，即在政府、健康、科學、文化和藝術方面有所應用。

3.2.1 區塊鏈在電商交易平臺中的價值

區塊鏈隨著其技術和理念的不斷成熟，正在步入以可編程社會為主要特徵的3.0階段，即區塊鏈將逐漸從虛擬世界滲透到現實生活的方方面面，而電子商務正是現階段連接現實與虛擬的最佳契機。區塊鏈的去中心化、智能合約、不可篡改等特性恰好能夠應對電子商務信息不安全、交易不公開等發展難點。區塊鏈在電商平臺的價值主要體現在以下幾個方面：

3.2.1.1 去中心化

區塊鏈技術是當前技術領域的新浪潮，具備去中心化、去仲介信任，以及安全性、保密性、互聯監察驗證等功能。在電子商務消費互動中，利用區塊鏈技術構建跨境支付方式，可以讓用戶在去中心化機制下以更快的速度、更低的費用完成轉帳支付，同時也可以保護信息安全。

在電子商務跨境支付這一塊，當前支付方式的手續費較高，且清算時間長，容易出現支付騙局。但是應用了區塊鏈技術後，每一個數據塊都包含過去一段時間內的所有網絡交易信息，可用於驗證交易信息的有效性，能起到防偽作用。同時，還會生成下一個數據塊。從以上內容可以看出，利用區塊鏈技術建構的電子商務支付方式，可以剔除第三方金融機構這一中間環節，實現全天候支付、快速到帳，降低電商資金風險。

3.2.1.2 信息保護

在電子商務中採用區塊鏈網絡，這一網絡結構既沒有中心化的管理機構、硬件，也沒有中心服務器、路由器，其中的所有節點都可以作為

客戶端使用，當然也可以作為服務器端使用。由於區塊鏈技術本身的安全性很高，網絡結構所有節點都保留著區塊鏈全部信息，且有備份，即使信息損壞或丟失，也會通過系統備份使數據恢復，所以能保證消費交易互動中的相關數據的安全。此外，節點之間可以形成相互監督，能減少數據被篡改的可能性，有利於保護網絡穩定。

3.2.1.3 數據加密

在區塊鏈技術條件下，電子商務消費交易過程中的數據加密可以採用非對稱加密方法，可有效解決傳統數據加密中的用戶信任問題。數據加密技術在電子商務消費交易中是其他安全技術的基礎。它主要通過代碼或密碼將某些重要信息從一個可以理解的明文形式變換成一個不可理解的密文形式，之後再進行數據傳輸或存儲。當用戶查看時，將密文還原成明文，進而保護數據信息安全。

數據加密有兩大類方法，一種是對稱加密，另一種是非對稱密鑰加密，都以密鑰加密為基礎。電子商務消費交易中的數據不建議採用對稱加密方式，而適合採用非對稱加密方式。因為在非對稱加密方式下，交易雙方各有兩把秘鑰，一把是公鑰，另一把是私鑰，其中公鑰對外公開，私鑰自己保管。如果數據傳輸加密採用公鑰，對方只能用私鑰解密。利用非對稱密鑰加密方式時，電子商務消費交易中的數據加密傳輸過程如下：

第一步：交易甲方用從乙方處收到的公鑰加密自己的私鑰，再用自己的私鑰對數據進行加密，將加密後的數據傳輸給交易乙方。

第二步：交易乙方接收到數據後，先用自己的私鑰解密，再利用交易甲方的私鑰進行數據解密。

第三步：交易乙方從甲方處獲得公鑰，再對數據進行解密，進而得到數據。

在數據安全上，除了採用加密技術外，還可以將數據加密技術和簽證技術結合起來。具體方式是：用戶通過私有密鑰對數據進行加密後，在數據尾部設定數字簽名。與之交互的用戶利用公開密鑰對數據進行解密，可以驗證數據來源和數據內容本身的真實性。

3.2.2 區塊鏈在農產品市場中的價值

由於農產品的種類繁多，農業生產具有典型的地域性和週期性的特點，根據農產品供應鏈的實際應用需求，系統建設可以按照地區、農產品種類、市場定位等進行分別建設。結合區塊鏈技術架構和類型特點的分析，區塊鏈技術中的聯盟鏈比較適宜農產品供應鏈，主要原因如下：

3.2.2.1 精準定位

聯盟鏈的參與者要求「特定人群、簽訂協議」，參與者圍繞同一個目標，從事同樣的生產，從管理、流程、服務等各層面都能夠更好地滿足農產品供應鏈各方的實際情況。

3.2.2.2 技術可行性高

聯盟鏈是一個典型的「多中心」架構，不管參與者規模大小、內部系統建設程度如何，其只需要作為一個接入中心，將區塊鏈需要的標準交易數據上傳至區塊鏈即可，不影響系統內部業務處理，同時實現與其他節點的數據共享。

3.2.2.3 承載能力恰當

農產品供應鏈的目標是通過信息的共享實現價值的增值，信息的共享不要求即時性太強，1,000~10,000 筆/s 的承載能力，完全能滿足農產品供應鏈的需求。

3.2.2.4 數據存儲合適

多品類多用戶參與的公有鏈包含龐大的業務量，區塊占用的空間過大，對數據的存儲要求過高；私有鏈專注於內部業務，雖然數據量小但不利於不同的用戶共享信息；聯盟鏈專注於某一個特定的群體，數據恰當的滿足所有用戶的需求，存儲容量合適。

3.2.2.5 模式可複製

將系統應用到不同的地區或場景，只需要改動共享數據的格式即可實現系統的復用。

3.2.3 區塊鏈在醫療健康行業中的價值

隨著區塊鏈技術的逐步完善，在醫療領域的應用也取得了飛速發展。許多人認為醫療健康領域是區塊鏈技術除金融領域外的第 2 大研究領域，通過 IBM 發布的商業價值研究院區塊鏈調研報告可知，對於區塊鏈技術，人們希望不僅僅止於試用階段，而是大規模採用商用區塊鏈解決方案。從整體來看雖然當前區塊鏈技術在醫療領域的應用有一定的發展，但相當有限，Gem、飛利浦醫療等醫療企業目前也還在逐步摸索實踐中。

醫療區塊鏈的應用價值與思路主要體現在 3 個方面：建立個人醫療健康數據庫、打造智能化的醫療救助平臺和構建開放的醫療健康資源共享互助中心。其有助於推動醫療信息化體系變革，加快醫療機構提升服務質量和提高服務效率的速度。

3.2.3.1 建立個人醫療健康數據庫

我們可以基於區塊鏈的分佈式記錄與儲存、不可篡改、不可偽造等特性，建立結構化電子健康數據庫。電子健康數據是患者數字化的記錄，主要包括基本信息、病史記錄、檢查結果、療程記錄、用藥說明、診斷效果等。區塊鏈允許醫療機構、患者等跨平臺、跨系統記錄電子健康數據，區塊鏈的去中心化結構能使醫療數據在每一個參與數據存儲的網絡平點進行即時更新、安全採集存儲數據並在雲服務器上永久保存，降低醫療數據及敏感信息的丟失風險，增加醫療數據的安全性及可信性。個人基本信息利用區塊鏈技術的非對稱加密算法使其進行加密隱藏，防止信息的洩露、丟失。而健康信息可根據個人的意願決定是否分享在某一網絡中。對於個人而言，利用健康數據、體檢信息查詢個人的健康狀況，系統會自動根據其醫療數據對其健康狀況進行評分，得出個人健康狀況等級評價。通過用藥信息來查詢藥品的價格、數量等，查看藥品價格是否與國家在某一地區標準的價格有差異，查看藥品數量是否與治療週期相符等。還可對醫生的服務態度及治療結果等進行評價。對於醫生而言，利用健康數據庫能更快瞭解患者的禁忌信息，獲得儀器診

斷結果。利用獲得的數據，進行臨床科研和案例分析提高醫療服務水準。對於醫院及醫療研究機構而言，通過醫療數據庫進行大數據分析挖掘，對醫囑、藥物等進行合理監測。利用個人評價對醫師進行績效考評以及職稱評定等。

3.2.3.2 打造智能化的醫療救助平臺

利用區塊鏈的嵌入式智能合約可以自動形成醫療救助契約和憑證，構建智能化的醫療救助系統。系統中的每個人可以在醫療救助平臺上註冊並獲得唯一的 ID 號，通過 ID 號登錄系統來確認自動形成醫療救助契約後，允許醫生訪問醫療記錄並實施救助。當患者昏迷或無主觀能動性時，醫生可通過個人 ID 號來檢索患者的 ID 號，然後醫生在健康數據網絡中發佈廣播，廣播會自動選擇患者的緊急聯繫人並向其發送請求，要求盡快確認允許醫生訪問患者的醫療記錄。

兩名及兩名以上的緊急聯繫人確認並自動形成醫療救助契約後，醫生可訪問患者的醫療記錄並實施緊急救助。當個人在醫院外突發緊急情況時，可在醫療救助平臺上發起醫療求助，平臺根據定位自動向最近的醫院發送救助信息，醫院接受信息並自動形成救助契約後，對發起求助者進行最快、最有效的救助。

3.2.3.3 構建開放的醫療健康資源共享互助中心

通過區塊鏈去中心化的分佈式帳本技術，將醫療健康數據分佈存放在不同的區塊中，建立結構化電子病歷數據，利用點對點的傳播方式，將所有節點通過達成共識的、標準的軟件協議共享醫療健康數據等資源。當患者被實施救助並且審查後，醫生會詢問患者是否願意將醫療記錄信息等相關資料匿名分享到公共研究庫中，如果患者同意分享，將會獲得一定金額的虛擬幣，醫生將根據患者患病類型、年齡、工作類型等特徵進行標準匹配，將其加入到私人網絡的共享中心。患者可以通過共享網絡查看某類病症是否有良好的解決方案；當病症得到很好的治療時，患者加入到健康資源共享中心可以與康復的病友對康復後的注意事項、藥品以及生活保健等方面進行溝通交流；可以查閱在同一私人網絡

中已授權的其他人的個人健康信息等。否則可以通過「眾籌」的方式進行捐款集資，使醫療研究組織可以並願意研究此類病症，當有研究團隊正在研究此病症，患者對研究團隊進行「眾籌」捐款時，網絡就會自動簽訂合同並保存在第三方。合同簽訂後，治療團隊則根據患者的病症特點設計定制化的治療方案，包括藥物治療以及其他的輔助治療，研究團隊（包括醫生和保險公司）可以收集治療者的活動手環、可檢測的藥物及治療效果數據，保險公司根據患者完成治療方案的情況進行獎勵，所有帳單自動支付，無須紙質通知。在同一家醫院中不同科室的醫生，可以通過個人 ID 號進行同種類型醫療信息縱向查看和不同時間醫療信息橫向查看，瞭解患者的病史記錄、用藥信息等。

4　區塊鏈與數字貨幣

4.1 概述

4.1.1 數字貨幣定義

數字貨幣，是指因計算機技術不斷發展而衍生出的以虛擬數據為表現形式的非真實的貨幣。數字貨幣是不依靠特定企業發行，根據密碼學原理及區塊鏈技術，基於人為運算而形成的。以社會公眾的認可及其自身產生的技術和制度為信用基礎，發行者無須承擔任何風險。該類數字貨幣起源於大衛・喬姆（David Chaum）在1982年給出的無法追蹤的密碼學網絡支付體系假設。1990年，這種想法被拓展成最開始的密碼學現金體系，該體系慢慢發展成 e-cash。近幾年較為流行的比特幣就是這些數字貨幣中最為顯著的代表，大眾在購買這些貨幣的時候就是因為其具有附屬價值，將其當作是一種理財產品。

當前，數字貨幣尚未獲得統一解釋。很多單位都覺得其擁有一些貨幣職能，但是很多單位都只是將其看作是貨幣的替代品。歐洲央行在2015年公布了一些有關數字貨幣的報導，該報導認為，只有很少一些數字貨幣被當作是交易介質，同時因為其價格變化較大，也沒有辦法展現其存儲價值與記帳功能。因此該報告裡只是將其解釋為展現價值的數字方式，其並非是由貨幣當局推出的，在一些狀況下，其能夠被看作是貨幣的替代品，當前數字貨幣最為主要的還是將其當作是「去中心化」數字貨幣，其源代碼是公開的，其他一些「去中心化」數字貨幣都是在這個前提下給予了一些修正，其主要系統和比特幣十分相似。和比特幣有著相同屬性的數字貨幣都有著以下特徵：主要表現為在支付形式上，並非需要依靠第三方。

4.1.2 數字貨幣的發展狀況

當前，數字貨幣的類型已經有500多種，各種數字貨幣出現後之間的競爭，豐富與補充了數字貨幣的形態與種類。實際上，不管是「中心化」或「去中心化」的數字貨幣，其最大的不足就是不具有國家信

用保障。沒有辦法獲得參加人員的認可與接受，只可以被當作是一種交易資本，貨幣價值沒有辦法獲得穩定。但是「去中心化」貨幣的分佈式記帳就可以讓其在進行交易時不需要依靠第三方，在技術上也有一些可取的地方，這也是日後金融革新的一個主要趨勢。2016 年初，英國央行在商討是不是應該由央行去推行該貨幣，而該國的研究工作還處於剛剛開始的時期。安迪・霍爾丹就這樣說過，數字貨幣的使用將會是一次偉大的科技進步。而就在 2017 年初，中國央行在發行數字貨幣方面也取得了新進展。央行推行的建立在區塊鏈之上的數字交易平臺已經獲得成功檢驗，由央行推行的數字貨幣在這個平臺上獲得了實驗，其下屬研究機構也會正式進行掛牌。和傳統貨幣相比，數字貨幣的最大優勢就是不光削減了發行、流通費用，還可以很好地提升交易率和投資率，讓交易行為更為便捷與公開。由中國央行推行的數字貨幣還可以很好地保障金融政策的連續性與完整性，也可以有效地保障安全。雖然其推行方式還處於探索之中，但是紙幣早已被一些人當作是「上一輩的貨幣」，必定會被新科技、新商品所替代。因為我們國家人口眾多，體量也較大，所以推行數字貨幣的時間依然沒有明確。從推動法定數字貨幣的進程來看，大部分國家的央行都是從與數字貨幣相關的技術入手展開研究，部分國家的央行開始對相關框架和技術進行封閉測驗，突尼斯和塞內加爾則已經發行法定數字貨幣。從研究內容和實踐情況來看，中國人民銀行在法定數字貨幣領域已走在世界前列（其他國家法定數字貨幣進展如表 4.1 所示）。

表 4.1　　　　　　　部分國家或地區法定數字貨幣進展

國家或地區	法定數字貨幣研究及實踐進展
突尼斯	2015 年 12 月，突尼斯成了世界首個發行數字貨幣的國家
加拿大	2015 年，加拿大央行、Payments Canada、加拿大的 7 家商業銀行和技術聯盟 R3 開始了 Project Jasper，其目標是使用分佈式分類記帳技術（DLT）來構建和測試實驗性銀行同業批發支付系統。到 2017 年 5 月，Jasper 項目運行了兩個試驗階段，第二階段完整版報告顯示，區塊鏈在同業銀行支付系統中的使用仍面臨諸多障礙。因此，加拿大央行對外公布，加拿大央行最終決定暫時不會採用區塊鏈技術

表4.1(續)

國家或地區	法定數字貨幣研究及實踐進展
英國	2016年1月，英國政府辦公室發布了「Distributed Ledger Technology：beyond blockchain」，就願景、技術、治理、隱私等方面為英國政府發展區塊鏈技術和分佈式帳本技術提出了8條建議。同時，英格蘭銀行和 University College London 正在合作推出 RSCoin
荷蘭	2016年4月，荷蘭央行在其《2016年年度計劃》中指出，將利用區塊鏈技術開發一款標準的虛擬貨幣，這個項目被命名為荷蘭央行貨幣（DNBCoin）計劃
美國	2016年，美國政府發布了工作報告「Distributed ledger technology in payments, clearing, and settlement」，對於分佈式記帳技術在支付和清算等領域的作用進行討論，但同時也認為該技術發展的歷史較短，還存在很多的問題，如技術問題、法律問題和所面臨的風險等
德國	2016年11月，德意志聯邦銀行和法蘭克福金融和管理學院聯合主辦了一場名為「區塊鏈技術：機遇與挑戰」的央行研討會，研討了區塊鏈在支付領域的發展，為央行發行數字貨幣提供基礎
塞內加爾	2016年11月26日，非洲國家塞內加爾（Senegal）第二個發行了國家數字貨幣 eCFA
歐盟和日本	2016年12月，歐洲央行和日本央行開始了名為「Stella」的聯合試驗項目，目的是研究分佈式帳本系統是否能夠取代當前日本央行和歐洲央行部署的即時全額結算系統（RTGS）。2017年9月，歐洲央行和日本央行發布了報告「Payment systems：liquidity saving mechanisms in a distributed ledger environment」，報告內容顯示，目前 DLT 技術仍不成熟，歐洲央行和日本央行是否會使用這一技術還需觀察
新加坡	2017年3月10日，新加坡金融管理局（MAS）完成了一項專注於銀行間支付的分佈式帳本試點實驗。基於銀行間支付的分佈式帳本試驗，MAS 接下來要進行兩個項目：第一個項目，是由新加坡交易所（SGX）驅動的，其專注於通過分佈式帳本修復證券交易的收益，以及使結算週期變得更有效；第二個項目，側重於使用央行數字貨幣探索跨境支付的新方法。同年，MAS 發布了報告「The Future is here – Project Ubin：SGD on Distributed Ledger」，展示了其區塊鏈項目「Project Ubin」的各項細節

4.1.3 數字貨幣的特點

關於數字貨幣的特點，以往的論述多從傳統貨幣理論的角度或傳統金融體系的角度來看，而從極客社區及區塊鏈技術的角度來看的比較少。從極客社區及區塊鏈技術的角度來探討數字貨幣的特性，以多維視角來消除盲人摸象的認識誤區。

4.1.3.1 數字貨幣是匿名性貨幣

要探討數字貨幣的本義，首先不能忘了數字貨幣產生的初心。這個初心來自於比特幣區塊鏈的發明人中本聰的論文題目《一個點對點電子現金系統》，數字貨幣的第一個特性就是電子現金。一方面它是現金，具有現金的一切屬性，其中最主要的屬性就是匿名性；另一方面它是電子現金，不具有紙鈔和硬幣的物理結構，方便交易流通。我們熟悉的現金和中本聰設想的數字貨幣相比，在匿名性上是一致的。不同的是物理結構的現金完全不能被追蹤，而區塊鏈上的數字貨幣（電子現金）卻可以被追蹤，這對於央行及對合規性負有很高責任的金融機構來說，無疑具有極大的吸引力。因此可以說，匿名性是數字貨幣的第一要義。當技術能夠支持人們在互聯網上像傳輸信息那樣方便的傳輸資金時，雖然人們可能會願意為了便利性而在一定程度上犧牲一點隱私，但一定不希望其金融活動被那些無關的人，尤其是心懷惡意的人隨隨便便就偷窺了。

4.1.3.2 數字貨幣是可編程貨幣

區塊鏈的四大特性是：共享帳本、加密算法、智能合約和共識機制。數字貨幣運行於區塊鏈或分佈式帳本系統上，它和運行於金融機構帳戶系統上的電子貨幣的顯著區別是區塊鏈或分佈式帳本賦予它的可編程性。電子貨幣在金融機構帳戶上表現為一串串數字符號，交易是帳戶之間數字的增減。而數字貨幣在分佈式帳本上表現為一段段計算機代碼，交易是帳戶或地址之間計算機程序與程序的交換。區塊鏈的可編程性使得人們可以編製智能合約，一旦雙方或多方事先約定的條件達成，計算機將監督合約自動執行，任何人都不可能反悔。可編程性不但讓央行擁有了追蹤貨幣流向的能力，從而可以建立在沒有區塊鏈和數字貨幣

之前不可能擁有的精準執行貨幣政策、精準預測市場流動性的超級能力。同時，可編程性也能讓金融交易變得自動化，省去金融機構龐大的後期結算業務的中後臺部門，甚至讓很多金融交易可以即時清算。這無疑極大地提升了金融交易的效率，加快了資金週轉速度，削減了營運成本。

4.1.3.3 數字貨幣是加密貨幣

前不久中央電視臺的一位記者為了調查互聯網上隱私洩露的問題，僅僅知道了一個手機號碼，就可以從不同的網絡渠道買到與這個手機號碼相關聯的相當齊全的個人隱私資料，個人在互聯網上幾乎無處可逃的透明度，超出了我們想像力極限的好幾倍。這些隱私資料很大一部分就來源於我們在互聯網上的金融交易行為。而且最有價值的數據恰恰也就是我們的金融交易行為數據。數字貨幣之所以設計成加密貨幣的原因有三方面：一是數據確權。目前互聯網是完全公開透明的，我們享受互聯網帶來便利的同時，也把各種行為數據無償提供給了中心化的互聯網機構，而這些互聯網機構卻利用這些數據來從事營利性商業活動。二是隱私保護。不僅我們在互聯網上遺留的行為數據需要隱私保護，隨著互聯網醫療越來越多地走進我們的生活，我們的健康數據更需要加密保護。三是安全保障。互聯網上的數據，如何防止丟失、篡改以及被黑客盜用等，值得採取安全措施加以保護。

4.1.3.4 數字貨幣是算法貨幣

數字貨幣的發行機制依靠的是數學算法，靠一套可以經人反覆驗證的數學模型來建立自己的信用，人們相信那套算法也就相信這個數字貨幣。而數學運算的結果是高度一致的，因此最容易取得全球的共識，數字貨幣的信用因此而被建立起來。數字貨幣的安全保障機制依靠的是一套密碼學算法：哈希算法確保數據的不可篡改性和高度一致性，隱私保護算法確保交易流程的私密性；數字貨幣的記帳機制依靠的是一套共識算法，是分佈式網絡上各個對等節點依靠算法來達成共識，確保在沒有中心化機構的幫助下，自主、自治地保證帳務的真實準確，不至於重複花費；數字貨幣的運行依靠智能合約，作為可以自動執行約定的計算機程序，智能合約保障了金融交易的高效與低成本運行，而這其實也是算

法在起作用。因此，數字貨幣的核心就是一套高可信度、高一致性、高透明度；規則嚴密、紀律嚴格；公平、公開、公正的數學算法。

4.1.3.5　數字貨幣是自治貨幣

分佈式網絡上的區塊鏈通過一系列數學算法建立一整套自治機制，使得人們可以不需要仲介機構的幫助，就能在區塊鏈上點對點、端到端、P2P 的來完成金融交易。共識、共治、共享的自組織是區塊鏈帶來的嶄新的商業架構和組織架構。這種數字貨幣數學算法的信用背書發行方式，使得在原來的主權政府信用背書的法定貨幣發行方法和私人機構信用背書的私人貨幣發行方法之外，增加了一類新的數學算法信用背書的數字貨幣發行方法。觀察目前比特幣等幾個比較成功的數字貨幣的實踐案例，我們可以發現，在新的貨幣發行方法中，產生了一類新的貨幣發行主體：自主運行於區塊鏈上的計算機程序。比特幣如此，以太幣也是如此。不管是比特幣區塊鏈還是以太坊區塊鏈，它們都是以社區自治的開源軟件的方式在運行，既不被中心化機構擁有，也不設中心化服務器，甚至沒有運維人員來管理。如果一定要為數字貨幣找一個貨幣發行方，那就只能是那套數學算法或裝載那套數學算法的計算機程序。可以看出，私人貨幣由私人機構背書，法定貨幣由主權政府背書，數字貨幣由數學算法背書。在貨幣發展歷史上，最早的貨幣發行都是由私人機構來承擔的，法定貨幣的歷史遠遠短於私人貨幣的歷史。當人類社會進入信息社會階段時，在私人貨幣、法定貨幣之後，也許我們要準備迎接一種新型貨幣的誕生：以數字貨幣為表現形式的無主貨幣誕生了。之所以說數字貨幣是無主貨幣，是因為數字貨幣的發行方只是數學算法模型，沒有法律主體資格。它流通、運行於區塊鏈之上，完全自治。

4.1.3.6　數字貨幣的運行基礎是分佈式網絡

這一點雖然不是數字貨幣的特性，但分佈式網絡技術在某種程度上決定了數字貨幣的特性與效用。分佈式網絡是移動互聯網時代的產物，隨著 5G 通信技術的部署，分佈式網絡必將走入尋常百姓家，未來我們每個人的生活、學習、工作都須臾不能離開分佈式網絡。分佈式網絡的核心是：開源、加密；共識、共享；點對點、去中心、自組織。其實我

們已經開始在享用分佈式網絡帶來的好處了：滴滴打車的商業模式就具有分佈式網絡的雛形，它是一個很好的分析分佈式網絡技術優勢的案例，包括共享經濟、開源組織、點對點服務等要素。分佈式網絡在應用上可以有分佈式數據存儲、分佈式公共計算、分佈式自治決策、分佈式價值共享等方面。分佈式網絡的技術核心就是開源架構、加密算法、共識機制、時間戳、分佈式存儲、點對點對等網絡等，它是區塊鏈或分佈式帳本的技術基礎，也決定了數字貨幣的運行效用。

4.2 主要數字貨幣簡單解析

4.2.1 解析幣種原則

（1）任何行業的成功都不可能獨一無二，比特幣也不例外。它不會成為唯一的密碼學貨幣。貨幣是多元化的，當今世界，美元是全球的結算貨幣，但它其實根本算不上是全球通用貨幣，在多數國家無法直接使用它。幾乎所有國家流通的主要貨幣都是自己的法定貨幣。美元的全球化並沒有取代其他國家的貨幣的使用，而且永遠也不會。法定貨幣如此，數字貨幣也會有類似的情況。除了通用型的比特幣之外，還會有一些專門的幣種共存。這些幣種專注於某些領域，如物聯網、匿名投融資和企業資產管理等。所以，比特幣在數字貨幣圈具有至高的地位，但它會被延伸和補充，而不會成為唯一。

（2）百花齊放局面的出現在各行各業都是好事，尤其是在行業發展的初始階段，但不是每種數字貨幣都能成功。相反，從多年來紛繁複雜的數字貨幣的發展狀況來看，注定很多的一代和二代的數字貨幣最終都會走向消亡。有的數字貨幣僅僅是複製其他數字貨幣，修改幾個參數而成；有的圈走市場一筆錢後，開發者便跑路；有的雖有創新，但也有重大的技術漏洞或者應用缺陷。這些數字貨幣最終都只能淪為炒作的工具，在激烈的市場競爭和技術發展中難逃被淘汰出局的命運。

（3）數字貨幣百花齊放的階段已經過去，殘酷的淘汰賽大幕已經拉開。因為技術應用的佈局已經開啓了好久，很快那些無法發展得足夠

好或者開發出足夠多應用的幣種再也沒有可炒作的資源。

（4）數字資產幣常常局限於它所屬的區塊鏈項目內，由於它們和比特幣及競爭幣一樣，在區塊鏈行業得到了普遍的應用，特別是在其所屬的區塊鏈項目裡，是唯一的支付幣種，加上從技術上看，其交易也同樣採用數字加密技術記錄在區塊鏈裡，所以業界約定俗成地將它們視為數字貨幣。在各大數字貨幣交易所、數字貨幣排行榜、數字貨幣宣傳和交流活動中，也都將它們作為數字貨幣予以收納。

4.2.2 幣種解析

4.2.2.1 狗狗幣（Dogecoin）

創新：通過引入全球狗文化中具有共識性的精髓，立志成為構建有趣和友好的社區關係的數字貨幣。

應用場景：慈善——Charity，國外的慈善機構，施舍、援助、賑濟、仁慈、寬厚、寬容，其概念範圍要大於中國的慈善，除了扶弱濟貧之外，任何發自內心的愛和分享的行為都是慈善。如無償資助一位少年參加電競大賽就是慈善。打賞——從打賞編者或分享優秀內容、優秀軟件作品等的人開始，通過表達感激、欣賞、友好和激勵之心，狗狗幣將給這個世界帶來積極的、深遠的影響。

其他特色：狗狗幣是很罕見的沒有被炒作過的幣種，但其人氣一直不錯。狗狗幣要想發展起來，很大程度上要從「傳統手段」推進，比如與寵物商家合作。

4.2.2.2 達世幣（Dash）

創新：匿名——達世幣的匿名發送是完全非信任的，因為沒有人可以控制整個系統，但出現問題的概率非常低。即時——達世幣有一種閃電交易模式，成為即時支付（InstantX），可以在幾秒鐘內（通常只需要1秒）完成交易。相比比特幣長達1小時的交易完成時間，達世幣的到帳速度非常快。安全——能做到匿名，自然有過人之處，其高級加密和雙層網絡模式會帶來極強的安全保障。決策引擎——達世幣的去中心化區塊鏈管理系統允許任何人提出更改或升級達世幣。無論是法律、市

場行銷或者其他方面的建議，都可以直接通過區塊鏈提交到網絡上。被選中的提議將給予新區塊10%的報酬。社區每月對提議進行投票表決（節點的持有者才具有投票權）。贊成票比反對票至少多出10%才算合格，提議之間還要競爭。每個月的獎金大約為8,000達世幣。自給自足的預算系統——達世幣的預算系統讓任何人都可以自己提供預算，發起一項有關達世幣開發和宣傳的提案。預算系統和決策引擎，讓達世幣成為一個獨立自主的去中心化自治的幣種。

應用場景：希望在匿名投資領域有所建樹，致力於構建去中心化可持續匿名的融資模式。某些需求下的即時支付——比如達世幣已經趕上比特幣，而且是借著比特幣進入了ATM機市場。因為嚴格地說，要確認比特幣交易是很難的，比特幣10分鐘確認一次交易，通常需要3~6次確認後商家才敢認可交易成功（另一個因素是比特幣區塊鏈容量有限，當交易量爆發時很多人都會增加手續費，礦工也就會優先處理手續費高的交易，而可能導致你的轉帳被延遲）。達世幣則不然，它的InstantX功能可以解決零交易信任問題，而且達世幣主結點網絡達成一致性的速度驚人，通常只需要1秒。最後，比特幣錢包一般都是6次確認，到帳1小時後，才會讓用戶使用新存的款，這顯然不利於應急的小額交易之需，因此，對於需要即時存款的ATM機服務而言，通過消除商家風險，大大加快到帳速度，達世幣反而占了上風。

其他特色：匿名發送錢包，使用自己內部非常大的地址池中的地址來進行頻繁混淆。當進行匿名化時，會在後臺產生大量的交易，這意味著需要經常備份錢包文件。為了保障安全，需要在每次匿名混淆資金後，備份一個新的錢包文件。不要同時異地運行錢包程序。如果這樣做，會產生自動匿名同步，產生「雙花」的問題。

4.2.2.3 點點幣（Peercoin）

點點幣2012年8月19日正式發布。點點幣的名稱取自於P2P貨幣即點對點貨幣。點點幣的研發團隊和質數幣XPM的研發團隊為同一團隊，技術實力強勁，為業界所公認，但宣傳工作嚴重不足，整個社區交流人氣也不夠高。

4 區塊鏈與數字貨幣

創新：世界上第一個權益證明類加密電子貨幣——點點幣最大的貢獻在於它原創了 POS 利息體系（其採礦方式混合了 POW 工作量證明，並首創了股權證明即 POS 這一新機制），可以有效防止通貨緊縮。持有點點幣 30 天後，可以賺取年化利率為 1% 的利率。節能——可在任何設備上進行點點幣的挖礦。

應用場景：通用。

其他特色：發行公平，不存在內幕預售或者是瞬間預挖。

爭議：它擴大了貧富差距，讓富者更富，貧者更貧，貨幣供給量不穩定。通貨膨脹直接與獲勝區塊鏈的獎勵成正比，而與支付的交易費用成反比。這個變動的通貨膨脹使價格的不穩定除了因其不可避免的因素——商品的交換價值和貨幣的流通速度外，又引進了非必需因素，從而不必要地降低價格透明度和可預測性。

4.2.2.4 合約幣（CounterParty 及 Dogeparty）

合約幣是建立在比特幣協議上的創新傳輸層，用於實現去中心化的貨幣發行、資產管理、交易、下註和分紅等財務功能。合約幣初期通過燒毀比特幣的方式產生和分發。

創新：眾籌、分紅股份、分紅及零確認交易等功能。為全球範圍的開放、透明的數字金融交易和貿易提供智能合約功能。

應用場景：為企業等各類組織提供發行和管理自己的資產的功能，提供自有資產的發行（包括眾籌這種形式）、分紅及下註等功能。

其他特色：合約幣從本質上來說就是比特幣，可以說它只是一種特殊的比特幣。所以使用合約幣開發的應用是在比特幣區塊鏈之上運行的，而比特幣區塊鏈是迄今為止，最悠久、最安全的區塊鏈。

4.2.2.5 萊特幣（Litecoin）

萊特幣是受到比特幣啟發而產生的。

創新：其工作量證明算法使用了由柯林·珀爾維卡（Colin Percival）首次提出的 scrypt 加密算法。

應用場景：通用。

其他特色：因為萊特幣是最早出現的競爭幣，追捧者較多，在全球數字貨幣排行榜長期排名在前 4 位。正是因為沒有什麼技術創新，加上

絕大部分人都是先從比特幣入手瞭解數字貨幣，萊特幣的開發和應用的門檻反而很低。

4.2.2.6　Ether（以太坊 ETH）

Ether 目前還沒有確切的中文名稱，因為之前有另外一種幣種也稱為以太幣。Ether 是去中心化應用開發平臺以太坊（Ethereum）中的流通數字貨幣，也是以太坊平臺集資時為了兌換比特幣而開發的幣種。

創新：以太坊（Ethereum）中的流通數字貨幣。從技術上而言，比特幣腳本非圖靈完備，以太坊現在整合了比特幣密碼支付架構和圖靈完備的腳本語言，以太坊去中心化應用（Dapp）開發平臺的成功將會令 Ether 有一個不容小覷的未來。以太坊剛發展到官方制定的 6 個階段中的第 2 個階段即以太坊 2.0。

應用場景：以太坊有些費用必須使用以太坊 ETH 支付。

其他特色：以太坊從一開始就非常高調，而且目前在業界只有它的智能合約是落地的，是得到認可的。以太坊的成功，基本就意味著以太坊 ETH 的成功。

4.3　瑞波幣

瑞波（Ripple）系統是位於美國舊金山的瑞波實驗室於 2013 年推出的一種互聯網金融交易協議。這種協議可以實現在全球各種貨幣及各種有價值的物品（包括虛擬貨幣）之間可以自由、即時、免費的匯兌與轉換。瑞波（Ripple）是一個全球開放的支付網絡，人們可以通過這個支付網絡轉帳任意一種貨幣，例如美元、人民幣、歐元、日元，甚至比特幣或其他虛擬貨幣，交易確認只需要幾秒鐘就能完成，既簡便又快捷，交易費用接近於零，完全省去了所謂的異地跨行以及跨境支付費用。與火爆走紅的比特幣不同，瑞波（Ripple）是一個基於互聯網交易協議的支付的系統，也就是說瑞波強調的不是「貨幣屬性」而是「支付屬性」。瑞波（Ripple）是源碼開放的、點對點支付系統，它可以讓人們低廉、輕鬆地把任何幣種的資金轉帳到全球任何地方、任何人，只要有互聯網聯通就可以進行。與比特幣一直陷於洗錢、販毒的醜聞泥潭

中不同的是，瑞波積極與監管機構、銀行、外匯交易商等機構合作。瑞波公司並不推廣瑞波幣，其真正的價值是互聯網金融交易協議，所以它無須人們接受瑞波幣支付。基於互聯網的瑞波協議，讓不同貨幣的資金轉帳就如發送電子郵件一樣，不但方便快捷，而且成本極低。交易的零延時和近乎零成本的支付模式，幾乎秒殺環球同業銀行金融電信系統（SWIFT），甚至被稱為 SWIFT 的加強版。

4.3.1 瑞波系統與瑞波幣簡介

2004 年，瑞波（Ripple）的早期版本就已經推出，但該版本並不太成功，主要原因是，該早期版本只能在相互信任的人之間通過瑞波（Ripple）進行轉帳，沒有信任鏈就無法拓展。從 2012 年開始，OpenCoin 公司開始接手瑞波（Ripple）項目，並於 2013 年推出新版本，新版本增加了兩個新舉措：第一是引入「網關」。網關是資金進出瑞波（Ripple）系統的進出口。它像一個仲介，人們可以通過這個仲介將各類貨幣（不論是各國法幣，還是比特幣等虛擬貨幣）注入或抽離瑞波（Ripple）系統。這樣的話，人們不需要再像以前那樣（以前的瑞波系統只能讓兩個熟人之間轉帳），即使兩個人互相是不信任的陌生人，只要他們兩個人同時都信任同一個網關，這兩人之間的轉帳就可以進行。如果「網關」是由大銀行或大金融機構充任，那麼這個信任鏈是很容易建立起來的。「網關」的引入解決了用戶之間的轉帳不再局限於熟人之間，陌生人之間也可以進行。第二是推出瑞波幣（XRP）。瑞波幣（XRP）是在瑞波（Ripple）系統內的流動性工具，是一個橋樑貨幣，是各類貨幣之間兌換的中間品。在瑞波（Ripple）系統內，如果不兌換成瑞波幣（XRP），就很難跨網關轉帳或提現；而瑞波幣則可以在任意網關之間自由流通。瑞波幣（XRP）的另外一個功能是阻止垃圾請求攻擊，保障系統安全運行。

4.3.2 瑞波系統的工作原理

如圖 4.1 所示，瑞波（Ripple）系統的工作流程為：以網關或瑞波幣 XRP 為橋樑，用戶甲將任意類別的貨幣或虛擬貨幣兌換為瑞波幣

XRP，然後發送給其他任何地區的用戶乙，用戶乙可將收到的資金兌換成自己需要的任意貨幣幣種；還有另一種模式，用戶甲將資金存放在乙信任的網關，經過網關轉給乙。瑞波（Ripple）系統還允許用戶在本系統內發行「私人貨幣」。假如某個瑞波（Ripple）用戶甲信譽很好，甲就可以拿自己發行的「私人貨幣」與信任他（用戶甲）並願意接受的另一個用戶（用戶乙）兌換成美元或比特幣等其他幣種；用戶乙可根據需要贖回兌換給甲的貨幣。這實際上是個借貸過程，用戶甲具有了向其他人借貸的融資權力。

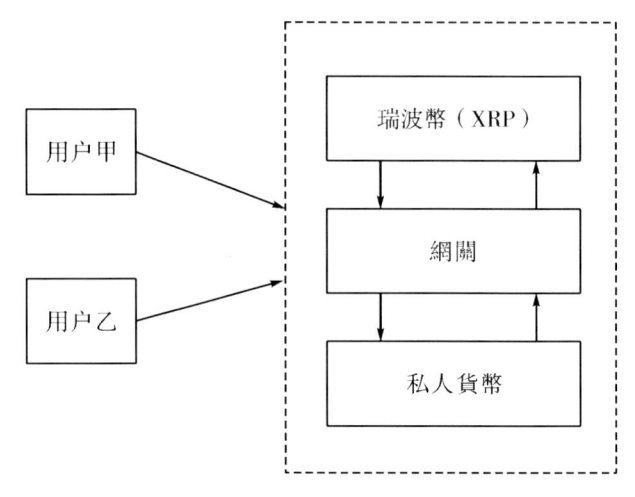

圖 4.1　瑞波（Ripple）系統的工作流程

就瑞波（Ripple）系統整體結構來說，該體系採用的是一個「去中心化」的架構。雖然局部似乎表現為「弱中心化」（比如網關與用戶），但整體架構是「去中心化」的。概括而言，這是一個去中心化的、覆蓋全貨幣幣種的互聯網金融交易系統。

瑞波（Ripple）協議維護著一個全網絡公共的分佈式總帳本。該協議有「共識機制」與「驗證機制」，通過這兩個機制將交易記錄及時添加進總帳本中。瑞波（Ripple）系統每幾秒鐘會生成一個新的分帳實例，在這幾秒鐘的時間內產生的新交易記錄，根據共識和驗證機制迅速被驗證。這樣的一個個分帳按照時間順序排列並連接起來就構成了瑞波系統的總帳本。瑞波的「共識機制」讓系統中所有節點在幾秒鐘內，

自動接收對總帳本交易記錄的更新，這個過程不需要經過中央數據處理中心。這個極速的處理方式是瑞波系統的重大突破。

與比特幣的數據記錄打包方式和交易確認方式相比，瑞波系統有兩個不同：一是交易記錄（區塊）的打包速度更快（比特幣約十分鐘，而瑞波系統只需要幾秒鐘），二是交易記錄（區塊）的確認方式更快（比特幣要多個節點逐個確認，而瑞波系統是所有節點一起同時確認，即為瑞波系統的「共識機制」）。所以瑞波系統的新交易記錄的確認時間僅僅需要 3～5 秒鐘，而比特幣一般需要 40 分～50 分鐘。

4.3.3 瑞波與 SWIFT 的對比

環球同業銀行金融電信系統（SWIFT）成立於 1973 年，是一個非營利性的、全球銀行間的國際合作組織，職能是在該組織成員之間進行國際清算、支付等金融信息的傳輸。SWIFT 是當前全球支付領域的主流方式，儘管 SWIFT 在費用標準和資金轉帳速度等方面有所進步，但仍然無法實現免費、即時，而這恰恰是如今以虛擬貨幣為代表的互聯網金融的主攻方向之一。瑞波與 SWIFT 的對比分析如下：

（1）瑞波系統是去中心化的架構，而 SWIFT 是中心化的架構，集中化的體系維護成本偏高，比如員工工資、服務器等設備成本、再加上必要的盈利，這些都導致集中化的體系不可能做到互聯網金融所要求的「免費」。而如今風靡全球的去中心化的架構卻沒有這些問題，去中心化架構的核心理念就是「共享」和「免費」。

（2）瑞波系統的交易成本比 SWIFT 低，SWIFT 是中心化的架構，其營運成本高是必然的，尤其是跨幣種、跨國、跨地區營運成本和收費標準比較高。瑞波系統中任意幣種均可幾乎零成本自由兌換，跨幣種轉帳十分方便。而且瑞波系統中壓根沒有異地、跨行、跨國支付的區別，全部都一樣，都是接近零成本。

（3）瑞波系統結算速度比 SWIFT 快得多，瑞波系統的轉帳就如發電子郵件一樣迅速，5 秒鐘就到帳。而 SWIFT 跨國匯款要 1～2 天。

（4）瑞波系統是交易匿名，而 SWIFT 的交易需要確認雙方的身分，這一條是優點還是缺點難以評價。匿名也可能導致毒品、槍支等非法交易。

（5）瑞波系統可適用於任意幣種（包括虛擬貨幣），而 SWIFT 只適用於各國法定貨幣。只要有兌換匯率，任何幣種都能在瑞波系統中自由兌換。但 SWIFT 至少目前是不認可虛擬貨幣的。

4.3.4　瑞波系統的風險和缺陷

瑞波系統雖然有很多優點和創新，但它並不是完美無缺的。

（1）瑞波幣（XRP）是中心化的造幣和分配方式，也就是說，瑞波系統中流通的 1,000 億個瑞波幣（XRP）從一開始就已經造好了，而且全部掌握在其創始人和大股東手中。而且瑞波幣（XRP）的分配方式由大股東決定，而不是像其他虛擬貨幣那樣高度分散，沒有特定機構能決定分配方式。過度集中的持幣模式和分配模式是瑞波系統的缺陷。三個創始人就持有 20%（1,000 億中的 200 億），另有 50% 左右將被 Open Coin 公司贈送給特定人群和特定機構。這些人持有的瑞波幣（XRP）沒有成本，是完全免費獲得的，他們當然也會有更強烈的拋售意願。如果這樣的話，當人們都不太願意持有瑞波幣（XRP），那麼也會影響瑞波系統的推廣使用。

（2）網關可能破產。瑞波系統中，網關是用戶資金進出瑞波體系的大門，當用戶把資金存到網關之後，換來的實際上只是虛擬貨幣，實際資金是在網關老板手中，如果網關老板卷款逃跑，這些虛擬貨幣根本無法變現。

（3）虛假網關。虛假網關是指該網關一開始就是為了詐騙，通過各種宣傳，吸收大量資金後再卷款逃跑。從以上分析可看出，瑞波系統中網關需要加強監管。

4.4　基於區塊鏈技術的法定數字貨幣

4.4.1　中國法定數字貨幣研究背景及定義

中國人民銀行對法定數字貨幣的研究始於 2014 年，至今已在理論和實踐方面取得了很大進展。2014 年，中國人民銀行成立了發行法定

數字貨幣的專門研究小組，論證央行發行數字貨幣的可行性；2015 年，中國人民銀行將研究結果整理成法定數字貨幣系列研究報告，深化對中國法定數字貨幣形態、原型系統的總體架構、應用架構、數據架構和技術架構等方面的設計；2016 年，中國人民銀行啓動了基於區塊鏈和數字貨幣的數字票據交易平臺原型的研發工作，借助數字票據交易平臺驗證區塊鏈技術，同年，中國人民銀行數字貨幣研究所成立；2017 年 1 月，中國人民銀行推動的基於區塊鏈的數字票據交易平臺測試成功。

近年來，中國的移動支付發展迅速，在世界上處於領先地位，微信和支付寶等第三方支付平臺的廣泛使用不僅為人們提供了便捷的支付方式，更促進了支付理念的創新和支付技術的發展。同時，隨著數字貨幣的興起，比特幣等非法定數字貨幣市場的火爆，一些國家的中央銀行開始積極探索法定數字貨幣的制度設計和關鍵技術，與數字貨幣相關的底層技術（如區塊鏈技術和分佈式記帳技術）也得到越來越多的關注。在此背景下，中國人民銀行將法定數字貨幣的研究和實踐提上了日程。

法定數字貨幣目前在國際上尚無統一定義，中國關於法定數字貨幣的定義是數字化的人民幣，屬於法定加密數字貨幣，其本身是貨幣而不僅僅是支付工具。可以從四個維度對法定數字貨幣的本質內涵進行界定和剖析：首先法定數字貨幣在價值上是信用貨幣，其次從技術上看是加密貨幣，再次從實現上看是算法貨幣，最後應用場景上則是智能貨幣。

電子貨幣和虛擬貨幣出現在法定數字貨幣之前。電子貨幣是指法幣的電子化，電子支付服務最初是由銀行等金融機構提供的，如銀行卡和網銀等。隨著第三方支付機構等非金融機構的出現，電子支付更加便捷，界面更加友好。電子貨幣為公眾提供了新的支付手段，但最終要迴歸銀行系統。虛擬貨幣是價值的數字化表現，是由私人機構發行並且使用的記帳單位，可分為封閉型、半封閉型和開放型三種，最為典型的是比特幣。

電子貨幣和虛擬貨幣同法定數字貨幣有明顯區別。法定數字貨幣本身是貨幣，和紙幣、硬幣共同構成現金，而電子貨幣只是電子化的法幣，是支付手段的創新；法定數字貨幣由央行發行並做信用背書，基本上無信用風險，有內在價值且價值波動較小，處於銀行體系可監控範圍

之內；而虛擬貨幣，尤其是比特幣等基於區塊鏈技術的虛擬貨幣，具有去中心化的特點，無實際信用和價值支撐，價值波動大，而且易被洗錢、恐怖融資等非法活動利用，增加了金融體系的風險。

4.4.2 區塊鏈技術發行法定數字貨幣的優勢

法定數字貨幣是指由一國央行或貨幣當局發行的代表具體金額的加密數字串，可用於真實商品、服務的消費和交易。相對於傳統貨幣，發行法定數字貨幣不僅在成本和效率方面有著得天獨厚的優勢，而且安全性有保證，同時也更便於央行的監管和調控。

4.4.2.1 成本優勢

首先，發行法定數字貨幣就無須再耗費印製和鑄造傳統貨幣所需的原材料，同時還省去了製造傳統貨幣的繁雜工序。其次，可以節省污幣、殘幣和舊版貨幣的回收、清點以及銷毀費用，從而大大減少貨幣的流通成本。最後，法定數字貨幣的發行是通過網絡，不再需要運鈔人員、運鈔車輛以及其他相關設備，這樣既節省了成本又確保了整個發行過程的安全。國家和政府只需要完善相關金融設施的建設，將來貨幣發行的成本相較於現在一定會大幅度降低。

4.4.2.2 效率優勢

既然法定數字貨幣的發行是通過網絡進行的，只要有電腦、手機等接收設備和網絡信號就可以讓貨幣的發行順利完成，無須其他過多的中間環節和財力投入，這樣一來就大大提高了貨幣發行的效率。同時，法定數字貨幣的流向和交易信息可以不依賴於商業銀行帳戶，直接通過中央銀行的數字貨幣結算平臺，使得交易和結算能夠同步完成，從而極大地提高全社會的交易效率。

4.4.2.3 安全優勢

區塊鏈技術是一種分佈式記帳技術，具有去中心化和不可篡改的特點，因此相較於傳統貨幣，使用法定數字貨幣來進行交易具有更高的安全性。以比特幣的交易為例，客戶 A 欲向客戶 B 支付一定數量的比特幣，那麼首先客戶 B 在自己帳戶中生成一對公私鑰，經過一系列複雜

加密處理得到處理後的新公鑰（客戶 B 的錢包地址）和新私鑰（客戶 B 的加密密碼）。然後客戶 B 將錢包地址發送給客戶 A，客戶 A 將比特幣轉劃到客戶 B 的錢包地址中。最後客戶 A 向整個系統內的所有客戶廣播其交易的相關信息，客戶們通過包括工作量證明在內的共識機制競爭記帳權。獲得記帳的客戶將這一消息向整個系統進行廣播，其他客戶隨後對該區塊進行驗證，如果驗證的結果為合格則將這個區塊接入到原有區塊鏈的末端，並將新形成的區塊複製並轉發給系統內的所有客戶用以備份。經過這一系列嚴格且複雜的核算和確認之後，客戶 B 才可以使用客戶 A 轉給他的這筆比特幣。

4.4.2.4 監管優勢

最初版本的區塊鏈技術採用的是開放式系統，即任何人都可以通過在互聯網上下載比特幣客戶端並註冊一個帳戶的方式來競爭記帳權（專業術語稱作「挖礦」），再加上客戶之間數據的交互遵循固定算法，交易雙方無須公開身分，所以比特幣的交易極具匿名性。因此，比特幣成了許多個人和組織進行洗錢、偷稅漏稅、轉移財產等違法犯罪活動的工具，更有甚者，國際恐怖極端組織「伊斯蘭國」已經把比特幣作為交易和募捐的主要載體。中央銀行利用升級版的區塊鏈技術，基於半開放式或部分去中心化的系統發行法定數字貨幣，這樣就能以分佈式帳本的特點直接監測每筆資金和交易的流向，以此打擊新型網絡犯罪行為。同時，法定數字貨幣系統還可以結合大數據分析技術為國家貨幣政策提供貨幣總量、貨幣結構和貨幣流通速度等全面而又精準的數據，從而幫助國家和政府制定更為靈活和有效的政策。

4.4.2.5 助推金融業務創新

一旦中央銀行發行法定數字貨幣，所有的交易結算都會逐漸開始使用數字貨幣，那麼肯定將刺激金融業務的創新。比如使用區塊鏈技術的「智能合約」功能進行支付，可以大大降低人工成本並減少人為失誤的概率；又比如區塊鏈可以結合大數據和雲計算等最新技術從而優化金融資源配置，幫助政府推進普惠金融工程，同時改變金融機構現有的風險管理模式。

4.4.3　中國法定數字貨幣特徵、運行框架、核心技術及應用

4.4.3.1　特徵

法定數字貨幣要作為現金的一部分在社會經濟領域流通，必須能夠代表國家信用、可以安全存儲、保證安全交易、實現匿名流通。因此，法定數字貨幣必須具備不可重複花費性、可控匿名性、不可偽造性、系統無關性、安全性、可傳遞性、可追蹤性、可分性、可離線交易性、可編程性和基本的公平性等11個特徵。

其中，可控匿名性是法定數字貨幣最為重要的特徵，是指法定數字貨幣在法律許可的應用範圍內可進行追溯。匿名是為了保證公民的合法私有財產不受侵犯，同時，為了維護社會秩序，保障公民權益，當發生違法犯罪事件時，數字貨幣的來源必須可追溯。因此，中國人民銀行需要在法律允許的範圍內，找到保護公民隱私權、財產權和維護社會公平正義之間的平衡點。

為實現以上特性，法定數字貨幣在設計時必須遵循如圖4.2所示的要點：

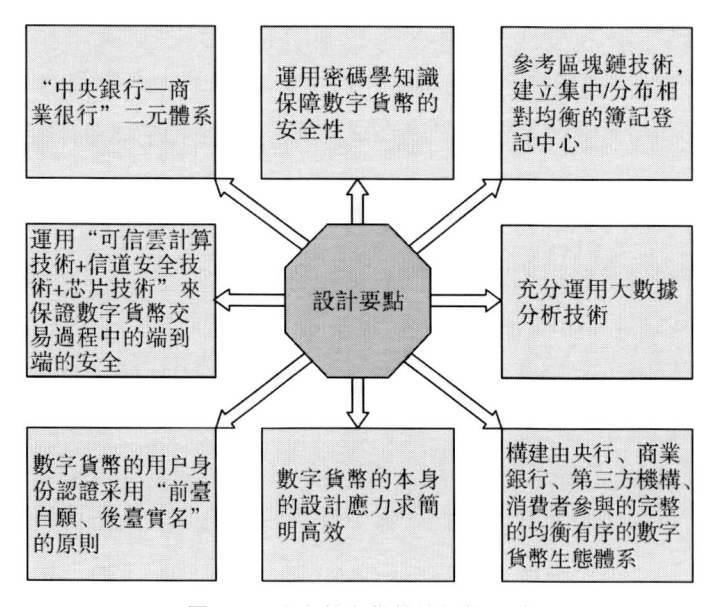

圖4.2　法定數字貨幣的設計要點

4.4.3.2 運行框架

中國法定數字貨幣運行框架如圖4.3所示,其核心是一種幣、兩個庫和三個中心。

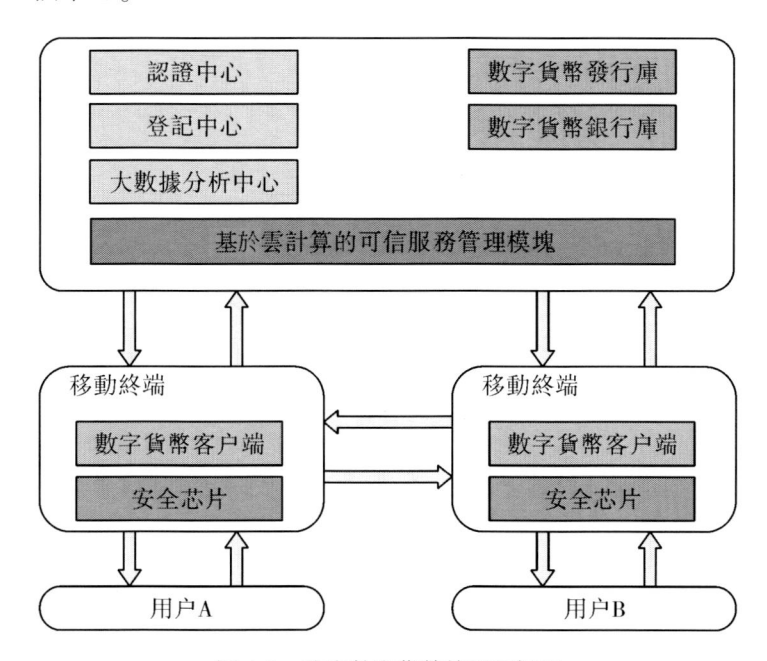

圖4.3 法定數字貨幣的運行框架

一種幣:法定數字貨幣是由央行發行的,具有強制性和唯一性。

兩個庫:數字貨幣發行庫和數字貨幣銀行庫。法定數字貨幣發行流通體系在設計上仍然採用傳統紙幣所使用的「中央銀行—商業銀行」二元體系,由中央銀行發行貨幣到商業銀行的銀行庫,再由商業銀行面向全社會提供數字貨幣服務。選擇二元體系主要有兩個優點,一方面,可以延續當前的貨幣發行體系,充分利用現有資源,不至於造成貨幣發行體系混亂;另一方面,可以調動商業銀行在法定數字貨幣使用和推廣方面的積極性,在一定程度上分散中國人民銀行所承擔的風險。

三個中心:認證中心、登記中心和大數據分析中心。認證中心主要負責央行對法定數字貨幣機構及用戶身分信息進行集中管理,是系統安全的基礎組件,同時也是可控匿名設計的重要環節。登記中心主要負責

记录法定数字货币及对应用户身分，完成权属登记；记录流水，完成法定数字货币产生、流通、清点核对及消亡全过程的登记。大数据分析中心主要负责主要运用大数据、云计算等技术分析客户交易行为，保障数字货币交易安全、规避风险、防范黑市洗钱、恐怖融资、诈欺交易等违法行为。在数据适当脱敏的情况下，央行可以运用大数据深入分析货币的发行、流通、储藏等，瞭解货币运行规律，为货币政策、宏观审慎监管和金融稳定性分析等干预需求提供数据支持。

另外，可信服务管理模块主要为各参与方提供基于安全模块的各类应用的发行及管理服务，支持多种业务的接入，具有提供应用发行与管理、认证并授权数字货币应用使用其相关业务的功能。终端应用模块主要包括移动终端、客户端、安全模块等。移动终端由消费者与商户持有，集成了通信模块和安全模块，数字货币客户端应用存储在安全模块中，通过移动通信网络与支付平台或其他移动终端连接，亦可以与其他移动终端进行近场交易。

4.4.3.3 核心技术

中国法定数字货币的核心技术如图4.4所示，主要包括安全技术、交易技术和可信保障技术三个方面，具体而言，共包括匿名技术、安全存储技术、加解密技术等11项技术。

（1）安全技术。法定数字货币安全技术主要包括基础安全技术、数据安全技术、交易安全技术三个层面。基础安全技术包括加解密技术与安全芯片技术。加解密技术主要应用于数字货币的币值生成、保密传输、身分验证等方面，建立完善的加解算法体系是数字货币体系的核心与基础，需要由国家密码管理机构定制与设计。安全芯片技术主要分为终端安全模块技术和智能卡芯片技术，数字货币可基于终端安全模块采用移动终端的形式实现交易，终端安全模块作为安全存储和加解密运算的载体，能够为数字货币提供有效的基础性安全保护。数据安全技术包括数据安全传输技术与安全存储技术。数据安全传输技术通过密文+MAC/密文+HASH方式传输数字货币信息，以确保数据信息的保密性、安全性、不可篡改性。数据安全存储技术通过加密存储、访问控制、安

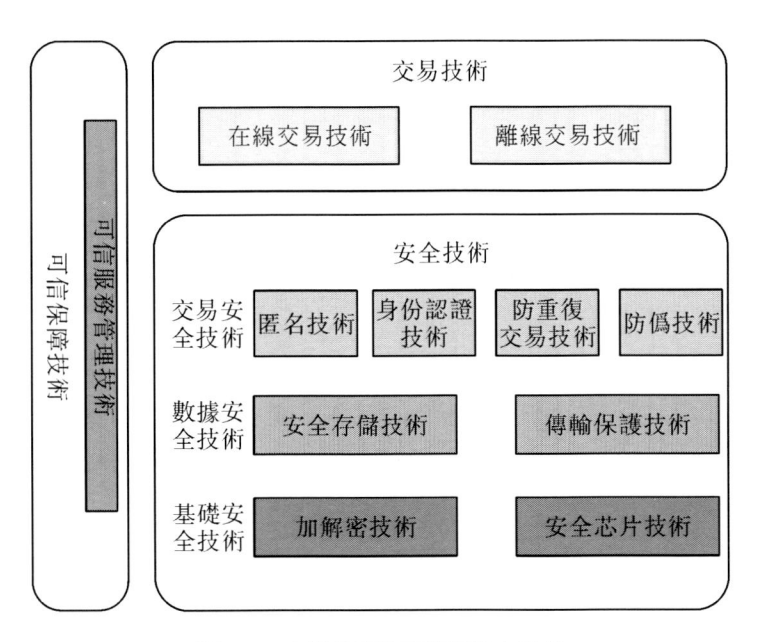

圖 4.4　中國法定數字貨幣核心技術

全監測等方式儲存數字貨幣信息，確保數據信息的完整性、保密性、可控性。

交易安全技術包括匿名技術、身分認證技術、防重複交易技術與防偽技術。匿名技術通過盲簽名（包括盲參數簽名、弱盲簽名、強盲簽名等）、零知識證明等方式實現數字貨幣的可控匿名性。身分認證技術通過認證中心對用戶身分進行驗證，確保數字貨幣交易者身分的有效性。防重複交易技術通過數字簽名、流水號、時間戳等方式確保數字貨幣不被重複使用。防偽技術通過加解密、數字簽名、身分認證等方式確保數字貨幣真實性與交易真實性。

（2）交易技術。法定數字貨幣交易技術主要包括在線交易技術與離線交易技術兩個方面。數字貨幣作為具有法定地位的貨幣，任何單位或個人不得拒收，要求數字貨幣在線或離線的情況下均可進行交易。在線交易技術通過在線設備交互技術、在線數據傳輸技術與在線交易處理等實現數字貨幣的在線交易業務。離線交易技術通過脫機設備交互技術、脫機數據傳輸技術與脫機交易處理等實現數字貨幣的離線交易業務。

(3）可信保障技術。以可信保障技術為數字貨幣發行、流通、交易提供安全、可信的應用環境。數字貨幣可信保障技術主要指可信服務管理技術，基於可信服務管理平臺（TSM）保障數字貨幣安全模塊與應用數據的安全可信，為數字貨幣參與方提供安全芯片（SE）與應用生命週期管理功能。可信服務管理技術能夠為數字貨幣提供應用註冊、應用下載、安全認證、鑑別管理、安全評估、可信加載等各項服務，能夠有效確保數字貨幣系統的安全可信。

4.4.3.4　應用——數字票據交易平臺

中國人民銀行選擇票據市場作為中國法定數字貨幣的「試驗田」，這是同票據市場所面臨的問題相關。票據市場是貨幣市場的重要組成部分，但目前中國的票據市場存在諸多問題，如票據真實性問題、劃款及時性問題以及違規交易問題等。針對這些問題，區塊鏈技術可以提供有效的解決方法，例如，區塊鏈使用的分佈式記帳技術可以保證數據完整和信息透明，解決票據市場中的貿易背景造假問題；智能合約在區塊鏈上的應用可以解決票據背書不連續的問題。因此，中國人民銀行先行試驗了數字票據市場上的區塊鏈技術。

2016年12月，數字票據基於區塊鏈的全生命週期的登記流轉和基於數字貨幣的票款對付（DVP）結算功能已經全部實現，意味著數字票據交易平臺原型系統已開發成功並達到預期目標，顯示數字貨幣在數字票據場景的應用驗證落地。2017年1月，已按計劃完成數字票據平臺、數字貨幣系統模擬運行環境的上線部署，並與工商銀行、中國銀行、浦發銀行、微眾銀行、杭州銀行等多家試點銀行進行了網絡試聯通。

相比傳統的紙質票據和電子票據，數字票據因採用區塊鏈等新技術而具備更加完善、便捷的功能，表4.2將三者進行了對比。

表 4.2　　　　　　　數字票據、紙質票據和電子票據對比

	紙質票據	電子票據	數字票據
定義及特徵	由收款人或存款人（或承兌申請人）簽發，由承兌人承諾，並於到期日向收款人支付款項的一種票據	指出票人依託電子商務匯票系統，以數據報文形式製作的，委託付款人在指定日期無條件支付確定的金額給收款人或持票人的票據	一種基於區塊鏈技術的增強型票據形態，可編程的數字化票據，支持智能化風控及交易結算，是電子票據的有益補充
流通形式	依託票據本身，必須在票據上加蓋有效印章後才能流通	依託於央行電子商業匯票系統，一般需要接入銀行才能辦理票據的各項業務	基於點對點的分佈式對等網絡，通過聯盟鏈的形式實現票據業務從發行到兌付的全流程

如圖 4.5 所示，在具體的操作上，數字票據交易平臺分為底層網絡協議層、數據層、平臺層和應用層。各個參與方可以通過 API 的方式很方便地接入到聯盟鏈中。

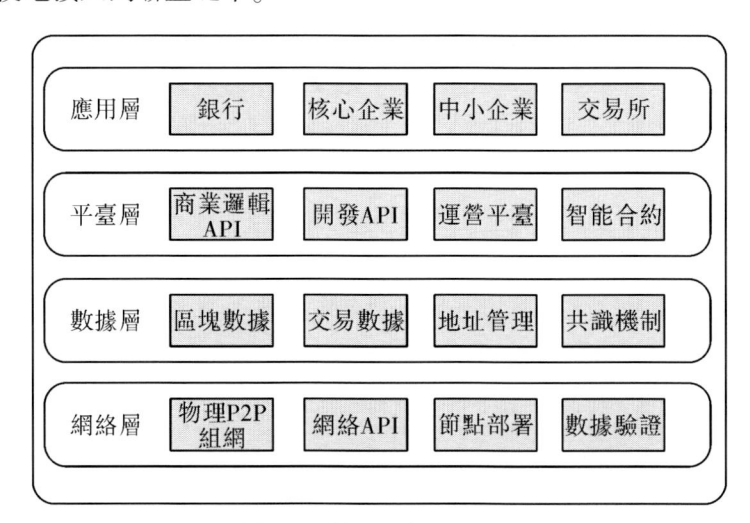

圖 4.5　數字票據交易平臺

中國的數據票據交易平臺集合了眾多的前沿科技亮點，包括數字貨幣、區塊鏈、數字票據、智能合約等，該項目自主研發了一套符合數字票據和數字貨幣等金融業務場景特點的底層聯盟鏈，在底層技術、安全

97

加密、隱私保護等方面進行了大量創新性實驗。

4.5 基於區塊鏈技術的法定數字貨幣展望

4.5.1 不足

金融建立在信任之上，信用體系是銀行的核心。區塊鏈技術因其信息共享機制及共識機制、數據的防篡改及高度透明化特性，常被譽為「創造信任的機器」。銀行通過區塊鏈技術的應用，將全面重構信貸業務風險體系，有效克服「貸前調查失真、貸中審查失守、貸後管理失效」等問題。同時，相比於 1.0 版面簽技術和 2.0 版大數據技術，3.0 版區塊鏈技術在降低成本和提升業務處理效率方面也有極大的優勢。

4.5.1.1 技術有待改進

技術方面存在的問題主要有三個：①交易速度有待提高。以比特幣交易為例，由於比特幣系統通過競爭計算散列值的方式來爭奪記帳權，所以系統平均每 10 分鐘才會產生新的區塊，再加上後續的確認程序以及可能存在的網絡延遲，一筆比特幣交易用時可能長達 1 小時之久。當然，央行發行法定數字貨幣利用的是區塊鏈技術的升級版，技術上來說已經有了極大的進步，但是相較於目前能夠瞬時完成交易的第三方支付平臺，若是要突顯發行法定數字貨幣的優勢，交易速度仍然是央行需要考慮的重點因素。②黑客攻擊問題。雖然區塊鏈的開放式和分佈式特性確保了現行技術條件下遭受黑客攻擊的可能性為零，但是當今社會的科技進步神速，難保將來不會出現能夠衝擊法定數字貨幣交易平臺的技術（比如入侵全網 51% 節點，以多數聯合的優勢形成著名的「51% 攻擊」，從而篡改和刪除某些交易記錄），這對於一國央行而言無疑是巨大的災難。③加密技術問題。雖然現有的加密手段已經足以應付交易的安全，但是同樣地，計算機加密算法的日新月異對未來的交易結算平臺來說仍然是潛在的威脅。

4.5.1.2 存在通貨緊縮風險

比特幣最不同於傳統貨幣的特點就是總量有限，自 2009 年 1 月 3

日創世區塊誕生之時，每個區塊含有 50 個比特幣，此後每 4 年每個區塊含有比特幣的數量將自動減半，即從 2012 年開始每個區塊含有比特幣 25 個，從 2016 年開始每個區塊含有比特幣 12.5 個，以此類推，直到 2140 年總量達到接近 2,100 萬個。所以如果法定數字貨幣的發行仍然採用這種模式的話，就存在通貨緊縮的風險。這對於任何一個主權國家而言都是不合適的，因為從長期來看，貨幣的新發行量如果遠小於 GDP 增速，那麼經濟社會將陷入嚴重的通貨緊縮困境。

4.5.1.3 貨幣政策功能可被削弱

雖然法定數字貨幣系統能夠為政府提供貨幣總量、貨幣結構和貨幣流通速度等數據，幫助國家和政府制定更為靈活和有效的政策，但這是僅針對緊縮性貨幣政策而言的，因為央行可以通過再貼現率、公開市場業務、法定存款準備金率等手段回籠貨幣，收緊銀根。但是當央行實行擴張性貨幣政策時，由於數字貨幣是嚴格基於數學計算和加密算法而產生的，不像傳統貨幣那樣政府下令增發馬上就可以做到，所以如果政府沒有足夠多的法定數字貨幣儲備的話，就會使得擴張性貨幣政策的效力大減。

4.5.1.4 存儲空間問題

由於區塊鏈技術本質上是分佈式記帳技術，系統內保存著從一開始運行到現在的每一筆交易記錄，所以需要的存儲空間會隨著區塊總體積的增大而不斷變大。以比特幣為例，假如現在把整個數據同步的話，其數據大小已經超過了 100G，隨著交易的不斷發生，存儲數據所需的空間將變得無比巨大。此外，如此龐大的數據庫，要保證其正常運行和日常維護，也是一個大問題。

4.5.2 對中國發行法定數字貨幣的建議

4.5.2.1 積極提升技術

技術方面，央行需要成立專門的技術管理部門，對整個系統進行定期檢查、維護和更新，同時大力投入人力財力進行最新技術尤其是加密算法和黑客攻擊技術的研究，並對各個分支機構的人員進行培訓和考

核。同時，積極研究區塊鏈技術在其他金融領域的研究，從而推動中國整個新型金融體系的建設。

4.5.2.2 審慎決定發行量及儲備量

一方面，由於比特幣的發行方式存在通貨緊縮風險，因此中國在發行法定數字貨幣的時候需要審慎地研究貨幣每年的發行量及其數學算法規則，避免出現類似於比特幣的通貨緊縮趨勢。首先，數學算法規則方面可以參考「單一貨幣規則」，不再人為地設定發行總量上限，而是設定一個中短期的固定貨幣增發率。其次，這一增發率可以考慮以近幾年的 GDP 增長率、居民消費價格指數、利率水準、匯率水準等指標為制定依據，經過科學合理地分析、計算得出。最後，對於中國這樣的大國來說，國家貨幣政策的獨立性和有效性不言而喻是極其重要的，因此為了避免擴張性貨幣政策的削弱，可以參考法定存款準備金制度，當央行發行一筆數字貨幣的時候，可以在該筆數字貨幣之外按一定比率製造一筆儲備貨幣，這些儲備貨幣不參與流通而是進入央行或商業銀行的法定數字貨幣儲備庫以備國家實行擴張性貨幣政策之用。

4.5.2.3 採取實名制

為了更好地對未來貨幣進行追蹤和監管，建議法定數字貨幣系統徹底實行實名制。如上所述，區塊鏈技術可以進行匿名交易，所以為了確保交易的合法性和滿足央行的監管、調控要求，因此需要實行實名制。可以考慮「前臺自願，後臺強制」的形式，即為了保護客戶的身分信息和個人隱私可以讓其自由選擇操作前臺是否實名，但是後臺必須一律執行實名制度，這樣也能夠提高合法監管的效率。

4.5.2.4 採取漸進式改革

發行法定數字貨幣大致有兩種模式，第一種是比較直接、激進的，就是完全繞開商業銀行，採用「央行—客戶」的模式，讓數字貨幣直接到達普通百姓手中；第二種是繼續採用現行的發行模式，即「央行—商業銀行—客戶」的模式，央行首先將生成的數字貨幣傳送至商業銀行的數字貨幣庫中，然後委託商業銀行為普通民眾提供法定數字貨幣。筆者認為鑒於中國的實際情況，後者可行性更強，因為這樣做更容

易維護現有貨幣的發行流通體系，使之逐步被替代而非直接將其顛覆廢除，從而可維護市場穩定。此外，由於中國幅員遼闊，各地經濟發展程度各異，現階段還無法保障人人都能夠使用上法定數字貨幣，所以維護現有貨幣的發行流通體系，繼續保有一定數量的傳統貨幣還是十分有必要的。

4.5.2.5　完善立法與技術標準的制定

關於數字貨幣領域，目前中國法律還是一片空白，所以應該盡快組織法律專家就相關問題進行討論，爭取早日出抬具體的專門針對法定數字貨幣的法律法規，這樣既能解決與數字貨幣相關的法律問題，也可以為以後法定數字貨幣的發行和流通提供完善的法律保障。同時，積極組織技術專家對相關的行業標準進行界定，尤其要注意在未來法定數字貨幣的發行和流通過程中，對貨幣去向的監測和追蹤技術相關標準的制定，以便為以後法定數字貨幣的發行和流通提供技術層面的支持。

5　區塊鏈與銀行

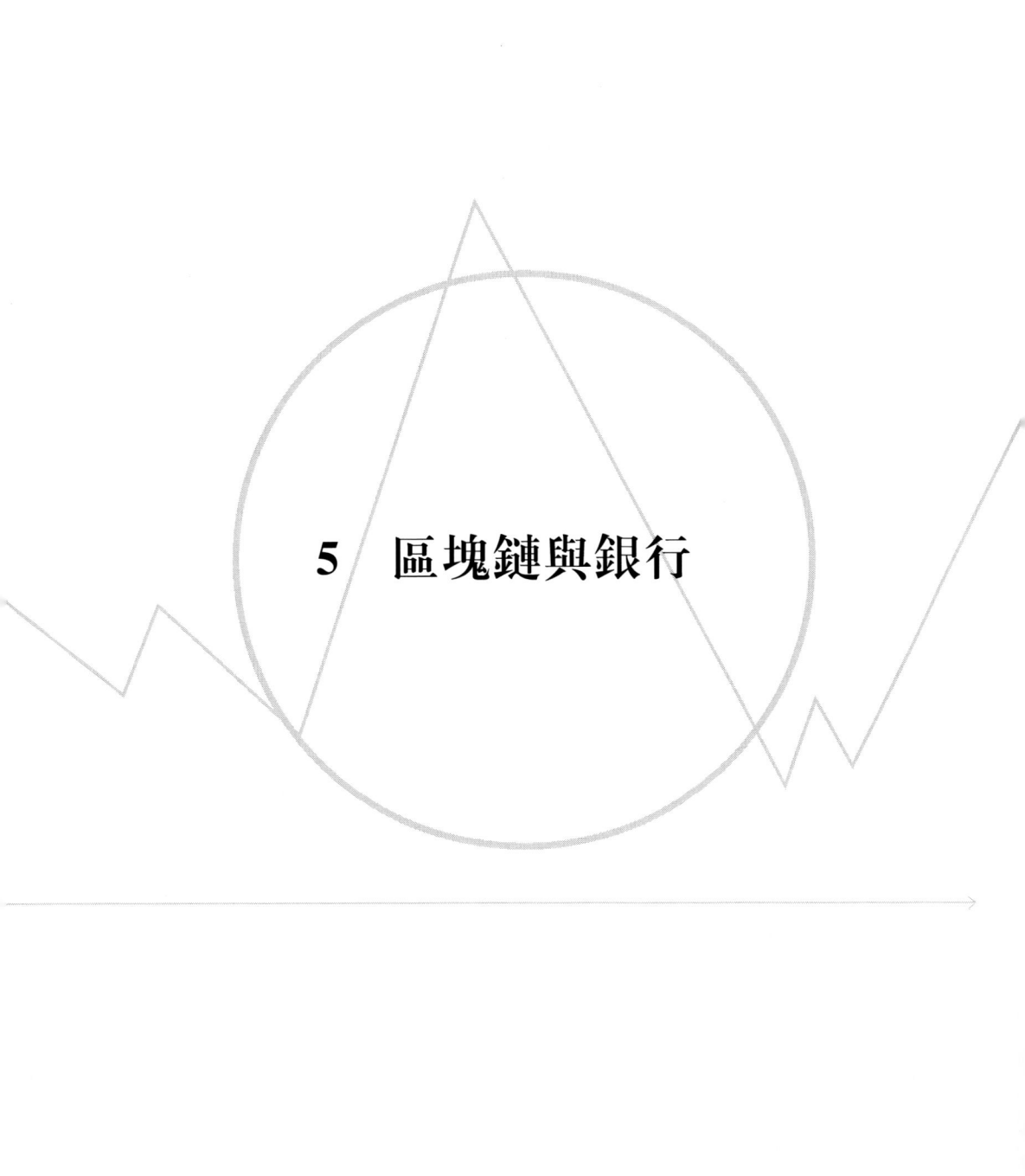

5.1 區塊鏈是傳統銀行的戰略性機遇

自 2008 年比特幣概念誕生以來,諸多領域開始關注其底層技術——區塊鏈。區塊鏈的本質是一個去中心化的分佈式數據庫,具有去中心化、開放自治、匿名、不可篡改等特性,這使區塊鏈成為全球創新領域最受關注的話題,並認為是「目前最有潛力觸發第五輪顛覆性革命浪潮的核心技術」。從最初的數字貨幣,到證券交易結算、會計審計等涉及合約審核的金融領域,再到政府、醫療、徵信體系等公共領域,區塊鏈的版圖正在迅速擴張,在全球金融領域形成一次歷史性的技術和商業革命。

5.1.1 互聯網金融對傳統銀行的挑戰

近年來,隨著互聯網金融的崛起,餘額寶、P2P 和第三方支付平臺等形式加快了「金融脫媒化」的進程。這種「輕資產重服務」的模式使得商業銀行的傳統金融業務受到了嚴重衝擊,傳統銀行業的變革和轉型迫在眉睫。受用戶需求以及市場競爭壓力的推動,傳統銀行紛紛開始佈局互聯網金融。截至 2017 年年底,國內至少有 30 家傳統銀行已經對發展互聯網金融進行整體佈局規劃。以「中、農、工、建、交行」組成的大行梯隊為例,工行佈局「三大平臺+三大產品線」,計劃利用全行科技優勢和金融實力,通過建立信息經營機制、探索直銷銀行運作模式、推進線上線下服務一體化進程等有力措施,打造一個全新的「電子工行」,確立在互聯網金融領域的領軍地位;農行在組織架構內成立網絡金融部,使互聯網金融業務的研發和推進更具有獨立性和專業性;建行依託「善融商務」電子商務平臺的先發優勢,對互聯網金融業務進行整合和創新,支持擔保支付、在線個人貸款和帳單分期,致力於打造國內創新型電子商務金融服務平臺。

儘管佈局宏大,但傳統銀行在轉型效益上並不理想。工行的「融 e 購」和建行的「善融商城」都希望通過積分消費形式發展電子商務,並由此切入互聯網金融領域。但線上商城商品品類少、客戶引流和支付

場景等問題制約著這些傳統銀行進一步開拓互聯網精通渠道。究其原因，主要有以下幾點：

（1）國有銀行因為既得利益的限制，無法達到互聯網理財平臺高收益水準，而互聯網平臺因為低成本優勢和引流需求，可以向客戶出讓大部分收益。

（2）傳統銀行的服務對象主要是國企、大中型企業和地方政府，而普惠的互聯網金融服務於個體和有資金需求的中小企業，恰巧是傳統銀行的缺口所在。

（3）監管層對商業銀行的嚴格監管限制了銀行業務和資源的擴張，約束了創新業務的發展。而監管的滯後性給了迅速崛起的互聯網金融業務一個發展壯大的空間，使得平臺有機會不斷地創新和開拓。

（4）互聯網金融良好的客戶體驗，低成本高效率的業務質量吸引大部分客戶從傳統金融向互聯網金融過渡。

正是因為上述原因，傳統銀行在互聯網化的浪潮中前行緩慢，這也促使傳統銀行不斷尋求新技術和新途徑來加快互聯網進程。在區塊鏈盛行的趨勢下，商業銀行積極帶頭開發應用區塊鏈技術，對當前中心化的銀行系統進行改造，從而在競爭激烈的金融市場占據一席之地。

5.1.2 區塊鏈成為銀行業變革的利器

雖然商業銀行在應用區塊鏈時面臨諸多挑戰，例如需要完善的大數據管理機制，對物理集中式的一本帳架構改革以及監管層審慎監管的態度，但這並沒有影響到商業銀行積極開發區塊鏈技術的態度和決心。以 R3 CEV 為例，截至 2016 年 8 月，金融技術公司 R3 與巴克萊銀行、花旗銀行、匯豐銀行、高盛和摩根大通等 60 家跨國銀行集團合作，致力於區塊鏈分佈式帳本的技術研發和應用探索，以及制定行業標準和協議。在中國，由萬向區塊鏈實驗室發起的中國分佈式總帳基礎協議聯盟也於 2016 年 4 月成立，由 11 個區域的商品交易所、產權交易所及金融資產交易所組成，主要致力於研發符合中國法律法規政策、中國金融行業業務邏輯和監管制度的區塊鏈技術及底層協議。

區塊鏈技術雖然改變了傳統銀行的業務模式和技術特點，但是讓國

際金融巨頭和國內商業銀行應用區塊鏈的真正動因，主要是以下三點：

（1）降低成本和價值轉移。一方面，商業銀行的中心化集中式數據庫需要投入大量成本建設配套機房和服務器、終端維護和購置成本；另一方面，大量的記帳和結算工作增加了人工成本，同時也增加了人為操作風險。而區塊鏈技術多中心化、不可篡改的分佈式記帳規則，減少了銀行的硬件購置成本，並通過智能合約簡化手工金融服務流程，從而降低人工成本，提高效率；同時借助區塊鏈去中心化、公共自治的數據結構特性，能讓交易雙方在沒有第三方信任總結背書的情況下開展經濟活動，減少信息傳遞成本，實現全球成本價值轉移。

（2）有效控制信用風險。商業銀行作為中心化的資金週轉與流通的仲介機構，強調貸款用途的監測和追蹤，但實際可操作性並不強，不能實現資金流通的全球化監管。而區塊鏈技術的去中心特徵，將每個用戶當作區塊鏈的一個節點，實現借款人的點對點直接交易，省去了銀行作為中間機構的信用擔保，極大地降低了由於信息不對稱帶來的信用風險，並提升了貸前審批和貸後管理效率，實現資金流通的精細化管理。

（3）尋求創新盈利途徑。區塊鏈的應用場景如此廣泛，各行業都在尋求應用區塊鏈技術的有效途徑，不僅在銀行業和支付領域，在音樂、醫療、選舉、非政府組織等方面也有積極影響。在金融領域，越來越多的行業巨頭加入對區塊鏈初創企業的投資，或者與初創企業合作，其中既包括了銀行，也包括第一資本、花旗創投和費哲金融服務公司等投資機構。在這樣激烈的競爭環境下，銀行需要尋求創新的盈利模式來開發金融產品和開拓市場。比如，區塊鏈去中心化的特性攤薄了服務器維護的電力成本及挖掘比特幣的礦工成本，使得低成本的小額支付成為可能，銀行可以大量挖掘在區塊鏈節點中的但未獲得銀行帳戶的用戶，針對這一部分潛在的用戶開發新產品，探索新型盈利途徑。

5.1.3　區塊鏈銀行應用的優勢

在競爭激烈的金融市場上，商業銀行的競爭壓力主要來自兩個方面：一是同業競爭；二是金融科技公司互聯網金融業務的迅猛發展。未來銀行和金融科技公司的競爭很可能演變為記帳權之爭。區塊鏈平臺的

本質是一個分佈式記帳帳本，帳本本身不具備價值，真正的價值是實現線下資產轉換為平臺上的數據所承載和傳遞的價值。所以，不論是傳統銀行佈局的區塊鏈平臺，還是金融科技公司搭建的區塊鏈平臺，它們的核心價值都要通過線下資產注入平臺的程度和規模來實現。因為區塊鏈去中心化的特點，要求貨幣發行權相對獨立，但同時監管機構又不會放棄區塊鏈線上貨幣與法定貨幣的固定兌換率，這就形成了一個「不可能三角問題」。商業銀行在解決這個問題上，比金融科技公司更有優勢：銀行本質上是一個以法定貨幣為記帳單位的中心化帳簿管理機構，與擁有獨立記帳單位的金融科技公司相比，直接將區塊鏈平臺線上貨幣與法幣對接，具有固定兌換率的優勢。

除了記帳權的優勢，商業銀行還具備監管成本低的特點。相比從零起步、資金和資源都相對緊張的初創公司，商業銀行有政府政策的大力扶持，以及與監管機構打交道的便利條件，從而減少獲取和維護相關牌照的巨大成本。同時，消費者信任度高也是另一大優勢。互聯網金融的迅速發展，衍生出一批如 P2P、眾籌、高收益理財等互聯網金融產品，而高收益伴隨著高風險，網貸問題頻發、P2P 頻繁「跑路」等問題也讓謹慎的投資者望而卻步。銀行在這方面具有資金和監管保證的天然優勢，對於區塊鏈這個大多數消費者都不瞭解的領域，傳統的商業銀行長期累積的信譽可以減少投資者的顧慮，尤其對那些通過尋求創新投資途徑來擴大收益的投資者來說，銀行區塊鏈平臺會是一個不錯的選擇。

5.2 區塊鏈在銀行業務中的應用

5.2.1 區塊鏈在銀行信貸管理中的應用

5.2.1.1 區塊鏈在銀行信用體系中的應用

銀行相比於一些規模較大、發展較為成熟的科技公司和「互聯網+」平臺資源的公司，儘管就區塊鏈信用構建方面，還相對較為落後，但基於銀行信用仲介的核心地位，在區塊鏈將帶動的轉型浪潮中，銀行依然

具備很多方面的優勢。首當其衝的是客戶基礎優勢，銀行有較為穩定且呈現規模化的信用客戶，在區塊鏈大數據範疇下，銀行帳戶數據依然是信用構建中的重要內容，而且這些數據記錄保存具有長遠性和歷史性的特點，是個體信用評估中不可忽視的部分，也是個體數據資源中的隱私部分，而其他的科技企業或科技平臺是無法掌握到這些數據信息的。

當然銀行要想發揮這些數據的價值和優勢，首先還需要借助區塊鏈技術，對數據資源進行標籤、認證，以加強對資源的轉化和保護，避免數據資源的流失。其次是監管門檻與成本優勢，國家對於個體徵信方面監管嚴格，科技企業或互聯網平臺要想進入信用評估系統，就必須要面臨嚴格的要求，監管門檻高，成本消耗也比較大，但銀行作為傳統的金融機構，基本上形成了較為成熟和完善的監管體系，在監管門檻與成本方面具有較為明顯的優勢。最後是機構信用優勢，儘管金融市場不斷發生改變，但傳統銀行在市場上的影響力仍是企業機構和平臺無法比擬的，基於銀行長期的信譽和銀行本身的影響力，對於銀行新產品的推廣，客戶的接受度和合作度更高，也更為信任。在這些優勢下，目前國內已有銀行在研究投入區塊鏈在徵信場景中的運用。可以預見，區塊鏈技術的應用，將有效地促進銀行信用體系的轉型升級，為客戶信用評估在來源渠道、評估模式、評估對象等方面的革新帶來較大的機遇。

（1）形成新的信用形成機制。改變銀行傳統的信用體系，利用數字化技術，通過多個維度分析和挖掘消費者的行為特徵完成信用評價，通過去中心化的方式來建立信用形成機制。客戶信用評估不再局限於傳統的經濟數據，而是更為廣泛、更加全面的經濟數據。

（2）提升信息高效性、可靠性和安全性。區塊鏈技術通過連結密碼保證銀行客戶信息數據的安全性，確保不能被篡改，每個交易信息都被程序化的記錄、儲存、傳遞、核實、公開，實現數據的扁平化發展和數據資源的共享，有效地控制和減少海量數據的噪聲和虛假問題，提升了獲取數據的效率，保障了數據的完整性和準確性，同時還可以避免銀行人員主觀因素在信用評級中的偏離度，防範道德風險和操作風險。

（3）改善風險管理成本。信息形成機制的改變，使銀行可不依賴

於徵信公司等仲介機構提供的信用證明,通過調取區塊鏈的相應信息數據即可,擴大數據的收集平臺,提升數據使用效率,降低數據成本,在保障銀行對個體數據收集、分析、處理的同時,增加銀行經濟效益。

(4) 大幅度拓寬信用客戶群體和評估範圍。區塊鏈技術可以方便地嵌入「互聯網+」社會下微觀經濟個體的行動流程,從而覆蓋傳統人工收集信息無法顧及的客戶群體。可針對特殊群體,如沒有銀行帳戶(或帳戶數據信息含量稀少)但能接觸互聯網的人群,展開信用評估,擴展信用產品服務對象。

5.2.1.2 區塊鏈在銀行貸款管理中的應用

(1) 貸前真正瞭解客戶。對於金融產業來說,瞭解你的客戶是一項非常重要的能力。隨著互聯網的興起與發展,個體間信息交換越來越頻繁和緊密,但伴隨而來的也有巨大的信任鴻溝。區塊鏈共享機制及共識機制的重要意義在於解決了信息共享信用問題。在一個區塊鏈中所有參與者都可以平等獲得數據信息,銀行有了更多瞭解客戶的渠道,基於大數據的客戶畫像將更為準確。區塊鏈共識機制能夠確保區塊鏈內的數據信息高度透明、可溯源、可驗證、不可篡改,這不僅可以保證銀行在「認識你的客戶」過程中所獲取的數據信息真實有效,而且還可以揭露不良記錄客戶的多面偽裝。銀行可以借助區塊鏈技術有效甄別客戶質量,將有限信貸資源投向真正優質的客戶。

同時,區塊鏈技術不僅可以降低銀行徵信成本,還可將信用評估範圍覆蓋到傳統人工信息收集無法顧及的客戶群體,從而擴大信貸業務服務客戶的群體範圍,提供更加普惠性的產品。

(2) 貸中全面認識客戶。在銀行信貸業務貸中審查階段,基於貸前客戶信息調查真實有效和信息共享透明,可減少審查人員對融資客戶信息核實的工作量,從而提升審查效率,降低人力成本。另外,在銀行貸款審查上,區塊鏈技術開放、共享、透明、安全、準確,也省去了銀行間許多「認識你的客戶」的重複工作。

區塊鏈上的數據是由參與節點在各個環節添加的鏈條數據,每一個交易信息都是被程序化記錄、存儲、傳遞、核實及公開,信息更新也是

同步進行，且信息可以做到交叉驗證及溯源，因此數據的真實性、及時性及有效性能夠得到足夠保證，無法被企業或者個人惡意篡改。銀行在把握信貸業務的實質風險上，可運用區塊鏈技術對交易背景、交易金額、交易信息、交易路徑做有效的審查及判定，防止詐欺風險。如可運用區塊鏈技術解決供應鏈跨度大、缺乏透明度、違法行為調查難等痛點。區塊鏈技術可以將每個交易方變成網絡中一個節點，企業各方資產、產品均可以以數字化的形式在網絡中得到體現，任一節點信息都會被全網節點共同認定。銀行可從整個信息鏈條中，整合驗證核心企業與上下游企業之間的交易信息，從而把控業務本質風險。又如在信息共享和共識機制下，各平臺之間信息互聯互通，可有效防範信息孤立而導致的一人多貸的情況。

（3）貸後有效管理客戶。區塊鏈具有時間戳功能，通過生成一定時間段的信息區塊以及區塊間首尾相連的數據鏈，形成了不可偽造及篡改的數據。每一個區塊鏈參與者在生成每一項數據時均加蓋了時間戳，能夠證明其數據的原創性和所有權歸屬，從而做到數據可溯源、可追蹤。

銀行貸款客戶管理，除高質量服務和日常規範維護外，主要是實行有效的貸後管理。為使貸後檢查增效，將風險管控壓實，一是通過分析和監測分佈式帳本內客戶的各種交易行為，追蹤客戶原材料購進、商品生產及產成品銷售等數據來分析客戶的生產經營情況，及時發現行業市場情況變動並適時調整行業政策；二是通過區塊鏈內融資對象高透明的交易流轉數據信息，關注客戶融資資金使用流向，監督客戶貸款用途的合理性及合規性，及時發現客戶交易異常狀態，有效控制貸款風險；三是通過區塊鏈內加蓋時間戳記錄共享式數據，從水、電、稅、工資發放等數據跟蹤融資對象的生產經營情況，及時發現客戶生產經營狀況的變化並適時調整融資策略；四是通過鏈條內融資對象與下游企業可溯源的交易數據信息，從銷售收入歸行數據結合存貸比及貸款同業占比情況，及時發現融資業務潛在風險並做出應對策略；五是通過區塊鏈在數據信息整合上的優勢及特點，從貸款到期前客戶還款資金的籌集情況，及時

發現客戶的異常行為並立即實施有效措施減少貸款損失。除此之外，還可以通過區塊鏈數據記錄的不可逆性及不可篡改性對貸款的各相關資料的合規性做出監督及核查，做好貸後有效管理。

5.2.2 區塊鏈在銀行國際結算業務中的應用

銀行現階段在國際業務中主要提供匯付、托收和信用證三種結算方式，存在著信用與匯率風險、效率低和成本高的問題。此外，銀行大多以自身信用介入國際結算中，易形成自身的或有負債，降低資產負債表質量。銀行應基於區塊鏈技術積極主動推動國際結算業務的經營創新，構建新型的國際結算業務體系，提供安全穩定、低廉高效的國際結算業務。

5.2.2.1 基於區塊鏈技術的業務體系結構

區塊鏈技術可分為三種不同的形態：公有鏈、私有鏈和聯盟鏈。應用於銀行國際結算業務的區塊鏈技術屬於聯盟鏈。在新型的業務體系中主要有三類節點：輕量節點、全節點和礦工節點，分別對應三種類型的參與者：交易方、監管機構和銀行。三種不同類型的節點對應的權利和義務有所不同。輕量節點是業務體系中最主要的使用者，在整個體系運行過程中提出交易且只保留與自身交易相關的數據信息。全節點作為業務體系中的監管者，數量遠小於輕量節點。這類節點保留有完整的區塊鏈交易數據，用於對跨國貿易的監督管理。

礦工節點作為整個體系中的核心節點，是整個體系的建立者和維護者。在業務體系中，礦工節點主要負責驗證交易的真實性，將交易打包成區塊，驗證通過後連結到主鏈並提供交易過程中所需的服務（見圖5.1）。

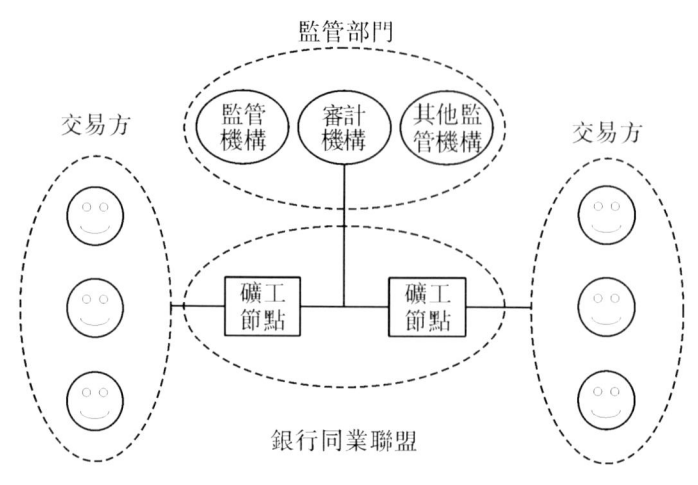

區塊鏈+時代：區塊鏈在金融領域的應用

圖 5.1　新業務體系各交易主體結構簡圖

5.2.2.2　業務系統中的業務流程

銀行基於區塊鏈技術建立的國際結算業務體系不是簡單地將區塊鏈技術應用到現行的國際結算業務上，而是使兩者進行有機結合，以國際結算業務為基礎，將銀行的業務經營範圍向前延伸，構建基於區塊鏈技術的國際貿易新模式並設計合理有序的運行流程：①進口商在前端填寫貿易信息，數字簽名後向全網廣播；②出口商接收到信息並確認無誤後，簽名確認並向全網廣播；③進口商代理銀行對交易信息確認無誤後，將信息放入交易池並生成智能合約，其他銀行節點對交易信息確認無誤後，將信息放入交易池用於之後的區塊驗證；④進口商銀行在接收到固定數目交易後，將這些交易信息打包成區塊，連結到主鏈，向全網廣播，由其他銀行節點對區塊進行驗證；⑤區塊連接到主鏈後，智能合約生效，自動將貨款轉入備付金帳戶，鎖定貨款；⑥出口商發貨，將提貨單據等信息加密簽名後向全網廣播；⑦智能合約接收到出口商信息後，自動執行命令，將貨款支付給出口商代理銀行；⑧進口商憑提貨單據等電子信息提貨，交易完成。

5.2.2.3　區塊鏈在銀行國際貿易業務中的技術優勢

交易數量證明機制優勢。目前所使用的記帳權共識機制主要有工作

量證明（POW）、權益證明（POS）、委託權益證明（DPOS）三種，這三種共識機制並非針對銀行國際結算業務的經營創新專門設計，適用性不強。銀行應採用安全高效的共識機制——交易數量證明機制。首先，進口商在提出交易時需要指定代理銀行，因而這筆交易記到該銀行名下。銀行接收到特定數量的交易時獲得記帳權，並將其名下交易打包成區塊連結到主鏈。該模式下只有作為礦工節點的銀行擁有記帳權限，既保證了信息的可靠性，也提高了區塊效率。其次，銀行的主要收益來源是將交易打包時獲得的手續費，這意味著被進口商指定為代理銀行是盈利的關鍵點。最後為了獲得進口商的代理權，銀行節點不得不保證區塊的有效性，並增強同業競爭意識和服務意識。

　　智能合約的優勢。區塊鏈技術通過數字貨幣所有者信息的變更來進行數字貨幣所有權的轉移，實現了信息轉移和價值轉移的同步進行。中國人民銀行尚未推出法定的數字貨幣，流通結算工具依然是傳統的電子貨幣。這意味著新模式存在著兩個割裂的系統：負責傳播和記錄交易信息的區塊鏈帳本系統和負責價值轉移的傳統電子支付系統。兩個系統的割裂狀態無法體現出區塊鏈技術相較於傳統支付結算的優勢。銀行可通過智能合約將兩個系統連接在一起，當需要支付貨款時，智能合約自動執行，同時上傳支付信息，實現新模式下信息轉移與價值轉移的同步進行，大大縮短了交付結算週期。

　　信用機制優勢。傳統的國際貿易業務中交易雙方缺乏互信，銀行以自身信用介入其中，推動貿易的達成。開證銀行的信用代替了進口商的信用，進而促進交易活動的正常進行。然而銀行信用的介入一方面可能形成銀行的或有負債，另一方面也會增加交易的成本。銀行可以將基於區塊鏈技術的系統信用代替銀行信用，只提供仲介服務，使國際結算過程中的表內業務轉化為表外業務，既提高了銀行的資產負債表質量，又降低了外貿企業的交易成本。

　　自動化優勢。銀行設計相應的前端，在交易雙方填寫相關交易內容後，系統自動生成智能合約；智能合約自動監控交易進度；自動執行合約內容；自動支付貨款。銀行通過應用區塊鏈技術，使整個貿易流程的大多數過程自動化，降低了貿易過程中的人力成本，縮短了整個貿易週

期，提高了貿易效率。同時，通過系統自動化，能夠有效控制收款不發貨、發貨不付款、延遲發貨、惡意拖欠貨款等信用問題。

信息公開透明優勢。區塊鏈技術能夠詳實地記錄交易各方的交易信息，提供可靠的信用數據，幫助交易各方篩選交易對象，降低各參與者的徵信成本。另外，區塊鏈技術上翔實的交易記錄也有助於審計機構、監管機構對交易各方進行監督管理，進而推動新業務體系的穩步發展。

有效控制匯率風險。一方面，區塊鏈技術的應用，極大地縮短了整個貿易週期，減少了貿易期間匯率波動的可能性。另一方面，當智能合約生效時會自動將貨款轉入備付金帳戶，使得貨款不受匯率影響。出口商則成為匯率風險的承擔者，如果出口商能夠及時發貨，則可以極大地降低匯率風險（見圖5.2）。

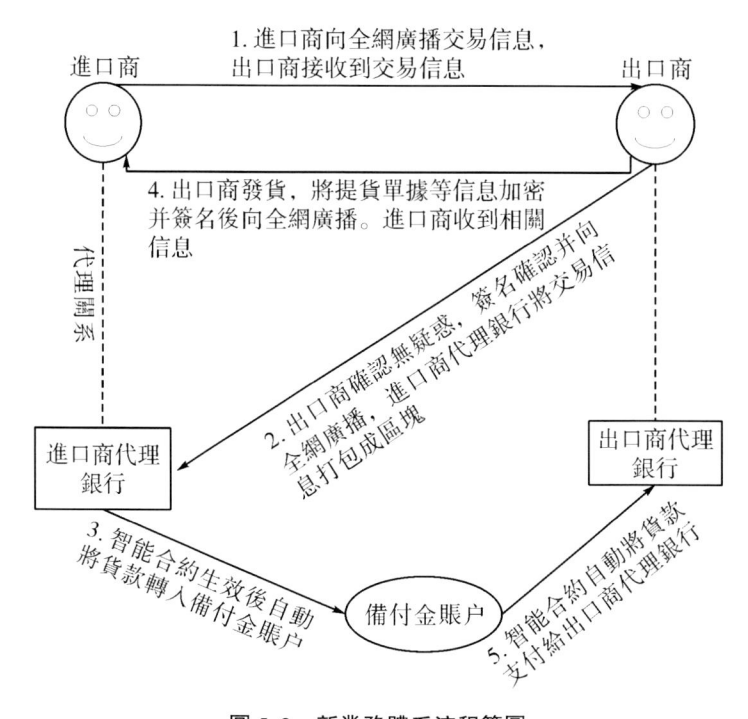

圖5.2　新業務體系流程簡圖

5.2.2.4　銀行國際結算業務創新應用區塊鏈技術需分階段推進

目前，各界對區塊鏈技術的理論和技術研究還處於初級階段，還有

一些技術問題亟待解決，銀行應根據技術發展情況和新體系的完善程度，將區塊鏈技術在國際結算業務中的應用分為三個發展階段，穩步推進新業務體系的各項基礎設施建設，提高自身競爭力。

（1）初步應用階段。由於各參與方的基礎設施建設、資金充足量、人才累積等因素，整個體系的建立應由銀行同業之間成立的區塊鏈聯盟主導。銀行只是將區塊鏈技術應用到國際結算中，對國際結算業務進行相應改造，利用智能合約使區塊鏈帳本系統和傳統的電子支付系統相互協作，實現信息轉移和價值轉移的一致同步。此外，銀行通過區塊鏈技術的應用，使整個系統中的大部分流程實現自動化，初步體現區塊鏈技術的優越性。

（2）數字貨幣應用階段。從初步應用階段過渡到數字貨幣應用階段的關鍵在於國家法定數字貨幣的發行。初步應用階段沒有法定的數字貨幣，使得在整個體系中存在兩個單獨的系統，只能通過智能合約暫時將兩者連接起來，以實現信息轉移和價值轉移的同步進行。當發行數字貨幣後，系統中的支付工具由傳統的電子貨幣轉換為基於區塊鏈技術的數字貨幣，兩個原本相互獨立的系統融合為單一的基於區塊鏈技術的一體化系統，整個體系中信息轉移等同於價值轉移，充分提高運轉效率和穩定性。

（3）全面應用階段。整個體系進入第三階段的標誌是區塊鏈技術在物聯網領域應用成熟並作為銀行國際結算業務的延伸參與其中。第二階段實現後，體系中大部分流程由系統自動執行，但在出口商發貨時仍然由人為操控，會存在出口商發貨不及時或商品不達標等問題。而在第三階段，交易達成相應條件後，由系統自動執行發貨指令，並上傳有關發貨信息和提貨憑據。基於區塊鏈技術的物聯網應用意味著可以實現價值轉移和實物轉移同步進行，促使整個體系成為信息轉移、價值轉移、實物轉移「三位一體」的自動化國際貿易系統，極大地拓展了銀行國際結算業務，實現整個體系的完整閉環。

總之，區塊鏈技術是一次巨大的互聯網技術革新，以技術驅動的形式促成社會各界的經營創新，擁有廣闊的應用前景。銀行需主動進行區塊鏈技術的理論和應用研究，尤其重視信息轉移和價值轉移的同步進行

問題，此乃實現信息網絡向價值網絡轉換的核心，以便提前搶占技術優勢。此外，銀行將區塊鏈技術進行具體應用時，應根據實際要求進行適當的優化調整，從而使得應用創新能夠達到預期要求。

5.2.3 區塊鏈在銀行票據中的應用

5.2.3.1 對票據形式的優化——數字票據

數字票據是基於區塊鏈技術構造的全新票據形式，與以計算機和現代通信技術為基礎的傳統電子票據在技術架構上有本質的區別。區塊鏈技術賦予數字票據的優勢主要有以下幾點：

（1）極大地降低操作風險、篡改風險和數據受損風險。在數字票據交易過程中產生的所有數據都會被每個參與者記錄、存儲和驗證，交易最終形成的數據庫存儲於所有參與者各自的服務器中，在區塊鏈技術的分佈式高容錯性和非對稱加密算法中，票據交易數據不會因為一個或少數幾個操作問題或者一個或少數服務器的崩潰、數據被黑客篡改或者某兩個節點間傳輸失敗而導致破壞了數據庫的完整性，更不會影響數據的進一步存儲和交易更新。

（2）降低開發、維護優化等成本。首先，基於區塊鏈技術構建的數字票據具有去中心化的特徵，因此數字票據的交易系統搭建和數據存儲不需要中心服務器和中心級應用，節省了中心應用和接入系統的開發成本。其次，數字票據的信息存儲於計算機服務器中，全程可在線上操作，一臺服務器可以存儲大量數據信息，相對於保管紙質票據的保險櫃和存放庫房，可以降低設備投入成本、數據備份成本、應急管理成本及其他維護優化的成本。

（3）去仲介化，解決信任問題，降低信用風險、合規風險和審核成本。在傳統的互聯網模式中，由於票據交易市場上存在嚴重的信息不對稱問題，票據交易需要第三方信用背書，保證交易雙方的數據安全可靠，而數字票據交易不需要銀行授信審核部門去實地調查交易對手的可信程度和貿易背景的真實性，只需要通過算法程序事先制定交易所有的交易規則並獲得交易雙方共同認可即可。

（4）價值交換全過程方便追蹤和查詢。時間戳存儲了票據交易的

全部歷史數據，具有可追溯歷史的性質，可以反應票據權利的產生和轉讓過程，證明票據的存在性即其擁有權的歸屬，為交易方提供了檢索和查找每筆交易數據的功能，使得交易方可以借助區塊鏈結構方便地追本溯源，逐筆驗證。

（5）有效防止簽章偽造，保護隱私、商業秘密。數字票據的信息是通過私鑰加密公鑰簽證來實現的，非對稱加密算法具有一個密鑰公開後另一個密鑰無法被算出的特點，因此非私鑰持有人無法偽造這種票據簽名，在實現匿名功能的同時有效地防止假票據的產生。另外，票據的信息接收需要私鑰解密才能完成，僅限信息的擁有者可以獲取，這有助於防止商業秘密的洩露。

（6）降低道德風險，控制市場風險，規範市場秩序，降低監管成本。智能合約的方式使得任何基於區塊鏈的票據交易業務都可對其用途、數量、方向及其他方面進行硬約束，實現價值交換中的針對性和篩選性、限制性和條件性。票據業務的交易方能夠在交易前通過代碼的形式將交易要求寫入智能合約，例如在票據代持（雙買斷）的模式中約定買回的日期，實現到期後自動贖回買斷，在票據再貼現業務中限定回購方的資金流轉方向以限制票據仲介利用銀行和同業戶套取資金，並可對其後續的價值流轉進行限制。在央行的貨幣政策再貼現中可實現定點投放、約束投放或智能投放等。借助智能合約的強約束功能、數據透明和時間戳的不可篡改特性，可以有效降低逾期還款、惡意賴帳等道德風險，也可以遏制票據仲介市場的大量錯配，控制參與者資產端和負債端的平衡，促進票據市場交易價格對資金需求的真實反應，進而形成更真實的價格指數，利於控制市場風險，可信任的追溯途徑還有助於大幅度降低監管部門的調閱成本。

5.2.3.2 對業務處理流程的優化

承兌、流轉和托收是票據交易業務中最為核心的三個環節，也是風險最高的審計重點。區塊鏈技術將重構這三種業務處理流程，優化票據管理。在承兌環節中，當企業 A 向企業 B 採購商品時選擇通過承兌匯票支付時，企業 A 向承兌行 C 提出申請，承兌行 C 通過制定的算法，

明確承兌人對出票人的授信、出票人的票面信息（如指定開戶行、出票日期、到期日、承兌形式等），生成相應的數據區塊，記錄完整承兌環節的交易信息。承兌行 C 與企業 A 雙方加密簽名，開票給企業 B，通過算法在票據到期後承兌行 C 完成付款，更新區塊數據。

數字票據承兌環節的管理優化結果可歸納為三點：一是實現了非中心化的出票流程；二是數據記錄，採用了不可篡改的時間戳，為所有參與者提供持票企業的信用，為票據流轉提供便利；三是提高了數據安全性，每個交易方都有記錄全網交易的總帳本，任何節點對數據的操作都會被其他節點觀察到，從而加強了對數據洩露的監控。

在流轉環節中，根據票據流轉、貼現、轉貼現、再貼現、回購等一系列業務的特點和要求，在智能合約中制定有針對性的算法，比如做回購業務約定買入返售到期日，第三方記錄信息，在流轉時通過賣出方的公鑰與買入方的私鑰進行匹配，匹配成功後即完成流轉。票據回購可通過編程在約定的買入返售到期日自動執行。減少人為干預風險。隨著應用技術和條件成熟，建立統一的數字票據交易平臺，有票據流轉需求的持票方可在區塊鏈中公布發起該筆訂單交易的公鑰，買入方用私鑰進行確認匹配後即可完成交易，第三方或監管機構可建立合適的信息記錄規則來生成數據區塊，供需信息變得公開可查詢，票據仲介失去違規操作的空間。

數字票據流轉環節的管理優化結果包括：一是實現非中心化的信息流轉；二是智能合約可降低人為操作風險和道德風險，實現自動化操作流程；三是時間戳提供信息追溯有效途徑，為持票方提供信用（見圖 5.3）。

在托收環節中，票據的到期日、承兌行、承兌金額、收款行等信息可在簽發和流轉過程中寫入算法中，所以只需要等票據到期時持票人自動發出托收申請，完成托收後第三方完成信息的記錄，並生成數據區塊即可。

數字票據托收環節的管理優化結果包括托收與資金清算自動化，不僅可以避免逾期，還能幫助銀行控制資金流向。

图 5.3 流轉環節

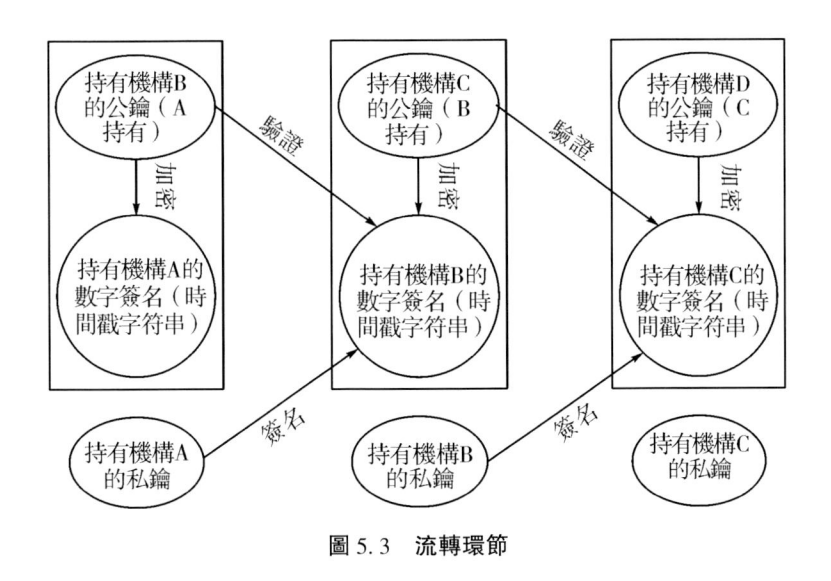

5.2.3.3　對票據業務內部控制和審計的影響

1. 對內部控制的影響

中國傳統票據業務主要面臨的風險類型有信用風險、操作風險、法律風險等與業務操作相關的風險，以及市場風險、信用風險、規模效益風險、流動性風險等與經營決策相關的風險。具體表現為：虛構貿易背景，偽造交易合同；使用假票、廢票；通過一票多賣、滾動套現、票據空轉等方式套取銀行資金、信用等。通常銀行會通過以下方式對風險進行內部控制：

（1）授權控制。在銀行層面，總行對各家下屬分支機構的經營範圍和管理權限進行授權劃定，避免分支機構的經營管理範圍過大，與其可承受能力不匹配；在機構部門層面，票據交易涉及多個操作環節，這要求交易管理部門在設置崗位過程中需要更加注意明確崗位職責範圍，確保職責分離。

（2）計算機系統控制。利用計算機處理業務，可使業務操作標準化，並且有利於執行授權控制、交易信息控制、票據保管控制等多種控制，落實銀行的內部控制制度。

（3）制定業務操作規範。業務操作規範有助於業務人員對所處崗

位的職責和要求有明確的瞭解，降低操作風險，也有助於機構崗位規範化設置，落實崗位分離，降低舞弊風險。

（4）組織業務人員崗位培訓。通過培訓提高員工的業務知識水準，加強其實務操作能力，增強風險意識，降低各項風險發生的概率。

（5）內部稽核檢查。銀行的各級機構通常都有權處理票據業務，但各級的業務處理水準不一致，進行定期或不定期的內部檢查有助於排查風險隱患，確保各項內部控制措施得到有效落實。

（6）績效考核控制。將風險控制情況加入績效考核中，以此促使業務人員更加關注對風險的控制，避免因為過度追求業務的收益率而輕視風險。

而在數字票據的交易過程中，關鍵是制定有效的智能合同。有效的智能合同應當可以對交易參與方的行為進行有效約束，準確授權與授信。因此，內部控制需要圍繞智能合同的有效性展開。

（1）授權控制。承兌匯票的出票金額應在銀行可承受的範圍內，對於各家下屬分支機構，總行要進行授權劃定，對於業務能力或硬件條件暫時無法勝任數字票據業務的機構，應收回該項業務的處理權限。在確保一般不相容職責分離的同時，管理部門需要注意智能合同的編寫者與合同的參與方分離，保持合同編寫者的獨立性。

（2）加強業務人員培訓和績效考核控制。智能合同的編寫、數字票據交易系統的維護對員工能力的要求較高，除了常規的業務知識、操作規範、風險意識等培訓，管理人員應重視對編程崗、運維崗員工的業務培訓，定期或不定期地進行業務能力考查和業務抽查，將審查結果納入績效考核中。

（3）內部稽核檢查。通常各級機構都有權處理承兌匯票交易業務，而各級制定算法、計算機操作等業務處理水準不一，應定期或不定期的執行內部稽核檢查，排查風險隱患。

（4）制定業務操作規範。明確各崗位的職責要求，有助於減少操作問題及其產生的重複記錄、驗證、存儲操作的影響，從而提高業務處理效率；有助於機構崗位規範化設置，落實崗位分離，降低舞弊風險。

2. 對審計的影響

對於傳統的交易業務，主要的審計重點和審計方法如下：

（1）票據業務風險管理制度的有效性和風險控制的有效性。對於風險管理制度的有效性審計，審計人員重點關注被審計單位是否建立基本管理制度，是否有健全完整的風險管理制度，是否有合理的業務崗位職責制度，是否存在明顯的制度缺陷，是否有業務操作規範文件，是否明確規定隔離不相容職位，是否將票據的審核納入統一授信管理，是否對保證金有規範的管理，等等。

對於風險控制的有效性審計，審計人員重點關注被審計單位的風險管理制度的可操作性、業務風險管理體系運行的有效性、風險控制措施的落實情況、風險管理措施的效果與制定時的預期效果之間的對比、銀行墊款的情況、受到監管部門或上級檢查的情況；等等。審計人員通常通過查閱管理制度和辦法，進行客觀評價，檢查風險管理體系的建設和實施效果，觀察業務風險控制措施及其效果；等等。

（2）票據業務的合法性與合規性。對於票據申請人資格的合規性審計，審計人員重點關注被審計單位簽發的票據是否存在超授信額度簽發的情況；申請人是否為存在不良貸款的單位或非經營性單位；是否有滾動簽發票據，例如將保證金轉回；是否存在可能用於掩蓋銀行墊款、銀行不良貸款而為某一客戶滾動簽發票據的情況；等等。對於交易合同的真實性審計，審計人員重點關注交易雙方是否存在關聯關係；合同中所涉及的交易商品是否在雙方的經營範圍之內；票據的簽發時間與合同的簽訂時間是否符合情理；是否存在先簽發後訂合同的情況，合同中標明的交貨地點與交易雙方的所在地、交易商品的產地是否存在不合理關係；運輸方式與交貨地點是否合理；等等。

對於增值稅發票的合法性審計，審計人員重點關注申請人在辦理票據貼現時提供的增值稅發票是否合法；是否存在偽造、塗改、變造的增值稅發票；是否使用同一張增值稅發票多次進行票據貼現業務；被審計單位所簽發的票據面額是否超過了申請人提供的增值稅發票金額；等等。審計人員通過查閱申請人在申請辦理票據時提交的商品購銷交易合同，根據實際情況分析判斷該合同的交易背景的真實性，同時審查申請

人的財務報表，對比企業申請的承兌金額、相關交易商品數量與其報表反應的註冊資金、經營規模、盈利狀況，分析判定是否存在承兌金額虛高、交易商品數量失真等情況。

（3）簽發的合規性。對於票據的合規性審計，審計人員主要關注被審計單位收取的手續費比例是否符合相關規定；簽發的票據金額是否在授信額度之內；已審核通過的承兌申請人是否確實符合承兌條件；是否為存在不良貸款的企業或非經營性單位簽發票據；等等。

對於是否存在掩蓋票據墊款情況的審計。審計人員主要關注被審計單位是否將票據墊款掛在往來科目；是否存在為某一客戶滾動簽發票據的情況；等等。對於銀行利用票據帳外放款的審計。審計人員主要關注被審計單位對票據的領用、已用、未用、作廢等各環節是否有嚴格規範的控制管理；檢查各類登記表上的記錄是否完整；是否存在未收回應當統一保管的廢票或未登記開出的承兌匯票等情況。審計人員通過審查票據臺帳和有關企業存款帳戶、往來帳戶以及保證金帳戶，審查有無將票據墊款掛在往來科目；通過排查有年末承兌餘額的單位，關注承兌金額和日期銜接相近的匯票，分析是否是銀行為同一客戶開出的滾動承兌匯票以掩蓋銀行墊款或不良貸款等問題；檢查領用、已用、未用、作廢各環節的控制管理，審查票據使用登記簿和重要空白憑證領用登記簿，盤點票據，若發現存在未登記的開出承兌匯票，未收回統一保管的廢票等情況，則進一步審查是否存在體外循環等問題。

（4）財務核算的完整性和真實性。對於票據會計信息披露的完整性，審計人員主要關注被審計單位是否及時對票據業務進行登記，登記簿、會計帳簿、業務登記簿和表外科目上的數據信息是否與相關科目的分戶帳、總帳、報表信息一致，被審計單位的墊款是否及時轉入表內進行核算和管理；是否存在墊款長期掛帳或以貸款掩蓋墊款的情況；會計報表附註是否對票據的年末餘額等其他情況進行了恰當的披露；等等。對於手續費收入真實性的審計，審計人員主要關注被審計單位手續費收入是否與簽發業務量相匹配；若簽發業務量明顯低於手續費收入，應關注是否存在帳外簽發票據的問題；若簽發業務量明顯高於手續費收入，應關注是否存在私設「小金庫」的問題；等等。審計人員通過取得票

據業務交易系統電子數據，調閱相關的業務登記簿、明細帳、會計報表和檔案資料，進行計算和分析。

（5）票據貼現款用途的合法性和合規性。對於貼現款用途合法性審計，審計人員主要關注被審計單位資金交易流水是否正常；包括票據貼現資金帳戶是否有大量資金頻繁進出；交易對手與合同中的購銷方是否一致；是否存在被審計單位內部與企業串通，違規使用票據套取銀行資金的跡象；是否存在被審計單位內部通過企業帳戶帳外收取回扣、好處費的情況；等等。對於資金用途合規性審計，審計人員主要關注被審計單位是否存在將貼現資金投入到股票證券市場、投資性房地產或個人儲蓄帳戶等國家禁止或限制性行業，或者作為保證金繼續簽發，又或者作為歸還的到期款項、到期貸款，以掩蓋不良貸款的問題，等等。審計人員通過檢查「銀行查詢查復登記簿」，追蹤票據貼現資金主要去向，查詢帳戶的交易流水、延伸至相關企業。

5.2.4 區塊鏈在銀行反洗錢工作中的應用

5.2.4.1 銀行業更加全面地瞭解客戶

商業銀行是海量數據生產者，包括為客戶提供交易過程產生的數以億計的客戶資產、交易信息等結構化數據，同時還包括用於作業、授權、評估等的電子郵件、音頻、視頻、照片等非結構化數據（準結構化數據），這些數據共同描繪了客戶交易行為、交易偏好等個性特徵。但在現階段的銀行業反洗錢實踐中，數據分析仍主要集中在結構化數據範疇，對占到數據總量80%的非機構化數據，因數據格式、儲存方式等實際困難，分析模型中難以對這類數據進行分析和處理，使得這些有價值的數據信息得不到整合利用，嚴重影響了銀行業反洗錢工作的成效。而區塊鏈數字化特徵，能將所有的文件或資產以代碼或分類帳的形式體現並加載到區塊鏈上，通過區塊鏈技術，銀行可以有效整合和利用與客戶相關的交易目的、交易習慣、產品偏好等多維度信息，使得客戶身分識別變得生動和具體。當銀行的監控措施達到將客戶的交易行為直觀、透明地擺在監管人員視野下的程度，所有的洗錢行為將無所遁形。

5.2.4.2 提升銀行業反洗錢資金監測效能

作為數據來源，商業銀行內部各部門（業務條線）都開發上線許多套信息處理系統，這些系統具有獨立、分散、異構的特徵，系統架構及技術指標各不相同，相互之間無法聯動從而形成了一個個封閉的信息孤島。商業銀行對客戶資金交易進行監測和分析時，很難獲得客戶在所有部門（業務條線）上留存的信息。另外，不同銀行之間出於業務競爭、客戶信息保密等方面的考慮，信息交流與資源共享相對較少，造成了對同一個客戶重複開展身分識別、資金監測等工作，浪費了人力、物力資源。基於區塊鏈，各家金融機構將各自收集和驗證的客戶信息數字化後，上傳至區塊鏈；金融機構在為交易中的實體提供電子身分證明信息（類似私鑰）時，要將客戶電子身分證明信息與用戶地址進行綁定，客戶的任何交易都需要經過客戶私鑰和銀行手中的公鑰驗證通過後才能完成，區塊鏈上用戶地址的唯一性，保證了區塊鏈上數據的可追溯性。在區塊鏈數據管理模式下，金融機構內部各部門以及不同金融機構之間通過區塊鏈上的數據信息共享，信息資源的整合應用可以大大減少金融機構在身分識別、資料收集等方面的重複性工作，大量縮減金融機構的合規成本。此外，節點上的任何操作都會在區塊鏈上留下痕跡，使得資金流動難以脫離監管的視線範圍，黑錢將無處、無法洗白。同時，金融機構通過區塊鏈上的共享信息也可挖掘潛在客戶資源及業務機會、發現潛在風險或威脅，並及時採取應對措施。

5.2.4.3 提高銀行業客戶風險管理水準

客戶洗錢風險管理作為反洗錢的基礎性工作，自 2013 年人民銀行提出風險為本的工作理念以來，被賦予了更加重要的作用，其既是識別洗錢風險的重要依據，更是有效分析可疑交易的基礎。目前，各家銀行初步建成了自身的風險管理架構和工作機制，通過設定相應指標參數來對客戶風險程度進行評價和管理，但整體思路偏向於事後的評價及管理，即通過綜合考慮客戶過去的行為來評判其風險級別，幾乎很少對客戶風險狀況進行趨勢預測和預警，導致銀行業客戶風險管理缺乏敏銳性和前瞻性。區塊鏈技術可以有效整合不同部門、不同機構的數據資源，

並最大限度地實現數據信息的開放性和共享性，同時可以借助數據挖掘技術，挖掘交易數據背後的趨勢性、規律性信息，並將數據分析結果與實踐相互驗證，提高對異常交易分析的敏感性和準確性，實現更高效的客戶風險管理。

5.2.5 區塊鏈在銀行產業鏈金融中的應用

5.2.5.1 區塊鏈的可追溯性可實現「智能保理」

產業鏈金融是銀行站在產業鏈全局高度，以核心企業為依託，為其產業鏈中上下游企業提供融資服務，提升整條產業鏈的競爭力。而在實際業務中，由於考慮到風險的可控性，銀行只願意對核心企業有應收帳款義務的上游一級供應商提供保理業務（應收帳款融資）或是對其下游一級經銷商提供預付款融資或存貨融資業務，而對上下游二級以上的供應商和經銷商，銀行往往不願意直接授信。若通過區塊鏈技術開發一個「智能保理」業務系統為產業鏈上成員企業使用，二級供應商就可以將利用該系統開給一級供應商的記載著該應收帳款已轉讓給某銀行的編碼 a 的數字發票在全網廣播，一級供應商在此數字發票的基礎上添加其他必要的編碼 b 之後，連同原轉讓信息形成編碼 a+b，再次在全網廣播。依合同法規定，此數字發票已達到債權轉讓法律通知的效果。當貨款到期時，核心企業需依法直接將款項付給銀行。由此可見，區塊鏈技術具備了將產業鏈金融保理業務推廣到核心企業二級以上的供應商的潛力。

5.2.5.2 區塊鏈打破產業鏈金融中的信息不對稱

產業鏈是由行業中的供應商、製造商、分銷商、零售商和用戶等眾多參與主體串聯在一起構成的，在產業鏈運作過程中，各類信息分散地存儲在各個環節各自的系統內，信息交流缺乏透明度。產業鏈上的信息不對稱，一方面會令產業鏈上的企業之間難以及時準確地瞭解相關事項及存在的問題，增大了協調難度，降低了產業鏈運作效率；另一方面是當產業鏈中各主體間出現糾紛時，舉證和追責均需耗時費力，甚至由於信息的被隱藏和篡改，在某些情況下難以舉證。由於信息的不對稱性，

產業鏈金融中銀行會擔心核心企業與上下游融資企業勾結篡改交易信息，需要投入人力與物力反覆驗證交易信息的真偽。反觀區塊鏈具有去中心化分佈式存儲、時間戳、可溯性、共識證明機制等創新優勢，因此即使能篡改系統中某個節點的交易數據，也無法只手遮天，從而區塊鏈技術可以很好地解決銀行對信息被篡改的疑慮。

5.2.5.3　通過區塊鏈降低人工成本、提升業務效率

在產業鏈金融業務中，銀行在進行存貨融資和預付款融資等業務的貸後管理時，需要對押品狀態和押品價值進行核查，必須投入大量的人力和物力，不僅增加了銀行的操作成本，還會導致中小微企業的融資成本上升。如果能通過區塊鏈技術構築「智能資產」管理系統，銀行就可以利用此系統來核查並管理所有產業鏈上交易的押品，通過「智能資產」系統來驗證押品的真實性，也可以即時監控押品的轉移，既降低了營運成本，也減少了人工操作風險。此外，在產業鏈金融中推進區塊鏈技術，利用智能合約、建立去中心化帳本等方法，將紙質作業數字化、程序化，實現業務的自動化運行，既降低了人工交易的失誤，也極大地提高了業務效率。

5.2.5.4　基於區塊鏈的數字票據成為電子票據的有益補充

產業鏈金融業務中常有因人為介入過多，產生了許多違規事件及操作風險，尤其在票據融資方面。在目前的融資工具當中，票據占比約為26%～28%，預計未來兩年會突破50%，但國內現行匯票業務約有70%為紙質票據交易，難以有效管控和防範操作性風險和道德風險等問題，2015年以來，國內票據業務風險接連爆發。近期，中國人民銀行下發《關於規範和促進電子商業匯票業務發展的通知》（銀發〔2016〕224號）力推電子票據，但電子票據也存在一定問題，如金額和期限錯配，紙票和電子票據之間難以轉換等。而通過區塊鏈技術開發可編程的數字票據，其信用環境將主要構築在企業與企業之間的貿易環節中，依託智能合約構築票據池，支持即時交易、融資、結算和智能化風控，是電子票據的有益補充，為中小企業提供了更便捷的產業鏈金融服務。

5.3 未來發展

5.3.1 區塊鏈在銀行中的應用面臨的挑戰

截至 2017 年 12 月，從區塊鏈的項目開發地域分佈來看，美國投入占比 80%，歐洲占比 10%，亞洲僅占約 4%。國內金融機構大多於 2015 年年末開始關注研究區塊鏈技術，且處於各自為戰的局面。在未來的發展趨勢中，區塊鏈將對中國的商業銀行帶來以下三項挑戰：

5.3.1.1 應用形態層面的挑戰

商業銀行應用區塊鏈的主要形式為公有鏈、私有鏈和聯盟鏈。公有鏈是指所有人均可以參與到由共識機制所構建出來的區塊鏈組織中，這是一種真正意義上的去中心化，比特幣即為公有鏈的最典型代表；私有鏈所指的是一種中心化系統，所有參與成員都要由中心控制者來予以指定，因此私有鏈只能夠被應用到特定主體內部；聯盟鏈是一種多中心化系統，其中的所有參與主體與交易節點均要預先設定出來，而後再通過共識機制來予以確認，聯盟鏈的典型代表即為 R3CEV。

不論什麼類型的區塊鏈，都需要解決共識機制、帳戶模型的問題。目前的共識算法主要有 POW、POS（權益性證明）以及改進版的 DPOS。基礎帳本和帳戶模型的設計，主要存在以比特幣為代表的 UTXO 帳戶模型和以以太坊為代表的 balance 帳戶模型。由於商業銀行對於信息安全性與隱私性有著極高的要求，因此會優先採用私有鏈與聯盟鏈。其實，聯盟鏈節點間有很多數據是需要共享的，但是肯定存在著大量不願意共享的數據，比如，通過智能合約實現具體的借款合同，這些信息如何保存在區塊鏈上、驗證節點在不知曉具體合同信息的情況下如何執行合同、如何規避一些隱私保護的難點。

5.3.1.2 記帳類型層面的挑戰

中國的商業銀行更加青睞於合作式記帳模式。區塊鏈的記帳模式可被分為競爭式記帳與合作式記帳兩大類別，其中，前者的最典型應用即為比特幣，在競爭的環境中同時開展記帳工作，因此競爭式記帳更加適

用於開放性較強的公共系統中，其最為明顯的缺點是存在於交易過程中的不確定性。舉例說明，在甲方處於斷網的情況下，如果乙方和丙方在相同的時間內均挖到了一個比特幣，那麼當甲方聯網之後則會導致比特幣歸屬權不確定的情況，從而引發不必要的爭議。由此可見，商業銀行如果採用競爭式記帳模式，那麼就極有可能因各種不確定因素而導致帳務混亂，因此應當優先考慮採用合作式記帳模式。

5.3.1.3 應用領域層面的挑戰

如今，商業銀行必須要結合自身的經營狀況來準確選擇區塊鏈的應用領域，其中包括電子交易、支付轉帳、信息存儲、數字貨幣、商業票據以及內部管理等多個方面。正如互聯網發展減少長尾用戶的獲取成本，區塊鏈以其低成本推動普惠金融的發展。金融建立在信任之上，信用體系是銀行的核心，傳統的信用評級極度依賴於機械化準則，在搜集大量客戶徵信信息後，還需審核和評定，信息收集環節多、成本高、評定誤差率高，因此大量的分散的小型客戶易被忽略。而區塊鏈能夠解決基本的信用問題，能夠在多點之間實現直接交易和所有信息的處理，將不同的生態圈串通起來，實現信用在區塊鏈上的流轉兌換。

5.3.2 未來區塊鏈在銀行中應用的應對策略

5.3.2.1 積極研發，充分準備

如果想要更好地應對由區塊鏈所帶來的諸多挑戰，首先需要做到的是結合自身的經營現狀來進一步開發先進的應用技術，以此作為應用項目的實踐基礎。如今，中國的諸多領先企業均開始紛紛加入到對區塊鏈的探索與應用隊伍中，例如騰訊、深交所、螞蟻金融等企業都針對票據交易、資產交易以及支付清算等業務類型展開了反覆的實驗。基於此，在日後的發展歷程中，商業銀行要在進一步強化研究交流活動的同時，嘗試性的推出一些小規模的應用項目，以此來作為自己創新技術、強化技術的「練兵基礎」，從而將區塊鏈技術的實際價值淋漓盡致地發揮出來。

（1）商業銀行要精準地選擇出最適合的合作切入點，以此來作為

區塊鏈技術的應用場景。由於區塊鏈技術本身具有複雜性、多元性以及顛覆性的特點,因此要優先考慮業務成熟度高、交易流程簡潔以及增量比例大的業務場景。

(2)要在最短的時間內實施試點方案,結合區塊鏈技術的應用情況來構建容錯機制,應當在沙盤模型中展開反覆多次的測試與演示操作,同時組建出一支專業性較強的技術培訓團隊,不斷累積技術實施經驗。

(3)要同生態圈內的成熟團隊建立起密切的合作關係,在打造出區塊鏈生態圈的同時加快技術創新與應用速度,並且要積極邀請監管部門參與到研發工作當中。從應用場景的選擇角度來進行分析,絕大多數的大型金融機構,尤其是對於已經設有海外分支的大型銀行來說,應當積極考慮怎樣同金融科技公司建立起良好的合作關係,合理化利用區塊鏈技術來共同研發其落地應用,通過此種方式來進一步提高中後臺的營運效率,從而達到提高收益、降低經營成本的最終目的。而中小型銀行則要考慮引入成熟的區塊鏈應用技術,結合自身的經營特點來打造出辨識度較高的服務模式,從中尋找新的業務增長點。

5.3.2.2 加強合作,強強聯合

2015年9月,R3CEV 正式打響了銀行界中的區塊鏈應用的第一炮,在積極制定區塊鏈技術開發標準的基礎之上構建出了相對完善的區塊鏈聯盟。在經過了一段時間的發展後,已經有42家大型銀行機構加入到了區塊鏈聯盟中。在2016年2月,以高盛金融、摩根大通金融為代表的40餘家金融機構建立起了合作測試關係,主要針對由3所雲計算提供商、5所區塊鏈廠商所共同設計的分類帳系統來進行測試,測試內容包括:系統是否能夠自動完成交易活動、商業票據交易活動等。而後,集團又作出探索其他領域的計劃,並將探索範圍擴大到分佈式帳本的隱私性、互動性等多個方面。

5.3.2.3 盯緊態勢,靈活應對

根據區塊鏈在銀行機構中的應用現狀來看,雖然在短期內並不會帶來十分巨大的影響,但是仍然需要密切關注區塊鏈技術的發展態勢,深

入地瞭解其他國家金融行業的競爭情況，同時結合自身的發展現狀與優劣勢特點來制定出相應的戰略方案，從中選擇出匹配度最高的區塊鏈應用途徑，在積極調整戰略部署的同時，在心理上做好戰鬥準備。

中國的商業銀行應該牢牢把握好投貸聯動機遇，在金融市場中尋求發展前景較好的區塊鏈初創公司來給予扶持。在這裡需要注意的是，為了將投資風險控制在合理化的範圍內，商業銀行應該在選擇投資對象時採用多布點、分散式以及漸進式相結合的投資模式。除此之外，商業銀行也可以選擇與已經發展相對成熟的區塊鏈公司來建立合作關係。

6　區塊鏈與保險

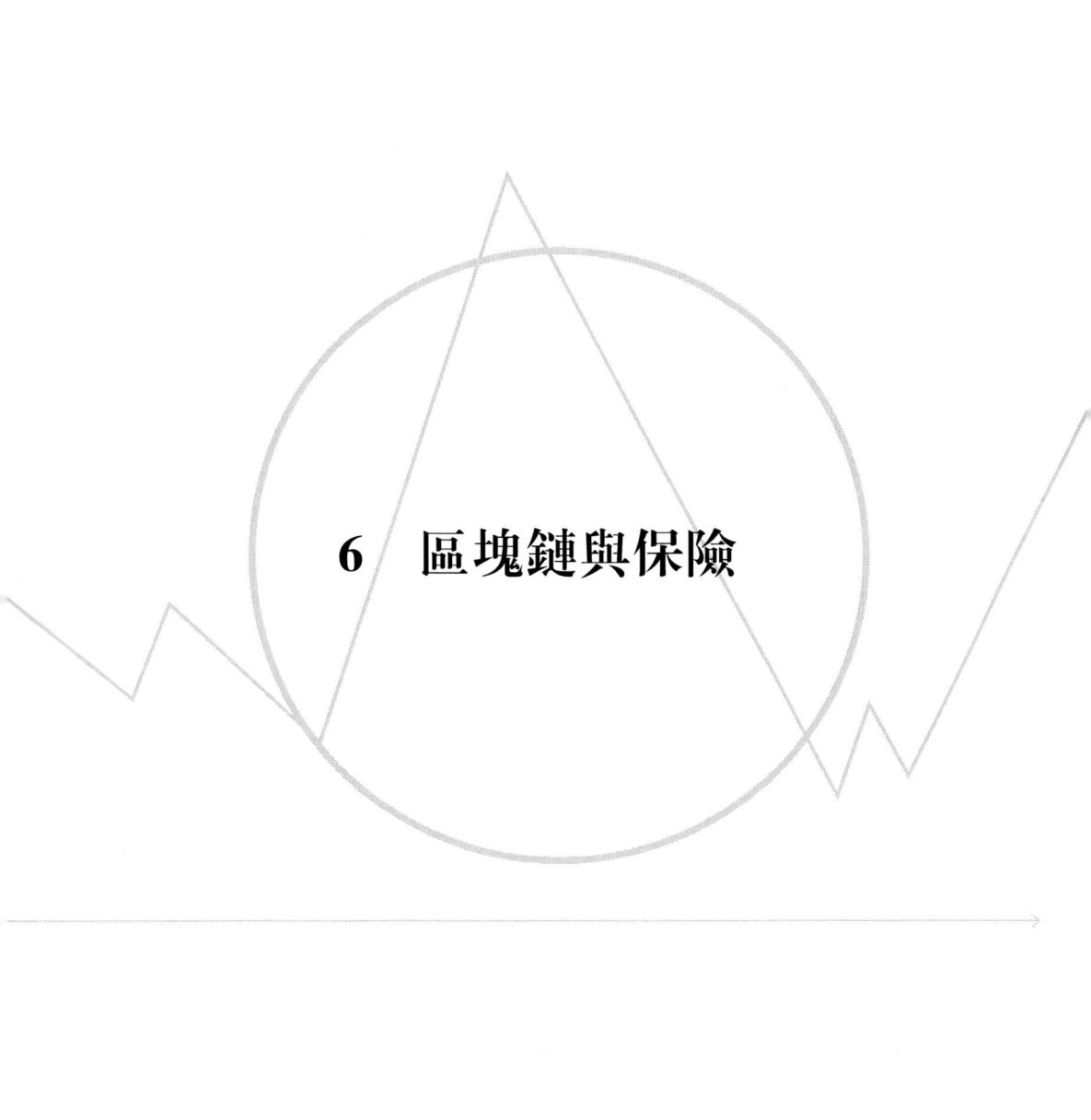

區塊鏈+時代：區塊鏈在金融領域的應用

隨著互聯網的快速發展，區塊鏈技術在各行各業的應用也被廣而傳播。作為金融業之一的保險業，如何將區塊鏈這項新興技術應用落地，實現價值最大化，也成為保險人思考並熱議的話題。

從 2016 年開始，就已經有保險公司試水區塊鏈技術，並已經嘗試在一些簡單易操作的產品上使用。但是這時這些保險公司對區塊鏈的研究都不夠深入且多數還持觀望態度，在一些主要業務環節中還未完全滲透。

2016 年，陽光保險推出了基於區塊鏈作為底層技術架構的「陽光貝」積分，用戶可在普通積分功能基礎上以「發紅包」的形式將通過積分向朋友轉贈、與其他公司發行的區塊鏈積分互換；2017 年，中國人壽與螞蟻金服公益保險平臺合作，運用區塊鏈技術嘗試信息全公開；眾安科技於 2017 年 5 月開發了基於區塊鏈技術的「安鏈雲」平臺，並在雲端搭建了保險核心系統，將保單、客戶及理賠等信息放到去中心化的區塊鏈上。

當然，保險人在看中區塊鏈技術去仲介化、不可篡改的特徵下，也應看到相關風險，畢竟區塊鏈技術仍在探索與發展的初級階段，機遇與風險並存。

比如，在區塊鏈技術的應用中，隨著新技術的發展，可能會出現新的監管問題和法律風險，現有的法律和監管框架不完全適用於區塊鏈網絡，如何在區塊鏈這一國際化網絡中執法等問題需要進一步探索。例如公有鏈缺陷。公有鏈中，每一個參與者都能夠獲得完整的數據備份，所有交易數據都是公開和透明的，這是顯著的優勢。但對於很多區塊鏈應用方來說，這又是很大的缺點，因為用戶本身希望其帳戶隱私和交易信息被保護。再者，公有鏈要求使用全量錢包，但是全量錢包啓動時會同步所有區塊數據，隨著業務發展，區塊數據越來越大，新安裝的用戶在啓動客戶端時會花費大量時間進行同步，而且會占據用戶的磁盤空間，而用戶的交易確認時間也非常漫長，用戶體驗差。

雖然區塊鏈本身有一個很長的發展過程，但是卻有著極為廣闊的應用空間。本章將從保險業現狀入手，向你一一講述區塊鏈在保險業中的應用與其未來的發展前景。

6.1 保險業引入區塊鏈技術

6.1.1 保險業現狀分析

1980 年中國保險業自恢復保險業務以來，發展迅速。截至 2016 年年底，從中國保險監督管理委員會公布的數據來看，原保險包括財產險和人身險相對 2015 年同比增長 27.50%，原保險賠付支出同比增長 21.20%，資產總額約達到 151,169.2 億元，可以說是當前國民經濟發展較快的產業。

保險業在高速發展的同時也存在著很多問題，如國民保險信任度不高、保險業地區發展不平衡、法律監管不完善等。其中最嚴重的是保險信息的洩露及信息不對稱帶來的投保人與被保人之間的衝突。

6.1.2 保險業引入區塊鏈的必要性

保險的本質是風險交易，現實中通過保險實現風險轉移和分散的事例涵蓋社會經濟運行的方方面面，保險具有天然服務實體經濟的本質屬性。

伴隨著保險創新的不斷深入，數據對保險業的發展越來越重要。儘管作為保險供給一方的保險公司在供需關係中具有相對的主導權，但是保險產品的不確定性使保險公司的產品設計必須運用合理的模型和計算方法，針對大量的經驗數據或者實驗室數據進行測算和預估。

對保險供給的挑戰是必須掌握大量的數據，並且具有相應的計算能力來評估風險，這往往是制約保險供給發展的重要原因（最典型的例子是巨災保險產品中所遇到的費率厘定問題）。

巨災保險制度是指對因發生地震、臺風（颶風）、海嘯、洪水等自然災害或人為災難，可能造成巨大財產損失和嚴重人員傷亡的風險，通過保險的形式，進行風險分散的制度安排。其目標和功能主要是增強社會防災減災能力，保障促進社會和諧穩定，實現平等和效率目標。

巨災風險和常規風險存在較大的不同，面臨的最大挑戰是事件發生

的概率很低，傳統的保險精算技術難以對巨災保險進行費率厘定。

並且，在現實中，往往這些被需要的數據都分散在不同的保險機構、不同的行業和不同的互聯網平臺，因此導致了保險行業目前面臨海量的行業內部以及與其他行業之間信息整合和共享的需求。這樣既存在技術局限而導致無法共享信息，又面臨著高成本和數據洩露等安全問題。

由於區塊鏈可以解決的問題與保險行業發展的上述問題具有很高的契合度，如區塊鏈利用共識算法來驗證數據，利用分佈式帳本技術來存儲數據，利用密碼學的方式保證數據傳輸和訪問的安全，利用智能合約來自動執行業務流程等，因而成為眾多應用場景中的重點探索領域並有可能成為較早實現突破的行業之一。

6.1.2.1 保險區塊解決保險市場信息不對稱的需要

保險公司在核保和承保環節出現信息不對稱，主要面臨道德風險和逆向選擇問題，這是傳統保險無法繞開的困境。

一方面是客戶騙保導致信息不對稱。如果客戶購買保險不是為了防患於未然，而是為了從中獲取利益，會隱瞞個人基本信息。由於保險公司無法對投保人的風險狀況進行真實評估，而導致這些「不良風險」的投保人購買保險產品，即產生逆向選擇問題。此外，在保險合同銷售以後，擁有保險的投保人可能因為損失發生以後可以通過保險公司進行賠付，而自身降低了對風險的管理和出險概率的避免（典型的例子是機動車保險），引發道德風險。

中國車險業務中的道德風險既包括事前道德風險又包括事後道德風險。以事故發生的時間為劃分依據，道德風險可分為事前道德風險和事後道德風險。

典型的事前道德風險是車主購買盜搶險之後防盜意識下降，從而使汽車被盜的可能性大大增加。除此之外，購買車身險後司機駕車時謹慎性下降，平均車速比投保前有所提高的情況也不同程度的存在。

事後道德風險的表現形式集中體現在頻發的各種詐欺騙賠案件上。

另一方面是保險公司利用其專業化人才對缺乏保險知識的客戶隱瞞一些商業信息，從而導致信息不對稱。

traditional 傳統保險業務針對道德風險和逆向選擇的防範措施就是設置合同的等待期和賠付的免賠額，但是這並不能從本質上消除道德風險和逆向選擇，而且也使得保險經營成本增加，影響保險公司和消費者之間的良性關係。

區塊鏈的運用可以有效地規避這一問題，區塊鏈對客戶的交易信息保存相對獨立，不能主觀篡改，保險業務可以避免投機性投保人的參與，降低了保險公司的風險。同時，區塊鏈對信息的儲存傳遞具有開放性，任何人都可以查到所需要的信息，因而可以幫助客戶瞭解保險公司，避免保險經理人為了自身業績而誤導客戶投保。

6.1.2.2 提升保險公司風控能力的需要

隨著保險市場的不斷發展，保險機構得到不斷的提升，但同時也面臨著更多的風險，在這裡把保險機構面臨的風險分為兩大類。一是內部風險，包括保險機制不完善、保險機構經營不規範及員工素養等方面的風險；二是外部風險，包括保險仲介市場、政策性和電子化等方面的風險。這些風險嚴重影響了保險機構的發展，致使中國保險公司普遍存在償付能力不足、經營成本高，利潤侵蝕嚴重等問題。

區塊鏈的引入雖然不能徹底解決這些風險，但是可以幫助保險機構進行有效地掌握和控制。除此之外，保險機構可以通過智能合約來實現效率的提升，實現自我管理。

6.1.2.3 保險市場信息安全的需要

隨著互聯網的普及，信息洩露問題層出不窮，如何保障信息的安全、完整和有效的管理受到越來越多的重視。保險機構不僅要保障自身信息的安全，更要確保投保人信息安全，這就需要設立專門的信息管理部門，由專業人員來保管各類信息，這必然會增加保險機構的成本。

把區塊鏈引入到保險業，不但可以保障信息的共享，同時私有鏈的存在避免了隱私的洩露，保護了信息安全。此外，區塊鏈信息的分佈式記帳可以避免黑客入侵而破壞信息的完整性，從而也保護了信息的安全。

6.1.3 區塊鏈與保險的「基因相似性」分析

保險是區塊鏈應用的典型場景，這是由保險與區塊鏈的共同基因決定的。保險是一種社會和經濟的支付性安排，其存在的重要基礎和核心內涵是個體的集合與協同，繼而實現基於市場機制的社會互助。區塊鏈通過一系列技術手段構建「全網共識」，其目的也是建立基於算法的相對剛性和高效的個體的集合與協同，繼而為相關管理提供技術實現與保障。

在保險應用區塊鏈技術的過程中，我們要重點關注四個「基因相似性」，即社會性、唯一性、時間性、安全性。

6.1.3.1 社會性

社會性是人的本質屬性，根本訴求在於自我約束和共同規範。所有的社會管理都是圍繞著這一根本訴求展開，以實現合作與和諧。「社會性」是區塊鏈與保險共有的特徵，是二者實現融合創新的邏輯基礎。

保險的社會性不言而喻。現代保險制度存在的一個重要前提是「大數」，即需要擁有足夠數量的風險個體及其保險基金的集合，風險及其損失才能夠得到有效的分散，社會互助功能才能得以實現。區塊鏈也有顯著的社會性特徵，其重要前提是全網共識，即所有參與者的集體共識。同時，「去中心化」使得這種社會性不依賴於有形的「中心」，而是通過分佈式技術，實現自我和民主管理。區塊鏈利用加密技術，構建基於計算的信任體系，這種信任更加客觀、獨立、可信。

區塊鏈的共識機制：

「共識」是人類進行群體活動的一個重要基礎。共識是確保團體在不發生衝突的基礎上做出決策的方法。就傳統意義而言，達成共識需要三個基本條件：①團體成員共同接受法律、規則、規範；②團體成員一致認可實施這些法規的機構；③身分認同，或者團隊意識，這樣團體成員才會承認他們就達成的共識而言是平等的。

如果說共識是區塊鏈的基礎，那麼共識機制就是區塊鏈的靈魂。我們在解釋什麼是區塊鏈時，可以用簡潔明瞭的「去中心化分佈式分類

帳」來概括，但是在這個帳本中，是如何對在幾乎相同時間內產生的事物進行前後排序的，就涉及區塊鏈網絡的共識機制。所謂共識機制，就是在一個時間段內對事物的前後順序達成共識的一種算法。它就像一個國家的法律，維繫著區塊鏈世界的正常運轉。在區塊鏈上，每個人都會有一份記錄鏈上所有交易的帳本，鏈上產生一筆新的交易時，每個人接收到這個信息的時間是不一樣的，有些想要干壞事的人就有可能在這時發布一些錯誤的信息，這時就需要一個人把所有人接收到的信息進行驗證，最後公布最正確的信息。

6.1.3.2 唯一性

「唯一性」是保險經營的難點和「痛點」，同時也是區塊鏈技術的特點和「亮點」。因此，區塊鏈的出現無疑給解決保險領域「唯一性」難題提供了全新的可能，這是保險業利用區塊鏈技術的一個重要切入點。

在保險經營過程中，「唯一性」問題是圍繞著保險利益展開的，而保險利益往往是依附於人。因此，人的唯一性是保險利益唯一性的基礎。大多數保險詐欺犯罪都與「唯一性」有關，最典型的是養老金冒領問題。從傳統的角度看，保險業在解決「唯一性」問題的過程中，更多的是採用「物理」的驗明正身的方法，但這種做法對於高齡投保人，甚至是臥病在床的老人，顯然具有操作性問題。此外，在該方面每年投入的人力物力巨大，對行業效率帶來了不利的影響。

區塊鏈技術的一個重要特點是能夠更好地解決身分識別問題，由於採用分佈式技術，不再依賴「認證中心」，因此，這種解決方案的效率更高更安全，使用更便捷。更重要的是，這種數字身分，包括相關的個人數據的控制權，都屬於所有者，擺脫了完全依賴「他證」的不公。它不僅是技術的進步，更彰顯了人性。「自證」邏輯的迴歸，帶來了社會文明的進步，同時，還可以廣泛應用在物和事的管理領域，為創新提供了更大的想像空間。

區塊鏈的智能身分技術：「身分證明」是人類社會活動的重要基礎，其本質是身分的識別與確認。「我是我」，這原本是一件很平常的

事情，但在現代社會管理下，特別是法律制度的背景下，就成了一個非常有難度和有責任的事。一直以來，人類社會構建起了一套身分管理系統，這套管理系統的本質是公共的第三方信任體系。從形式上看，人們通過各種文件來證明自己，比如身分證和護照，但是在這套證明體系背後存在一個龐大的管理系統。初期是採用實物防偽技術，現在更多地採用電子數據加密和共享技術，如電子護照等。

傳統的身分管理系統的安全性相對較低，且容易受到篡改和攻擊，並且需要龐大的維護成本。區塊鏈技術的出現為解決「身分證明」難題提供了全新的視角和可能。「區塊鏈智能身分」旨在讓人們能夠安全和自主的管理並利用自己的身分信息，允許可信賴的第三方進行驗證，為人類社會活動帶來了極大的便利。其最大的特點是去中心化，即不依賴於一個數據交換中心，可以從任何地方進行訪問。同時，這種智能身分作為一種協議，能夠應用於不同的技術環境，確保其通用性。它將使人們不再依靠第三方來證明自己，徹底擺脫「身分認證」的困境。

6.1.3.3 時間性

人類所有的活動均是在一定的時空下展開的，因此，「時間性」是社會管理的重要基礎。「時間性」的本質也是解決唯一性問題。時間的剛性管理是保險經營的重要基礎，也是難題所在。區塊鏈的「時間戳」技術為時間的唯一性管理提供了理想的解決方案。

大多數的保險責任均是以時間為基礎的，具體表現為「保險期限」，同時，保險事故也具有顯著的時間性，因此，「時間管理」無疑是保險經營管理的重點，它不僅是認定保險賠償責任的重要依據，也是防範保險詐欺的重要基礎。在保險經營過程中，許多道德風險均是圍繞著「時間性」展開。從內部來看，存在「倒簽保單」問題，從外部來看，存在「先出險，後投保」的問題。

區塊鏈最大的特點是「時間戳」機制，它讓全網的記錄在每一個區塊中都蓋上一個時間戳來記帳，表示這個信息是在這個時間寫入的，每一筆數據均是可以檢索和查找的，並追本溯源，逐筆驗證，同時，形成了一個不可篡改、不可偽造的數據庫。這種機制，從技術層面上解決

了時間的唯一性管理問題，確保了交易的不可逆轉性，有效防止「雙花」（重複消費）、詐欺、濫用和操縱交易等問題。例如，比特幣網絡，就是通過區塊鏈設定的各種規則，構建了一個難以攻破的、公開的、難以篡改交易記錄和製造虛假交易的城市系統，確保了比特幣的公信力。

區塊鏈的時間戳。時間戳是區塊鏈的最大創新點和特點。它的基本原理是：區塊（完整歷史）與鏈（完整驗證）相加便形成時間戳（可追溯完整歷史），即每個參與者在記帳並生成區塊時都加蓋時間戳，使得每一筆交易都具有了唯一性，並廣播到全網結點，讓每個參與結點都能獲得一份完整數據庫的拷貝，一旦你的信息經過驗證並添加到區塊鏈上，就會永久存儲起來，形成不可篡改、不可偽造、不可抵賴的數據。這就使得交易本身在區塊上的哪一個位置發生都可以精確定位且可追溯，給其他的校驗機制協同發揮作用提供了極大的便利和確定性，也使得整個區塊鏈網絡能夠確定性的驗證某筆交易是否真實。

6.1.3.4　安全性

在互聯網時代，信息安全至關重要。從廣義的角度來看，信息安全包括保密性、真實性、完整性、未授權拷貝和所寄生系統的安全性。從狹義的角度來看，信息安全是建立在密碼技術基礎上的。信息（數據）安全對於保險行業的意義是不言而喻的，而區塊鏈技術為信息安全管理開拓了一個全新的空間，繼而為保險的創新發展提供了新的可能。

保險是一個以信息為基礎載體的行業，保險業的生產過程，就是信息的處理與管理的過程，因此，保險風險必然與信息安全密切相關。保險業不僅有基於自身營運的信息安全問題，同時，還面臨著客戶信息安全，特別是隱私保護的問題。尤其在大數據時代，保險業面臨著很多新的挑戰，而應對挑戰的一個重要前提是解決好信息安全問題，否則，不僅創新發展無從談起，經營管理也面臨巨大的壓力。

安全性是區塊鏈技術的一個重要特徵。區塊鏈的安全性主要體現在兩個層面：一是協作節點之間的共識機制的安全性，即在能夠具有一定容錯能力的前提下保證共識的達成，並可識別出惡意行為且有效應對；二是數據本身的安全性，區塊鏈結構中應用了數字簽名算法、哈希算法

等多種密碼學算法組合，能夠保證數據的有效性、不可偽造性和不可抵賴性。區塊鏈的安全性解決方案，具有相對徹底和維護成本相對低的特點，因此具有廣闊的應用空間和前景。

6.2　實際應用

6.2.1　行業痛點

以下分析將立足於保險行業特徵，分析區塊鏈如何結合保險業務進行相應的運用，如何利用區塊鏈技術消除行業痛點，提升保險服務價值。

6.2.1.1　數據可得性

行業痛點：傳統保險固有的「道德風險」與「逆向選擇」問題。保險公司為了對風險進行勘察往往需要建立強大的核保部門或者依靠公估等第三方機構。

區塊鏈技術應用：利用區塊鏈自證明模式，通過區塊鏈的公開信息對個人身分信息、健康醫療記錄、資產信息和各項交易記錄進行驗證。

6.2.1.2　數據連續性

行業痛點：近年來，UBI（Usage-based Insurance）在國外得到了很快的普及（尤其是車險），中國目前用戶行為的數據則相當匱乏；而且消費者行為數據往往由承保保險公司擁有，消費者如果更換投保公司後其數據不能被其他公司掌握。

區塊鏈技術應用：利用區塊鏈存儲用戶數據，客戶信息獨立於承保人存在，數據能夠通過客戶的公共密鑰讓第三方獲得。這些完善的行為記錄將用來幫助強化風險測評、核保核賠等工作。

6.2.1.3　智能合同

行業痛點：目前保險理賠的處理通常都是手工操作的，這不僅耗費了保險公司巨大的人力資源成本，而且需要大量集中的校驗工作。手工操作容易帶來大量主觀決策和錯誤，引發消費者投訴；此外由於人工操

作的局限性，索賠進程緩慢繁瑣。

區塊鏈技術應用：自動化保險政策寫入智能合同，合同由代碼定義並自動強制執行，從投保到索賠無須人工干預，過程透明，結果準確，可以保護消費者隱私。

6.2.1.4 特殊風險

行業痛點：藝術品或其他特殊物品保險往往需要對保險標的進行合理的評估，傳統保險操作並未有統一有效的方法，對藝術品、寶石等特殊物品的風險評估難度大、誤差高。

區塊鏈技術應用：區塊鏈的技術特徵使得最初的出處隨永恆的時間與時間戳記錄下來，可用於追溯投保標的來源，並且之後所有者和物品所在地等信息都會被記錄在不可變的鏈式中，幫助評估風險標的。

6.2.1.5 保險詐欺

行業痛點：重複保險和騙保事件逐年增加，科技進步使得保險詐欺識別的難度越來越大，保險公司為了防止保險詐欺，投入了大量的法律和監督費用，但是仍然無法完全杜絕，給保險公司造成了巨大損失。

區塊鏈技術應用：區塊鏈的共識機制使得保險賠付得以發生，並且開放性和分佈式網絡使得賠付具有透明性，系統將不允許同一事件的多次索賠；同時保險公司也可以通過公有鏈數據對索賠歷史進行檢索，偵測潛在的騙保行為。

6.2.1.6 保險代理

行業痛點：通過第三方仲介機構（旅行社等）銷售保險是重要的銷售渠道，目前市場的仲介代理成本高，渠道費用無法及時結算引起保險公司和仲介機構的矛盾，仲介機構造假等情況也時有發生。

區塊鏈技術應用：建立保險公司和仲介機構的區塊鏈聯盟，雙方基於區塊鏈平臺進行交易的確認、記錄、對帳與結算，在標準情況下可以借助智能合同自動執行相關協議，避免造假，提高效率。

通過以上分析可以看出，區塊鏈技術可以幫助保險業突破現有的局限性，推動保險業的轉型與發展。

6.2.2 業內應用現狀

儘管區塊鏈技術在保險行業的應用多處於技術驗證階段，但應用場景的快速發展已然預示著該技術將給保險行業帶來變革性的影響。據調查，世界範圍內有超過半數的保險公司高層，已經認識到了區塊鏈技術對於保險行業的重要性，一些 IT 巨頭如微軟、IBM、甲骨文、阿里巴巴、騰訊等已經在區塊鏈領域開始佈局，有些甚至已推出了基於區塊鏈技術的產品或服務。

目前區塊鏈在國內外保險行業的應用主要有以下三類：第一類是使用區塊鏈技術在數據分散於多點的情況下，當某一條件觸發時按照既定規則完成保險的契約，即智能合約，如航班延誤險、失業保險等；第二類是再保險和共同保險領域，在再保與共保業務的交易撮合及結算時，區塊鏈用來增強交易及結算的效率和透明度；第三類是用於追蹤商品的生產/生長過程，利用區塊鏈的可溯源的特性用於追蹤農產品養殖過程或者貴重物品的生產和流轉。此外，區塊鏈在互助保險、航運保險以及積分管理等方面也已投入應用實踐或者應用探索。

區塊鏈技術的可追溯特性，可以讓服務流程更透明；區塊鏈的安全能力，可以很好解決數據傳播中的隱私保護及商業信息安全問題；而區塊鏈的共識機制，則從源頭上進一步保障了交易的可信度。正是由於區塊鏈的上述特性，它可以在很大程度上幫助保險業實現行業內、行業間以及用戶間大量分散節點的信息分享和連接，從而大大加速保險創新的空間和速度。

6.2.3 農戶養殖保險

眾安科技聯合連陌科技成立了「步步雞」品牌，首次將區塊鏈、人工智能、防偽等技術應用在農村散養雞養殖中。據瞭解，由於區塊鏈具有不可篡改的特點，該技術可以保證在養殖過程中，真實記錄從雞苗到成雞，再到餐桌過程中的所有數據，保證每只雞的信息溯源；同時還可以監控養殖環境的各項指標，對疫情狀況做出預警。

區塊鏈與保險的結合在於，區塊鏈的應用不僅能夠為農戶提供養殖

全過程的數據，同時還能將數據共享給農戶投保的保險公司，使保險公司同樣可以即時監控農業生產的全過程，對農戶資產的風險評估也就更準確，提供了風險定價和風險控制的依據。這不僅可以降低保險和信貸的風控風險以及評估成本，同時也增加了保險公司對農戶和養殖資產的承保熱情。

6.2.4 航運區塊鏈保險平臺

2017 年 9 月初，安永會計師事務所攜手區塊鏈專業公司 Guardtime 宣告創建全球首個航運保險區塊鏈平臺。這一全球性的區塊鏈平臺將保險客戶、保險經紀、保險公司和第三方機構通過分佈式分類帳戶相連。分佈式分類帳戶包含了客戶信息、風險類別和風險敞口等，此外也包含了保險合同相關信息。區塊鏈平臺功能包括：創建並維護源自多方的資產數據；將數據與保險合同相關聯；接收信息，並就對定價或業務流程產生影響的信息做出回應；聯結客戶資產、交易和支付信息；獲取並驗證最新的客戶通知和損失數據。

這一區塊鏈平臺的出現對航運保險長久以來面對的各種挑戰是重大利好。航運保險生態鏈較為複雜，往往涉及跨國業務。因為其參與方眾多，導致信息傳輸需時較長、各類文件和複印件繁多、交易量大、對帳困難。這些業務特性均可能導致數據透明度降低，加大合規與精準風險敞口管理的難度。該區塊鏈平臺將不同的數據和流程連接在一起，可減少數據不一致的問題，降低出錯率。

6.2.5 區塊鏈銀行保險業務平臺

中國建設銀行正在與 IBM 合作為其香港零售和商業銀行業務開發並推出一種區塊鏈銀行保險業務平臺。IBM 正在利用這種去中心化技術來簡化 CCB（亞洲）的銀行保險業務，這將實現即時共享的保險政策數據查看，將不再需要進行那些延遲保險產品處理時間的狀態檢查。所有的數據都將被記錄和共享在 IBM 的 Blockchain Platform 所創建的一種不可更改帳本上。

IBM 香港總經理 Francis Ngai 表示：「區塊鏈將使業務的開展摩擦更

少，信任更多。在與 CCB（亞洲）以及合作保險商的合作中，我們已經看到這種技術正在如何顛覆傳統業務流程。這項工作為未來的地方銀行和金融機構設立了一項標準。」這個區塊鏈平臺目前正處於 CCB（亞洲）與其保險供應商之間的測試階段。

6.2.6 區塊鏈積分通兌

積分本質上就是一種數字資產，是以商家自己的服務或者產品作為價值背書發行的數字資產。保險企業一直存在積分難於兌換、客戶活躍度不高的問題。原因有以下三點：

6.2.6.1 積分的查詢不便

保險公司沒有專屬的積分查詢平臺，消費者甚至搞不清楚怎樣去查詢自己的積分，查詢積分的成本較大，有些積分到期之前甚至都不通知消費者。

6.2.6.2 積分種類繁多，兌換過程繁瑣

有研究表明，中國人均擁有的積分超過了 20 種，但是很多人的積分都是停滯或者清零狀態，因為人們都懶得去兌換。

6.2.6.3 積分太分散，兌換難度高

很多人的消費積分都是很分散的，且數量較小，兌換商品要求的積分又比較高，用戶很難將自己帳戶上的積分兌換成自己心儀的商品。

以上問題的存在直接導致了中國積分兌換率不足 12%，而國外的積分兌換率已經超過了 50%，對於國內消費者來說積分就像是雞肋，食之無味棄之可惜。

區塊鏈技術的互聯網屬性決定了它對場景的依附性極高，因此無法脫離場景獨自發展。而積分作為一種常見的促銷手段，場景豐富且不算高頻。這兩者的結合，開啟了一種全新的應用模式。借助區塊鏈技術，不同行業的幾個企業構成一個聯盟鏈，在鏈上完成積分的發行，後續積分就可以自由地在鏈上流通，實現積分流通從單中心控制變成社會化傳播，在任何渠道都可以成為資產流通的催化劑，極大地提升了流通效率，客戶可以獲得更好的消費體驗，保險企業可以增加客戶黏度並拓展

獲客渠道。

「陽光貝」積分：2016 年 3 月，陽光保險採用區塊鏈技術作為底層技術架構推出了「陽光貝」積分。該積分可在陽光積分商城兌換成任何商品，用戶在享受普通積分功能的基礎上，還可以以「發紅包」的形式將積分向朋友轉贈、與其他公司發行的區塊鏈積分互換。

在該區塊鏈上，用戶基本上對於如何使用、流轉十分清楚。陽光保險的業務員可將紅包發給用戶，使用戶之間頻繁互動。「金融行業與用戶的交互存在天然的弱關係，陽光保險賦予積分分佈自由組織，讓保險公司與客戶高頻交互成為可能」。陽光保險集團公司未來中心創新推動負責人王行江稱。

從決定啟動區塊鏈積分項目到「陽光貝」的推出，陽光保險表示僅用了 2 個多月的時間。據數據反饋顯示，自「陽光貝」上線以來，陽光保險的積分利用率同比上升了 50% 以上，對於提升續保率也有顯著促進作用。

陽光保險區塊鏈積分應用的落地，將對區塊鏈技術在各行業中的落地應用是一個很好的示範。相信隨著參與企業的逐步增加，廣大積分用戶手中的積分將不再是「雞肋」，而是一份可流動、有價值的數字資產，或許某天可以兌換家門口餐廳的一份早餐。

6.3 應用場景之反詐欺

6.3.1 唯一性困境

根據區塊鏈技術特點梳理國內外保險行業的應用與嘗試，筆者整理出區塊鏈在保險行業的以下三大典型的應用場景。

「我是我」，這原本是最簡單的問題，卻又是最複雜的問題。人類社會為了解決這個問題耗費了大量的資源，包括機會成本，但仍面臨許多挑戰。區塊鏈技術的出現，為該問題的解決提供了全新的可能，並將開啟身分管理的新時代。這個時代的顯著特徵是去中心化，即人們不再依賴於一個第三方進行身分確認，而是使用基於區塊鏈技術的「數字

身分」。它不僅能大大改善身分管理的效率，還將改善社會的「身分公平」，推動社會文明與進步。

身分管理是保險經營管理的難題，並集中表現為「唯一性管理」。保險標的是保險利益的載體，同時也是經營管理的主要對象。「唯一性」是保險標的管理的基礎與重點，也是難點所在。從經營管理的角度來看，無論是「驗標承保」，還是理賠定損，均涉及保險標的「唯一性」識別和確認問題。從保險詐欺的情況來看，許多案例均是利用保險標的「唯一困境」展開，如「養老金冒領」問題。

「養老金冒領」之所以出現，除了在戶籍管理方面存在著問題外，還缺乏有效的身分認證技術，尤其是非現場身分確認是主要原因。因為許多老人可能臥病在床，不能親自到現場，難以進行身分認證。

6.3.2 詐欺識別

大數法則決定了保險經營需要在更大範圍內實現數據信息的共享，同時，在市場經濟條件下，容易出現保險公司之間的「信息不對稱」。由於保險知識具有一定的專業性和複雜性，因而保險人和消費者之間也存在一定的信息不對稱，詐欺也由此產生。目前的理賠流程需要在投保人、保險人和再保險人之間進行頻繁且耗時的書面交接，詐欺者因此可以借機就同一損失向多個保險人索賠，而保險經紀人也可以通過私售保單來獲取保費。在美國，保險業每年為了防範詐欺所投入的費用約為400億美元（不包括健康險）。保險詐欺不僅使保險公司蒙受損失，還會使美國普通家庭每年多承擔400~700美元的保費支出。

區塊鏈技術能使各保險公司更好地合作對抗保險詐欺。在分佈式帳本上，保險公司可將交易永久記錄，並通過嚴格控制訪問權限來保證其安全性。而將索賠信息記錄存儲到分佈式共享總帳上，有助於加強各保險公司合作，識別出整個保險體系中可疑的詐欺行為。其中，區塊鏈技術在鑽石交易領域的應用，給了保險創新新的啟示。

（1）鑽石交易：以 Everledger 為例，該公司運用區塊鏈技術為買家、賣家和保險公司建立了鑽石所有權的分佈式帳本。它們將160萬顆鑽石進行數字化處理，通過激光蝕刻將數字指紋印刻在了鑽石上，其中

包含了每顆鑽石的唯一可識別信息，如序列號、清晰度和切割情況等，而這些數字指紋隨後便會被保存在不可更改的分佈式帳本中。

這時，假如一位珠寶商謊稱鑽石被盜，並向保險公司提出了索賠。他為「被盜」鑽石偽造了證書，並將其當作新鑽石售賣。由於每顆鑽石的特徵均被 Everledger 的區塊鏈系統備案，當該鑽石被重新包裝出售時，保險公司可及時發現並追回它。

（2）陽光保險：陽光保險一直是中國傳統保險企業區塊鏈應用的先行者，其推出的「區塊鏈+航空意外險卡單」是國內首個將主流金融資產放在區塊鏈上流通的保險產品。

傳統的航空意外險中，保險造假、保險被渠道中間商抬高價格賺取差價的現象屢見不鮮。正所謂「羊毛出在羊身上」，最終還是轉嫁到消費者身上。所以，這些問題亟待解決。

多數航空意外險只有在飛機發生意外時才會出現理賠，所以在大多數情況下客戶買到假保險不易被發現。為了防止買到假保單，通過與區塊鏈技術結合，依託其多方數據共享的特點，可以追溯卡單從源頭到客戶流轉的全過程，各方不僅可以查驗到卡單的真偽，確保卡單的真實性，還可以方便後續流程，比如理賠等。

此外，為了防止被中間商抬高價格，轉嫁到消費者身上。區塊鏈航空意外險卡單設立在區塊鏈上，沒有中間商，其保險卡單價格會很明顯地降下來。

6.3.3　信息共享

在現在的保險經營中，保險公司和投保人的糾紛時有發生，而問題的關鍵都在於對投保人的個人信息缺乏一個真實可信的數據採集和存儲手段。隨著國家系統性工程的推進，如果能夠將更多權威的數據引入並存儲在區塊鏈上，這將成為伴隨每一個人的數字身分，這上面的數據具備真實可信、無法篡改的特點，對於投保人的風險管理將帶來莫大的益處。

「安鏈雲」平臺：眾安科技於近期開發了基於區塊鏈技術的「安鏈雲」平臺，並搭建了全球第一個部署在雲端的保險核心系統，應用區

塊鏈實現健康險電子保單存儲，將保單、客戶及理賠等信息放到去中心化的區塊鏈上。安鏈雲包括 Ti、X、S 系列產品，截至 2017 年 2 月底，已採用區塊鏈存儲技術處理健康險電子保單 21.27 萬份，涉及保費收入 3,736.36 萬元。

6.3.3.1 保險區塊鏈信息共享平臺

傳統的保險信息共享，通常採用構建「數據中心」的模式。這種模式不僅需要大量投資進行基礎設施建設，還將面臨巨大的維護成本。同時，這種模式在運行和使用過程中涉及大量的數據交換，面臨著信息安全和隱私保護的挑戰。

利用區塊鏈技術，以保險標的、投保主體、保險機構為維度，以保單管理為主線，以實現行業信息交互共享的訴求為目標，構建一個中立、安全、透明、高效的保險業信用信息系統和共享平臺。如利用區塊鏈，可以實現車輛信息、資產權屬信息等投保標的信息的核查記錄，建立投保人身分信息、醫療健康信息、財產信息、信用信息的上鏈登記，整合保險機構的保單投保信息、出險理賠記錄、保險詐欺信息、保單保全信息等關聯記錄，保證上鏈信息的真實、完整、中立、高效、安全、可溯，以實現保險客戶的身分在線校驗、信用驗證和風險識別。

6.3.3.2 中國保險信息共享機制

中國保險業在中國保監會的指導下，集合行業的力量，於 2013 年成立了中國保險信息服務有限公司（以下簡稱「中保信」），搭建了相對獨立和中立的保險信息平臺，成為中國保險業的重要公共基礎設施。

中保信全面整合了全國各地分散建設與管理的車險信息平臺，順應市場化、互聯網化、大數據時代的趨勢，精心構思和打造了全國新一代車險信息平臺，使之成了支撐車險市場改革與發展的新型基礎設施。同時，針對保險業的發展需求，建立車險平臺、健康險平臺、仲介雲平臺和保單登記平臺建設，並成為保險行業與相關行業數據交換的「窗戶」和「接口」。

引入區塊鏈技術後，不再需要中心機構對數據進行收集和整合，可以直接將不同保險公司與保險仲介機構之間的數據打通，相互借鑑，可

以提高核保、核賠的準確性和效率。例如，在醫保中，如果能在區塊鏈上查詢到投保人所有的就診記錄，甚至直系親屬的就診記錄，對於投保人當前的身體狀況、患病史、家族病史就有了第一手的資料，可有效地杜絕帶病投保的情況。

6.4 應用場景之智能合約

6.4.1 合同效率

經濟合同是經濟社會運行的基礎，但合同運行效率不高，特別是剛性和公平問題，已經成為現代社會一個十分突出的矛盾。社會各界，尤其是司法部門，為此付出了巨大努力，消耗了大量的社會成本，但成效仍不盡如人意。

合同的效率不僅僅是經濟問題，也是社會問題。因為，合同的執行，往往受到當事人的能力，特別是法律意識和知識的影響。這種以個體的能力影響甚至決定合同執行的現象，顯然有失社會正義和公平。

區塊鏈和智能合約的出現，為合同的執行提供了顛覆性的變革，即從依靠人作為「外力」到交由程序的「內力」執行，其核心是改變了「理解主體」，從當事人或法官，到程序和機器，從根本上解決了剛性和公平問題，使合同效率有了基本的保障。

6.4.2 智能合約

傳統合約是指雙方或者多方通過協議來進行等值交換，雙方或者多方必須彼此信任，才能履行交易，否則一旦一方違約，可能就要借助社會的監督和司法機構。而智能合約則無須信任彼此，因為智能合約不僅是由代碼進行定義，也會由代碼強制執行，完全自動且無法干預。

舉一個簡單的例子，我和一位朋友（簡稱小明）一起看球賽。巴薩對皇馬，我支持巴薩，他支持皇馬，我們各押了100元錢，約定如果誰支持的球隊輸了，那麼對方就獲得所有的賭註。在這種情況下，如果我和小明都是很守信用的人，那自然也就沒什麼問題。但是假如這個時

候小明想要耍賴，就是不願給我那 100 元錢，理論上我也拿他沒辦法，畢竟我們沒有寫紙質的合同，更沒有簽字蓋章，如果想請求法院幫我們主持公道，為了 100 元打官司，估計連訴訟費都不夠。

上面提到的這種違約案例，可能在社會上經常會出現，一方違約就可能需要消耗大量的社會資源去保證合約的正常執行，但是如果這個合約是寫入區塊鏈的代碼中，那麼情況就不一樣了。一旦比賽結果揭曉，那麼智能合約代碼就會自動執行，也就是說代碼會自動把資金轉到我的帳戶下。當然如果是放在區塊鏈上，那麼資金就應該是虛擬數字貨幣。也就是說代碼把原來一系列很複雜的社會監督和公正體系要做的事情給代替了，而且速度極快、成本極低。

總的來說，智能合約即是將合約的條款寫成代碼的形式，存放到區塊鏈中，一旦合約的條款觸發某個條件，那麼代碼就會自動執行，因此節省了很多人為的溝通和監督成本。

6.4.3 智能合約在保險上的優勢

儘管基本的保險合同都可以歸結為「合同雙方同意，在某一獨立事件發生後，保險公司支付一筆費用」，但在實際操作過程中，經常會出現各種複雜的情況。理賠調查員需要對理賠案件的真實性和賠償金額做出評估，而當投保人和調查員之間就某些條款的理解出現分歧時，雙方就會產生難以調和的矛盾。此外，投保人和保險公司之間往往都因存在潛在的騙保、拒賠等問題而彼此不信任。只要發生了上述事件，保險公司就不得不承擔額外的營運費用，而這些費用經常會以保費上升的形式轉移到消費者身上。

將基本的保險合同用「if-then」的語句進行數字化改造，可以幫助保險公司減少大筆的營運費用，同時也會解決盤桓在消費者和保險公司之間已久的信任和透明度的問題。

（1）相比於紙質的保險合同，智能合約體系下的保險合同都是電子化的，並被保存在區塊鏈帳本之中，無法被人篡改。

（2）相比於讓投保人自己管理紙質保單（紙質保單可能會丟失，或者因火災等事故被銷毀），在智能合約體系下，投保人無須為保存保

單操心，而且不論是保險公司，還是投保人或受益人，他們隨時都可以通過區塊鏈來瞭解保單中的詳細內容。

（3）相比於讓受益人通知保險公司，智能合約可以通過預言機（oracle）對特定信息源進行監控，在自動獲得受保人死亡的信息後，及時通知保險公司。

6.4.4 現階段的應用

6.4.4.1 航班延誤險

航班延誤險是針對乘客在搭乘飛機的過程中，因自然災害、惡劣天氣、機械故障、被劫持、航空公司雇員罷工或者臨時抗議活動、恐怖分子、航空管制以及乘客自身原因，遭遇到所搭乘的航班起飛時間延遲，保險公司按照事前的延誤時間和賠償金額的約定進行賠付。

從表象上看，航班延誤險是保險公司基於移動互聯網技術，實現「場景」和「碎片」經營。但從本質上看，這一業務的基礎是航班信息動態的獲取和共享，包括與中航信、航班信息服務商、移動支付、保險 APP 等平臺的合作，並在此基礎上實現自動核保、理賠、收付費的一條龍模式，是一種全新的「全 E 化」的商業模式。

通過區塊鏈技術儲存了一個只能航班延誤險合約，又通過技術與互聯網相連，獲取公開數據。在這一前提下，航班延誤一旦發生即為事實，是公開的記錄，不會被偽造或者修改，也不依賴於個人主觀意識的判斷。所以，一旦航空延誤發生，智能合約立即被執行，自動支付理賠。

與此相類似的，還有在旅遊保險中，旅程開始保單自動「激活」，旅程結束後保單自動「失效」，未按照提前設定的時間完成旅程則啓動索賠算法程序；在家庭財產險中，當檢測到異常事故時，自動觸發索賠條件。

6.4.4.2 善終費用險

善終費用險是指當受保人死亡後，保險公司將會支付一筆用於操辦葬禮的費用。在某些文化中，人死後舉辦一場體面的葬禮是非常重要

的。然而，有些經濟困難的家庭並沒有能力承擔突如其來的葬禮支出。跟個人壽險一樣，針對善終費用險的智能合約可以讓預言機監控「社保死亡主檔案」和其他渠道的信息。投保人在購買保險時，可以自行選擇預言機的監控目標，甚至可以選擇在理賠發生時，直接將賠償費用打給葬禮服務提供方。

社保死亡主檔案：在美國，該檔案會更新每一個擁有美國社保的人的死亡記錄。保險公司可利用預言機對其進行監控，當有受保人出現在這份檔案上時，保險公司可以直接啓動理賠程序。目前，該檔案的更新頻率為一週一次，而且死者家屬必須將死亡信息上報給美國社保總署，其死亡信息才會被更新。因此，保險公司可以讓預言機同時監控社交媒體等其他網絡信息源，從而在執行理賠程序前，可以更快速地獲得更準確的信息。

6.4.4.3 失業保險

Dynamis：Dynamis 是一款基於職業社交關係的智能合約補充失業保險產品。加入此保險的企業員工都有一個 Dynamis 帳戶，雇主將保費存放於一項智能合約中，並將此作為支付員工的遣散費，如果沒有任何索賠，隨著時間的推移，保費會隨之下降。員工於失業後重新尋找工作時，即可收到支付，未來並可將其保單移轉給新雇主。此外，由區塊鏈技術可確保遣散費資金實際用於員工，而非由公司所持有且任意改變合約條款。

Dynamis 使用 Oraclize 服務將區塊鏈連接到互聯網上的 LinkedIn 作為申請者聲譽的認證系統，對於失業保險的申請必須使用 LinkedIn 來驗證身分與就業狀況，以確認失業事實。一旦失業事件發生，Dynamis 就會把 LinkedIn 上的工作狀態變化作為理賠依據，並通過向投保人在 LinkedIn 上的職業關係熟人核實其失業狀態真實性，實現預言機對真實世界信息的自動獲取與核實。

6.4.4.4 醫療保險

在醫療保險領域，患者、醫療機構、保險提供商之間組成了一個三角關係。每一個交互中，都存在效率低下和服務複雜的問題。

對保險服務提供商來說，保險成本高，特別是管理成本。保險提供商必須將很大的精力花在合同的簽訂和管理、維護數據庫、款項的支付和收取、索賠檢查、資料審定等方面。一個數據顯示，2018 年美國帳單和保險相關（BIR）活動成本將達到 3,150 億美元，比 2007 年增長 100% 以上。

對患者而言，大多數患者及其家屬面對醫療帳單和第三方報銷流程時，充滿了未知和恐懼。保險報銷的複雜性使其流程變得冗長，患者也有很多疑問很難解決，如是否可以報銷、如何報銷、什麼時候報銷。

對醫療機構來說，每年也有相當多的時間花費在保險報銷過程、病歷資料的整理、保險服務提供機構和政府審計等等。

事實上，絕大多數索賠其實並不複雜，可以在一個完全自動化的過程中用相對簡單的邏輯進行處理。利用區塊鏈的智能合約技術，實現保險索賠的完全自動化的流程是可行的。在這類區塊鏈項目中，運行著兩種類型的數據，一是醫療健康記錄，二是保險合同。

由於醫療健康記錄數據的安全極為敏感，區塊鏈技術的應用又極不成熟，所以醫療健康記錄目前上鏈的難度還很大，可以採用接口的方式將兩者結合起來。將區塊鏈和快速醫療互操作性資源（FHIR）的 API 接口相連接，將數據輸出限制為只有智能合同執行所需的數據。與每個索賠相關聯的臨床護理細節作為參考地址存儲在區塊鏈中，但由符合 FHIR 的 API 提供。在區塊鏈中存儲臨床信息的 URL 連結，而不是實際的臨床醫療數據，從而最大限度地減少了節點共享的敏感數據，同時仍然實現了互操作性，並發揮了區塊鏈的優勢。

從合同這個單詞的理解上來看，保險合同的智能執行是最容易理解的應用，但其實幾乎所有的區塊鏈應用都會用到智能合約。這裡的合約並不僅僅局限於合同的執行，而是滿足某種條件後的自動執行。

（1）解決醫療數據的流動問題。在智能合約的保護下，醫療數據輸出到其他醫院，由醫生身分的用戶進行一次性閱讀，使用後便銷毀，免除了醫院對自己數據安全的擔憂。

（2）對慢性病用戶上傳的持續醫療數據進行監控，一旦指標超出標準，就提醒醫生和患者雙方注意，並完成自動掛號等行為。

6.4.5 智能合約存在的爭議

6.4.5.1 合同本身是不是雙方真實意思的表達

在現實世界中，我們撰寫的合同除了受合同細節的約束外，還受到了外部法律和行業慣例的約束。而在智能合約中，外部法律和行業慣例如果不能嚴格地體現在合同中，那麼合同就不是雙方真實意思的表達了。

在現實世界中，我們撰寫的合同通常是由律師或者法律專家來幫我們完成的。不同水準的法律專家，其完成的合同嚴謹程度是不一樣的。同樣在智能合約中，我們撰寫的合同是由程序員幫我們完成的，程序員的水準決定了合同的嚴謹性。還有一點，程序通常都會有 bug，這些 bug 是否會導致嚴重的損失，在 bug 沒有被發現之前，都不得而知。

6.4.5.2 合同的仲裁機構是誰

在現實世界中，我們通常都會在合同中約定一旦發生糾紛，請哪個仲裁機構對合同進行仲裁。而在區塊鏈中，尤其是公有鏈平臺上的智能合約，一旦我們認為合同沒有表達雙方真實的意思，我們無法找到一個仲裁機構對合同進行仲裁。

在聯盟鏈中，由於各方的各個節點的身分都是已知的，現實世界中的司法機構是可以介入智能合約糾紛的。但是這種介入有時候可能會影響整個聯盟鏈系統的穩定性，在這種情況下，怎樣介入是一個技術問題，而這個技術問題又可能會帶來新的 bug。

6.5 應用場景之互助保險

保險的本質在於「互助」。隨著互助型保險在中國的落地，以及 P2P 保險模式的出現，以區塊鏈為代表的新技術，將為此類新型互助型保險的發展提供廣闊的探索空間，助力保險業迴歸互助本質。

6.5.1 互助保險的概念

互助保險，是一群有共同要求和面臨同樣風險的人自願組織起來，

定義好風險補償的規則，預交風險補償分攤資金，從而保障每一個參與者的風險損失。它是不以謀利為目的，以互相幫助為原則，實行「共享收益，共攤風險」的保險形式。

商業保險，是由專門的保險經營企業，以營利為目的，訂立專門的合同向用戶銷售風險保障服務。它是個人和經營企業之間的一種合約關係。

互助保險與商業保險最大的不同是商業保險的承保人是公司，其利益與客戶對立，而互助保險的承保人是每一個參與者，實現了保險人與被保險人的身分合一。

6.5.2　互助保險的發展情況

互助型保險以其互助的業務本質、高效的運作效率，開始成為保險消費者關注的焦點，其中，相互保險和 P2P 保險的發展最為引人關注。

6.5.2.1　相互保險

根據中國保監會 2015 年初發布的《相互保險組織監管試行辦法》的定義，相互保險是指具有同質風險保障需求的單位或個人，通過訂立合同成為會員，並繳納保費形成互助基金，由該基金對合同約定的事故發生時所造成的損失承擔賠償責任，或者當被保險人死亡、傷殘、疾病、達到合同約定的年齡、期限等條件時承擔給付保險金責任的保險活動。

事實上，在世界保險業，相互保險已經有幾個世紀的歷史了，並已發展成為主要的保險形式。而中國由於政策和法律環境的空缺，一直沒有進行全面的相互保險發展。2015 年初，保監會出抬了《相互保險組織監管試行辦法》，為相互保險在中國的落地提供了有力的政策支持。2016 年 6 月 22 日，保監會批准了眾惠財產相互保險社、信美人壽相互保險社、匯友建工財產相互保險社的籌建，標誌著相互保險在中國正式落地。

6.5.2.2　P2P 保險

P2P 保險通過點對點的保險互助模式，以去中心化的方式，在特定

人群中分擔相同的風險。在本質上，P2P 保險模式是金融科技與相互保險模式結合的產物。

客戶在註冊成為 P2P 保險公司會員之後，可以自行邀請或是由平臺進行匹配，形成具有相同需要、相同風險偏好和相同屬性的理賠小組；每位會員繳納的保費會形成資金池，或者將部分保費用來購買傳統保險產品；如果在保險期內沒有理賠發生，則每位會員可以獲得保費返還或以更低保費購買下一期保險的權利。該模式對索賠率低的優良消費者有著很大的吸引力。

在實踐層面，不同的 P2P 保險公司採取的營運模式各具特點。比如，在 2010 年，為幫助出險率低的優良客戶而創立的德國 Friendsurance 公司，以小組為單位投保，保費的 60% 用來購買傳統保險，40% 形成資金池，用來進行小額理賠，或保費返現。2014 年 6 月上線的英國公司 Guevara，主要經營 P2P 模式的車險，保費分為傳統車險和理賠資金池，小組的人數越多，資金池的比例就越高。

6.5.3 互助保險在中國面臨的挑戰

6.5.3.1 多數企業能力不足

相對於傳統商業保險業務，互助型保險業務的保費相對低廉，獲利空間較小，傳統商業保險公司缺乏開展此類業務的動力，故而只開展互助型保險業務的平臺，以新進入保險行業的初創類企業為主。因此此類互助型保險平臺初期缺乏開發相應保險合同及條款的能力與資質，平臺可能會將有相同保險需求的客戶利用社交網絡進行集中，平臺代表該客戶群，與相關有能力和資質的保險公司進行協商，開發相應的保險合同及特約條款，最終淪為普通的保險經紀線上平臺。

6.5.3.2 費率釐定困難

不同於傳統的團體保險中被保險人來自於同一公司或團體，個體之間的風險等級相似度高，網絡平臺的客戶來自於各行各業，且個體之間的差異非常明顯，雖然有相同的保險需求，但相互之間的風險等級相差很大，且國內保險市場缺乏互助型保險業務的實際數據，從而導致費率

厘定困難。

6.5.3.3 信用體系不完善

中國個人信用系統的建立處於起步階段，相對於發達國家成熟的信用體系還不夠完善；推廣互助型保險模式的平臺以及承保的保險公司，難以從多維度界定客戶個體的風險等級。

6.5.3.4 安全問題

由於保險合同的特殊性，投保人在投保登記時，需要登記記錄大量敏感的個人信息。互助型保險平臺能否妥善保管好客戶的敏感信息，以及有需求的客戶是否敢於將如此之多的敏感信息在平臺進行登記，也是面臨的挑戰之一。

綜上，互助型保險在國內面臨的最大挑戰，可以歸結為「信任」層面的挑戰。對於老牌的商業保險公司，通過多年的經營，逐漸與累積下來的忠誠客戶形成雙向「信任」，盈利模式相對穩定，缺乏開展互助型保險的動力；而對於有意願開展互助型保險的機構，往往缺少消費者的「信任」，同時，該類從業機構，對於業務開展初期主動上門的客戶也難以做到足夠的「信任」。

6.5.4 區塊鏈與互助保險的結合

區塊鏈與互助保險的結合，不僅僅是利用區塊鏈重構信任，破解互助保險的信任問題，更重要的是利用區塊鏈、互聯網、大數據等技術的集合，創新一個更加公平、透明、安全和高效的互助機制。

無論是傳統的互助，還是現代的保險，在實現互助的過程中，都存在著相對被動和粗放的問題。參與互助的個體，往往是被動地參與，缺乏知情權，更談不上選擇權。同時，「互助單位」相對籠統，難以反應不同群體的風險特徵和分散訴求。這種模式不僅導致互助水準相對低下，更缺乏對互助個體的尊重。在傳統的制度和技術環境下，這些問題即使人們意識到了，也難以解決。

區塊鏈的「分佈式自治組織」技術為構建一個更加理想的互助組織提供了邏輯和技術保障。在這一技術邏輯框架下，保險和相互保險均

可以構建一個「合而不同」的新互助模式，即人們將根據各自的風險偏好，形成一種相對個性的互助組合，同時，不同組合之間可以在一個更大範圍內實現互助和平衡。最重要的是：它賦予了個體更多的主動選擇的可能性，以及對組合風險的知情權。

優勢一：緩解信息不對稱

保險業的信息不對稱是雙向的，多數情況下，保險公司對於新投保客戶，或新業務的開展，只能從概率上進行假設和驗證來預計風險，難以有效區分不同的風險標的。該模式導致的直接結果，就是對於大部分「表現良好」的消費者，保費居高不下，遠高於適合的保費水準。另外，消費者對保險產品瞭解的不足，對繁復條款的漠不關心或者望而卻步，使部分行業道德較低的保險公司，可以利用這一點設置諸多拒絕賠付的理由，從而使消費者的利益受到了損害。

建立在區塊鏈技術上以智能合約形式存在的互助保險，能夠有效緩解信息不對稱的問題。保險人的披露信息和每一位消費者的風險狀況，都被即時記錄在區塊鏈上，並且不可篡改；消費者的疾病史、診斷信息、汽車的牌照信息、修理歷史等信息也全部記錄在冊，騙保等風險會相應降低；保險人也可以通過理賠歷史分類管理消費者。通過區塊鏈技術解決信息不對稱的問題，可以減少索賠糾紛，有效緩解理賠率居高不下的狀況。

優勢二：補足互助保險公司的專業性

保險業始終是關係到國計民生的重要行業，任何保險產品的面世，均需接受監管和合規的各種要求。同時，保險產品包含多個專業細分領域，如重大疾病保險、人身意外保險、財產保險等，保險產品的開發需要精細的測算，其風險定價模型需要建立在專業的分析和假設之上，而在保險業務實踐層面的責任認定、後續保全等重要環節，同樣需要反覆商討。對於傳統的保險從業機構，要將上述各層面的業務環節進行有效佈局，需要有經驗的專業機構或專業人士來完成。

對於保險行業的初創公司，快速累積首批客戶的關鍵因素，在於能否根據市場需求和科技趨勢，推出符合客戶需求的創新型保險產品及模

式，但其專業性通常成為客戶擔憂的因素。如果這一切發生在區塊鏈上，保單以智能合約的形式存在，區塊鏈互助型保險公司不需要過多的專業性維護與營運決策，消費者可以隨時瞭解到資金池的透明運作，監管部門可以隨時查看風險和合規狀況，確保了初創公司不會發生重大違規事件，有效控制了決策道德風險。

優勢三：滿足更多保險市場保障需求

中國目前保險產品種類雖多但創新不足，在國外很多普遍的領域（如高額醫療費用）仍存在空白。保險的核心是利用大數法則分攤風險，新型的初創區塊鏈互助型保險公司，可以利用區塊鏈記錄的數據進行更優的專業分析，在眾多細分領域發展「小而美」的產品，比如重大疾病心理輔導保險；同時，通過簡化條款和流程，提高保險的覆蓋率和滲透率。區塊鏈互助型保險公司，通過區塊鏈的不可逆性和時間戳功能，能夠在更多信用記錄缺失的領域發展全新的保險產品；中國保險業在高風險領域鮮有涉足，例如，自願器官捐獻的醫療保險、胎兒先天性疾病保險，都可成為區塊鏈互助型保險公司未來的業務領域。

優勢四：去信任化的人人互助

區塊鏈蘊含的巨大能量能夠幫助人們在信息不對稱的情況下，在有效和真實無從判定的環境中，建立起去信任化的社會，使經濟體順利運行。因此，建立在智能合約上的互助保險公司所扮演的地位不再是資金池的任意操控者，也不通過抽取佣金和拒絕賠付來獲得利益。參與其中的消費者可以來去自由，可以透明地看到發起者的行為和資金池的運作，也不再需要擔心騙保風險和跑路風險，所有的保費和理賠全部點對點化，真正滿足了人們的被保障需求，使保險業進入去信任化的人人互助時代。

綜上，當金融科技帶領保險業走進更多精細化領域的世界，區塊鏈互助型保險將在很大程度上解決行業痛點，讓市場需求得到真正的滿足，使人們面臨的風險得到分擔和互助，權益得到真正的保障；隨著全新信任時代的來臨，區塊鏈將幫助保險迴歸到互助的本質。

6.6 區塊鏈在保險業的發展前景

6.6.1 大規模商用需要解決的技術難題

目前區塊鏈應用大部分還處於技術驗證階段,尚未大規模商業推廣,這與區塊鏈技術未完全成熟不無關係,比如處理高頻交易的性能問題,隱私和安全方面的不足,軟件可開發、可運維能力的缺失等。未來,區塊鏈要適應保險行業大規模商用,需要解決如下技術難題:

6.6.1.1 安全隱私保障

區塊鏈技術是將交易記錄在全網廣播,以保證其不可篡改。但全網廣播的方式也增加了信息洩密的可能性,這就產生了信息安全保密與信息不可篡改之間的平衡問題,需要協同科研機構共同研究探索。

6.6.1.2 與移動及物聯網技術的結合

區塊鏈技術本身不產生數據,主要運用於數據的可信傳遞。而移動應用及物聯網的不斷推進,將帶來越來越多透明化處理大規模分散的敏感數據的需求。區塊鏈技術需要與移動互聯網技術及物聯網技術深度結合,幫助行業實現與智能終端的可信互動。

6.6.1.3 性能的提升和保障

區塊鏈技術本質是上分佈式帳本,即通過增加存儲、網絡傳輸的冗餘度來減少商業中不可信交易產生的摩擦成本。而冗餘自然會造成區塊鏈技術大規模商用的性能問題,而解決該問題的核心是共識算法的優化。

6.6.2 行業應用發展前景

之前互聯網的發展,使得信息傳遞成本幾乎為零;當前區塊鏈的技術和發展理念可逐步實現幾乎為零成本的價值傳遞,從而大幅度降低交易成本。區塊鏈技術也將逐漸成為未來價值傳遞網絡中不可或缺的一部分。

6 區塊鏈與保險

在保險行業內，甚至是相關行業間，在合規的前提下需要大力度加強數據共享，幫助保險企業瞭解老百姓的保險需求，開發出解決老百姓問題、滿足社會需要的產品。在這些方面，區塊鏈技術大有可為。根據 Gartner（顧能公司）的預測，區塊鏈技術的市場價值在 2025 年將達到 1,760 億美元的規模，到 2030 年將達到 3.1 萬億美元的規模。區塊鏈技術亦被其列為未來 5~10 年帶來變革性影響的科技。

結合區塊鏈在保險行業的應用探索實踐來看，區塊鏈在近中期可以在以下四個方面給保險行業帶來較大的應用價值：

6.6.2.1 客戶認知方式（KYC）的變革

基於區塊鏈的客戶信息數字化管理，可以簡化用戶的投保流程，提高保險機構風控能力。愛沙尼亞借助區塊鏈技術已經實現了「e 居民」，可在區塊鏈上享受結婚證明、出生證明、商務合同及其他服務，並計劃將區塊鏈技術運用到公民電子健康記錄系統中。

6.6.2.2 對健康險變革的推動作用

隨著可穿戴設備的出現，消費者開始意識到主動管理自己的健康、醫療及保險的重要性。運用區塊鏈技術將運動、健身、保健、醫療及保險數據結合，將在充分保護用戶隱私的前提下，對現有健康險的定價、理賠等流程帶來重要影響。

6.6.2.3 再保險變革的推動作用

再保險仍存在很多手工、郵件處理的傳統方式。普華永道研究結果表示，再保險業採用區塊鏈技術可以將大部分業務流程自動化，減少人為錯誤，節省勞動成本，為再保險業者節省 15%~20% 的營運費用。

6.6.2.4 互助保險變革的推動作用

互助保險的一個重要話題就是互助會員與互助保險機構的信任問題，而區塊鏈的技術特性可以在解決多方交易信任問題方面發揮重要作用。用區塊鏈技術配合監管政策可以推動互助保險的發展。

6.6.3 應用方向的選擇與思考

綜觀現階段保險企業的區塊鏈應用，大多處在概念或實驗層面，缺

乏影響力與應用規模。此外，在應用方向上集中在智能合約管理領域。考慮到這一方向的全面實施需要全行業乃至於社會的廣泛參與和推動（如自動賠付的航班延誤險合同，需要與航空公司建立基於區塊鏈的數據共享系統），推廣的不確定性因素較多，短期內難以實現規模化的應用和充分的影響。為了更好地發揮區塊鏈技術優化保險企業經營方面的價值和作用，下一階段應從當前的經營實踐出發，重點關注以下三個領域：

6.6.3.1 建立基於區塊鏈的總帳系統

結合監管披露數據，近年來保險業帳務造假的案件並不少見。如何有效地監控財務數據，化解財務風險，一直是保險企業重點關注和致力解決的問題。而區塊鏈技術能夠有效地防止數據篡改，保證數據真實性，因此在這一領域具有很強的針對性和優勢。未來保險企業應重點研究建立區塊鏈總帳系統，並在帳表與帳實一致性方面加入防篡改的數字簽名，從根本上提升帳務數據的真實性，並為帳務稽核提供更加真實可信的數據基礎。

6.6.3.2 實現銷售軌跡的可回溯

為了減少銷售誤導等因素引起的合同糾紛，保監會正在研究建立銷售行為可回溯的制度法規。為了更好地適應這一監管方向，保險企業可嘗試構建私有區塊鏈平臺，對關鍵性的銷售過程行為（如重要條款告知、投保確認等）均通過該平臺進行記錄，利用區塊鏈的技術特性解決雙方篡改與抵賴的可能性。

6.6.3.3 與仲介渠道共建聯盟區塊鏈

渠道費用無法及時結算已成為當前保險公司與仲介機構擴大合作的一大障礙。制約結算即時性的主要問題，就在於對帳數據缺乏必要的防篡改保護，導致交易雙方需要投入大量精力來進行帳務明細的比對。參照銀行業的做法，未來可以考慮由保險公司與仲介機構共同建立區塊鏈聯盟，雙方均基於區塊鏈平臺的交易數據進行對帳與結算，從根本上提高渠道結算效率，更好地推動雙方的業務合作。

7　區塊鏈與證券

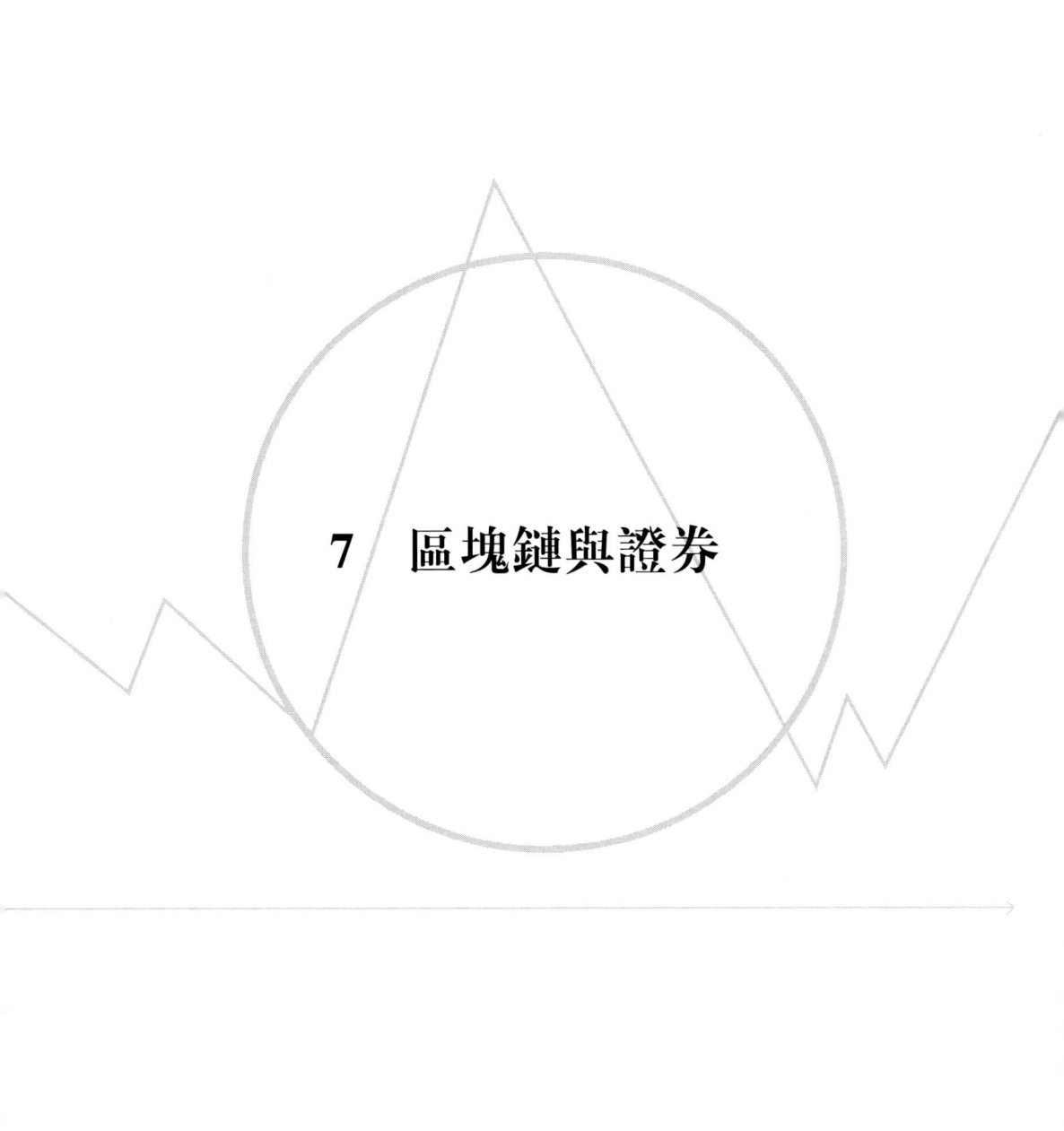

7.1 基於區塊鏈的證券市場

證券市場是現代金融體系的重要組成部分，因比特幣而興起的區塊鏈技術，為數字世界裡的價值守恒提供了一個基於密碼學、分佈式系統和點對點網絡通信的解決方案，並日益成為證券市場參與者所熱捧的技術。在區塊鏈模式下，價值的互認及流通將變得更加簡單、明確、便捷，基於區塊鏈技術的金融應用將爆發蓬勃的生命力，區塊鏈技術在證券市場中的應用有巨大的潛力，證券發行與交易、結算清算、資產證券化、司法監管等各流程環節均可以實現與區塊鏈技術的無縫對接。雖然這一技術目前還處於研究、測試階段，但各大金融機構已經開始競相加大投入力度，渴望能在這一領域搶占高地。本章將結合區塊鏈的技術特性對其在證券業中的應用做詳細介紹。

7.1.1 應用潛力巨大

結合區塊鏈的技術特點，在證券投資領域，區塊鏈主要應用於證券的發行與交易、結算清算、資產證券化三個領域。

（1）區塊鏈技術可有效提高首次公開發行透明度，降低信息不對稱性。目前中國採用核准制開展 IPO，往往同一家券商同時兼任保薦人與承銷人。保薦人目標在於規範發行工作，保證信息的真實性；而承銷人則以獲取佣金為目的。這兩種身分中存在一定程度的目標衝突，為上市發行詐欺創造了充足合理的動機。在現有基礎上為首次公開發行引入區塊鏈技術，可將相關信息充分透明、公開化，降低仲介機構作用，規範發行市場，降低發行費用。此外，區塊鏈技術可使證券交易流程變得更加公開、透明和富有效率。通過開放、共享、分佈式的網絡系統構造參與證券交易的節點，使得原本高度依賴仲介的傳統交易模式變為分散、自治、安全、高效的點對點網絡交易模式，這種革命性的交易模式不僅能大幅度減少證券交易成本和提高市場運轉的效率，而且還能減少暗箱操作與內幕交易等違規行為，有利於證券發行者和監管部門維護市場秩序。

（2）區塊鏈技術可以簡化清算流程，降低結算過程中的風險。在傳統的交易後臺系統中，撮合成交完成後還要經歷交易確認、清算、交收三個環節，需要證券交易所、證券託管局、券商、銀行等金融仲介機構的參與協調配合。其中每一個機構都需要完成相應的交易確認、記帳等工作，存在較長的時滯，增加了交易的風險。區塊鏈技術應用於清算系統將大大簡化這一複雜的流程，由礦工們通過驗證數字簽名和一定量的工作證明確認交易的真實有效性，並完成資金的劃撥以及證券的交割，這將大大縮短清算時間，減少結算風險。

（3）區塊鏈技術可有效防範資產證券化中的操作風險，提高透明度。資產證券化因其涉及原始權益人、特殊目的實體、擔保人、投資者等多方利益，對託管、信息披露等問題要求較高。但儘管如此，因其複雜性仍會造成部分違約情況。通過結合資產證券化的可操作特性，可為相關交易結構與產權變更設定交易邏輯，從根本上防範操作風險。同時，因資產證券化涉及優先、劣後、流動性補充條款等事項，通過區塊鏈技術及時更新基礎資產情況並對相應閾值發出報警，有利於監督合約履行與投資者自身權益的實現，防範金融詐欺事件發生。

7.1.2 區塊鏈在交易所的佈局

雖然目前區塊鏈技術尚處於研究與測試階段，但如果應用成功，將極有可能成為一項重要的戰略資源和顛覆整個金融業的底層應用技術。目前，世界範圍內各大證券交易所紛紛佈局區塊鏈，美國股市營運商納斯達克（NASDAQ）在 2015 年首次推出了私人股權交易平臺聯客（Linq），成為第一個進行區塊鏈概念驗證的金融機構。紐約證券交易所（NYSE）在 2015 年 1 月投資了比特幣服務公司 Coinbase，並在之後推出了比特幣價格指數，充分顯示了 NYSE 對比特幣及其底層區塊鏈技術的濃厚興趣。澳大利亞證券交易所（ASX）向區塊鏈初創公司數字資產股份公司（Digital Asset Holdings）投資超過 1,000 萬美元，在驗證區塊鏈技術的同時還建立了一個新的交易後清算結算系統。究其原因，主要是區塊鏈技術的多項優點：

（1）證券交易的前臺系統承擔著撮合交易的功能，後臺系統則負

責交易的清算與交收，兩個系統流程和環節較多，使得各大證券交易所處理交易的時間和金錢成本較高。而區塊鏈技術能夠簡化這些複雜的流程和環節，實現證券發行人與投資者的直接交易，減少前臺和後臺交互，從而可以節省大量的人力和物力。

（2）傳統的證券市場以交易所為中心，交易所的交易系統保證全部交易的正常進行，對交易所交易系統的依賴性過大，一旦交易系統被攻擊或者出現故障，就很可能導致整個交易網絡的癱瘓。區塊鏈技術利用許多分佈式節點和高性能服務器來支撐點對點網絡，整體運作不會因部分節點遭受攻擊或出現問題而受到影響。

（3）因為全部資產以及證券交易都能夠以代碼或者分類帳的形式體現，通過對區塊鏈上的數據處理程序進行設置，證券交易就可以自動在區塊鏈上實現，交易所的自動化水準將因此大大提高。

（4）由於區塊鏈技術的安全性及防篡改的能力極強，因此可以確保交易信息的機密性和安全性。作為比特幣的底層應用技術，區塊鏈技術採用了全新的加密認證技術和共識機制，這一先天的優勢使得區塊鏈有著天然的高機密性和高安全性，對於提高交易效率，創造更多價值，可發揮極強的戰略影響作用。

7.2 區塊鏈在證券發行與交易中的應用

傳統證券的發行與交易需要金融仲介長時間的參與，流程長、成本高且效率低，通過區塊鏈的去中心的特性，證券發行方與需求方能夠直接在交易平臺上自主完成 IPO、自由完成交易，無須任何金融仲介機構的參與，並且可以實現 24 小時不間斷運作，可大大提高證券發行與交易的效率。

7.2.1 區塊鏈優化證券發行

證券發行一般指發行人通過向投資者銷售股票、債券等有價證券來籌集資金的活動。證券發行是區塊鏈重要的應用方向，境外也在積極探索基於區塊鏈的各類證券發行。隨著信息技術的加速創新以及廣泛運

用，證券交易所的內部發行系統開始逐步延伸至互聯網，由此改變了傳統證券發行與交易的方式。但是網上發行證券的弊端也逐漸開始顯現出來，主要有兩點：

（1）網絡證券僅僅是將發行和交易程序搬到了網絡上進行，發行和交易的前期準備過程以及審批流程並未因此而有所簡化。在國內，一個公司通過 IPO 初審後至少需要 5~6 個月的時間才能核准發行，時間多數耗費在了冗長的申報、反饋、回覆等環節。

（2）由於網絡證券的開放性增強以及互聯網本身的開放性，使得網上系統存在著被黑客攻擊的風險，交易的安全性得不到有效的保障。而證券交易涉及數額巨大的財產交割以及私密信息，一旦發生被黑客惡意攻擊的事件，將會對國民財產造成巨大的損失。

區塊鏈技術能夠有效地克服以上弊端，優化網絡證券的發行流程，確保證券發行與交易的安全性和透明性。現階段，主要是圍繞搭建區塊鏈平臺為證券發行提供服務。如美國納斯達克交易所推出的基於區塊鏈的證券交易系統 Linq，為非上市企業提供證券私募融資服務。這意味著區塊鏈技術應用於證券發行已經得到主流市場的認可並正在加以實踐。

區塊鏈應用於證券發行對緩解行業痛點有一定作用。以首次公開發行股票並上市（IPO）為例，其目前的主要程序包括：企業股份制改造，保薦機構開展盡職調查與上市輔導等活動，會計、評估等仲介機構提供專業服務、出具專業報告，監管部門進行輔導報備、輔導驗收、上市審核，通過核准後進行詢價、定價、申購等活動。在這一過程中存在以下主要問題：

（1）信息不對稱容易滋生詐欺行為。發行人相對於投資者擁有信息優勢，而投資者是發行企業的外部人士，並不完全掌握風險情況，難以監督發行人。因此，如果監管不嚴，容易滋生詐欺行為。

（2）若一家證券公司同時擔任股票保薦機構與承銷機構，則存在潛在的利益衝突。承銷機構的目的是銷售證券，實現利益最大化；而保薦機構的目的是督導發行人規範運作、履行信息披露等義務。承銷與保薦的目標存在衝突，為證券公司參與發行人造假埋下了隱患。

（3）IPO 信息的展示不完整。IPO 從啟動到完成融資的環節多、歷

時長，過程信息如工作底稿可能殘缺，難以完整留存；IPO 信息系統由各市場主體獨立建設，缺乏統一的工作平臺對各方數據進行集中管理使用，數據可能並不一致。同時，部分數據由於缺乏佐證信息可能會成為孤立數據，給 IPO 數據造假留下了空間。

把股票發行部署到區塊鏈上後，將在一定程度上優化誠信環境、提升市場效率。一是除了傳統的信息披露外，還可以通過區塊鏈把 IPO 業務的過程信息提供給市場參與者和監管部門，方便監管部門、審計機構便捷地對數據進行查詢、比較、核驗，進一步提升 IPO 的透明度。二是區塊鏈可弱化或替代承銷機構，承銷與保薦相衝突的隱患會明顯降低，客觀上可減少證券公司參與造假的動機。三是可以通過組成聯盟鏈，把發行活動部署到區塊鏈上，實現點對點的發行，弱化證券承銷機構的作用，減免承銷費用。四是發行人利用區塊鏈和智能合約自主辦理證券發行，自行確定發行窗口、節奏，可增強發行的便捷性和靈活性。

7.2.2 區塊鏈優化場外交易

目前，全球範圍內主流的場內交易場所開始紛紛涉足區塊鏈技術，並且已經取得了一定的實踐效果。從納斯達克的 Linq 平臺第一筆交易實現，到紐約證交所、澳大利亞證券交易所的區塊鏈公司高額投資，包括俄羅斯中央證券存管機構的區塊鏈資產交易和轉移的金融合作項目、韓國證交所的區塊鏈櫃臺交易平臺研發等。但是從落地領域來看，場外交易市場以其「小生態、全鏈條、報價驅動、低流動性」等特性，對於降低成本、規避風險、提升系統安全性、區域間協調有強烈需求，是推進中國區塊鏈技術應用的首選。區塊鏈以其獨有的技術特性，最有可能在場外市場如區域股權交易市場、機構間市場、券商櫃臺市場等領域的應用中取得實質性突破。

7.2.2.1 區塊鏈可有效降低場外交易風險。

相較於場內市場而言，由於事先交存證券及資金制度相對較為寬鬆，場外交易的證券交割及過戶風險也相對較大，且由於場外創新產品具有一定的複雜性，違約風險較難防控。一旦違約行為發生，監管機構

7 區塊鏈與證券

一般很難估計整個場外交易的市場風險和最大損失，極易引發系統性風險。區塊鏈技術可較好地實現類似於中央證券機構承擔的數據中心職能、信用擔保職能、強制執行職能，並且可縮減執行上述職能需要的成本，有效控制風險。在區塊鏈證券交易系統中，由於錄入區塊的數據不可撤銷且能在短時間內被拷貝到每個數據塊中，錄入到區塊鏈上的信息實際上產生了公示的效果，因此交易的發生和所有權的確認不會有任何爭議。撮合成交的交易雙方通過加密後的數字簽名發布交易指令，通過加密算法驗證數字簽名、數字交易有效性及交易方帳戶資金償付能力，此後交易將被記錄到共享帳簿當中，並加蓋時間戳。

區塊鏈機制保證了交易的真實性、完整性，交易不會輕易被篡改，便於確認和追蹤，由此實現了數據中心、信用擔保職能。任何市場參與者可能的違約風險，均能夠被結算清算機制消化，而不會擴散到整個市場。

7.2.2.2 區塊鏈可簡化場外發行和交易流程，提升交易效率，創造價值

中國建立多層次證券市場體系的觀點已成為社會各界的共識，然而一個完整意義的多層次證券市場體系也應包括證券發行市場的多層次化。為滿足不同資質企業多元化融資需求，運用區塊鏈技術建立起發行方式靈活多樣、監管模式差別有序的證券發行市場體系，吸納更多的初創公司掛牌發行證券並進行交易，更有利於中國多層次資本市場的健康發展。利用區塊鏈技術，可針對不同發展階段、不同發展規模的中小企業建立一本帳，以全網透明、主體匿名方式記錄、管理和保存企業證券發行的相關信息，通過智能合約設定證券公開、非公開的發行方式，並設立監管節點進行不同主體的差異化監管，有利於改變當前單一的發行核准制度，逐步建立起包括私募發行、小額發行豁免制度在內的多層次證券發行體系。改變中國目前證券發行流程長、環節多、耗時長的現狀，整體上加速證券發行流程。在交易過程中，區塊鏈能夠簡化、自動化傳統的證券交易流程，實現證券發行人與投資者的直接交易，減少前臺和後臺交互，節省大量的人力和物力。交易一旦確定並進入總帳，各

節點即通過共識機制確認交易的真實有效性，並完成資金的劃撥以及證券的交割，整個過程可縮減至數分鐘內，大大縮短了清算時間，減少了結算風險。

7.2.2.3　區塊鏈可解決場外分散交易市場信息化建設和營運的困境

中國場外市場分散性、區域性、參與主體規模趨同等業務特性限制了其市場功能的發揮，各地股權市場割裂嚴重，場外交易市場的活力還未真正體現。引入區塊鏈技術可構建區域股權市場間聯動機制，通過分佈式、全網互聯、數據共享、多中心化的技術體系，打破各個區域股權市場之間的數據孤島問題，充分發揮區塊鏈的開放性、共享性、匿名性，實現高效徵信，對參與交易的各相關方的身分、信用狀況、投資經歷、風險承受能力等進行信息可追溯性管理，從而打破各地股權市場割裂的格局，加強區域間股權交易市場的流通性、增強其運作效率和活力。

7.2.2.4　區塊鏈可有效補充場外交易監管制度，提升監管手段和效率

利用區塊鏈構建系統中特殊監管節點，將針對不同的交易主體、交易級別、融資和交易規模等因素，設置不同的監管方式和手段，使得監管層對於市場的交易動態和整體狀況能夠及時把握。區塊鏈技術可以將證券實物以數字證券形式在系統中流通，證券每一次過戶登記信息皆記錄在案並經全網證明，區塊鏈這個公開透明的數據庫包括了過去所有的交易記錄、歷史數據及其他相關信息，而這些信息被安全地分佈式存儲在一串使用密碼學方法產生的數據塊中，可清晰繪製交易標的全生命週期的持有和交易過戶的信息流圖，任何組織和個人無法篡改，提升整體交易流程的自動化監管，同時也有助於提升交易自律性，改善場外交易秩序。

7.3 區塊鏈在證券清算與結算中的應用

證券清算是指按照事先確定的規則計算交易雙方證券和資金的應收應付數額的過程。其結果是確定交易雙方的履約責任和交收義務。證券結算是指證券交易完成後，對買賣雙方應收應付的證券和價款進行核定計算，並完成證券由賣方向買方轉移和相對應的資金由買方向賣方轉移的全過程。證券結算包括證券的結算和資金的清算兩個方面，它是證券交易的最後一個環節。更為重要的是，由於結算是進行下一輪交易的前提，結算能否順利進行，直接關係到交易後買賣雙方權責關係的了結，從而直接影響交易的正常進行和市場的正常運轉（見圖 7.1）。

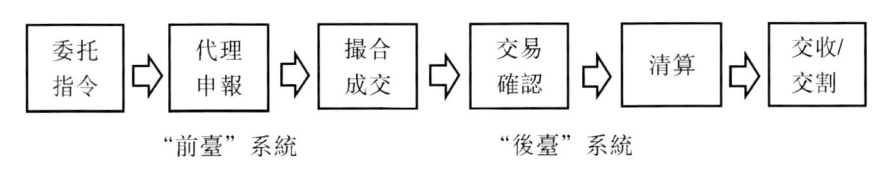

委托指令 ⇨ 代理申報 ⇨ 撮合成交 ⇨ 交易確認 ⇨ 清算 ⇨ 交收/交割

"前臺"系統　　　　　　　　　　"後臺"系統

圖 7.1　證券交易過程

在當今世界各國證券交易市場中，既有傳統的原始的人工競價，也有便捷快速的電腦自動撮合，還有將兩者有機結合起來的專家交易系統。世界證券的發展史表明，一個成熟的證券市場不僅要有公平的交易系統、健全的法律制度、活躍的市場參與者，更要有能與交易系統相匹配的高效、透明甚至超前的清算登記體系。在一項交易達成之後，還要完成證券清算工作，並完成證券由賣方向買方轉移以及資金由買方向賣方轉移，清算是投資者在證券交易所必經的一道手續，也是下一輪交易的前提，清算制度設計的合理性可以在很大程度上決定證券市場的效率。一個高效、透明、有前瞻性的清算登記系統可以起到改善證券市場整體表現的作用。信息技術的進步使得證券逐漸採取了無紙化的形式，與此相對應，證券結算也依託中央證券託管公司的電腦系統進行帳簿劃撥，不再需要直接交付實物股票。隨著智能手機的普及，越來越多的普通股民通過移動端的 APP 進行炒股。在交易時間內，為完成如此龐大數量的股票交易，櫃臺交易系統需要不斷地接受客戶的買賣委託，向交

易所報盤並從交易所接收成交信息反饋。但是證券的清算結算工作仍需要中央結算機構、銀行、證券和交易所四大機構之間相互協調，流程複雜、成本高、效率低。

鑒於此，為提升清算結算效率、降低業務成本，一些主流機構已著手進行應用區塊鏈的研究探索。歐洲證券與市場管理局（ESMA, 2016）預計，證券清算交收環節可能率先實現區塊鏈應用；高盛（Goldman Sachs, 2016）判斷，區塊鏈帶給美國股票市場最大的影響在於可改善證券清算交收環節；歐清集團和司力達律師集團（Euroclear and Slaughter, 2016）認為，區塊鏈可以減少證券清算交收的延遲，降低操作和存管風險，提升證券發行的透明度，弱化仲介機構在證券保管方面的作用，並能增強數據的安全性；澳大利亞證券交易所（ASX）通過測試發現，利用區塊鏈可大幅簡化和加快清算交收業務處理的速度，能夠在當天甚至近乎即時完成結算。納斯達克開發了基於區塊鏈的證券發行與交易管理系統；美國存款信託閃結算機構（DTCC）、芝加哥商品交易所、倫敦交易所等機構聯合參與「超級帳本項目」；等等。區塊鏈技術的應用將為證券清算結算系統帶來一次顛覆性的創新，提高證券的清算、結算效率。區塊鏈能夠實現「交易即結算」的過程，將所有交易都即時顯示在一個全球共享的電子表格平臺上，並採用分佈式核算方法即時清算，大大提升交易效率，從而有效地降低資金成本和結算風險。

7.3.1　區塊鏈簡化清算流程、降低結算風險

在圖7.1所示的傳統的交易後臺系統中，撮合成交完成後還要經歷交易確認、清算、交收三個環節，需要證券交易所、證券託管局、券商、銀行等金融仲介機構的通力配合。其中每一個機構都需要完成相應的交易確認、記帳等工作，存在較長的時滯，增加了交易風險。現行的清算結算制度主要存在以下幾個方面的問題：

（1）風險集中度高。在風險轉移式交收方式下，中央結算公司作為所有結算直接參與者的共同交收方，幾乎集中了市場所有直接交收風險，也就是說，當某個結算會員違約不能進行正常的交收時，中央結算

公司為了使結算過程能夠正常進行下去，必須首先以自有資金或後有證券充抵該交收缺口，然後才能向該違約會員追索賠償。因此，保持結算公司充分的風險化解能力是至關重要的，當今證券市場上通常是通過建立結算風險準備金來化解風險。

（2）自律管理不到位導致結算風險大。目前，中國證券市場採取中央結算模式，結算公司作為買賣雙方的共同對手方採用淨額結算和「T+1」交收制度來保證會員間的結算交收工作順利進行，在一定程度上控制了結算風險。然而在實際操作中，證券公司往往缺乏監管，私自透支一定數量的交易並參與其他非法經營，這些不自律的行為極易誘發信用風險。

（3）現行的結算系統由於發展不完善、不健全，存在一定程度的不穩定性，給結算公司甚至證券市場都帶來了較大的風險。

通過區塊鏈進行證券清算交收，可帶來以下效果：首先，證券交收和資金交收被包含在一個不可分割的操作指令中，交易同時成功或失敗，實現貨銀兌付並降低因一方違約而另一方受損的風險。違約風險的減少，也會降低其他風險出現的可能。其次，證券結算不再完全依賴中央登記結算機構，區塊鏈技術將減少仲介、簡化清算流程，證券經紀代理機構、託管機構、清算參與機構、中央證券存管機構、中央對手方等都可能被代替，直接實現交易各方的對接，進而提升清算交收效率，實現交易及結算的 T+0 模式，分佈式帳本可以保證系統的安全性，降低操作風險。最後，區塊鏈系統的結算性能穩定，礦工們在進行交易確認時不僅要驗證交易者的身分，還會驗證交易帳戶中的每筆資金的來源以及資金餘額的支付能力，確保結算工作的順利進行。交易記錄由系統節點共同維護，可追蹤、可審查、不易被篡改，安全性高。

7.3.2 區塊鏈清算結算應用的局限性

基於區塊鏈技術的證券交易能夠高效透明地實現即時結算與清算，提高資產的流動性。但是這樣的交易系統對於證券交易來說是否完美無瑕呢？目前許多金融機構都大力投資區塊鏈技術的研究，力求降低清算交收的成本，提高清算效率，比如使證券交易能夠達到「T+0」即時結

算。但是有資深研究者認為當前區塊鏈技術在證券市場中的應用存在一定的局限性，主要表現為以下幾個方面：

7.3.2.1 融資融券模式遭受影響

在經紀人和託管人的權責範圍規定中，許多投資機構允許他們向投資者借貸閒散的證券去填平空倉。但是一旦投資者決定賣出這些可貸證券時，證券必須立即退回投資者的帳戶。鑒於當前普遍的「T+3」清算模式，託管人和經紀人有足夠的時間將證券退回至投資者的原有帳戶中。但是在基於區塊鏈的「T+0」模式中，如果不能實現證券的及時退回，投資者可能會不得不持有降價證券，直至借出的證券返回到他們的帳戶中，但是可能會造成投資者財產的巨大損失。

7.3.2.2 造成交易衝突

同一家金融機構往往擁有多個投資組合經理，為了降低價格波動和交易費用，他們會聯合起來整合同一種證券的訂單到市場的單一交易塊中，但是區塊鏈本身是一個資產所有權記錄，運用區塊鏈技術會使這些交易的操作變得困難。使得每一位資產組合經理只能單獨執行交易操作，這就意味著為爭奪流動資產，同一家公司的資產組合經理們存在較強的競爭關係，容易造成同一時間交易的衝突。

7.3.2.3 淨額結算無法實施

在基於「T+0」模式下的區塊鏈系統中，交易結算的時間縮短必然會帶來更大的交易量，如果使用目前的公共比特幣區塊鏈，其緩慢的處理速度無法滿足巨大的交易量，從而使得淨額結算的實施受到阻礙。

總的來說，區塊鏈技術能夠在一定程度上改善證券交易系統，簡化清算流程，降低結算風險。但其在實際的應用過程中仍存在一定的局限性，需要把區塊鏈技術與實際的應用場景相結合，綜合各方面因素的影響，使區塊鏈技術真正起到優化現行清算結算系統的作用。

7.4 區塊鏈在資產證券化中的應用

7.4.1 資產支持證券（ABS）概述

資產支持證券最初採用的基礎資產為住房抵押貸款（也稱為MBS），隨著證券化技術的不斷提高和金融市場的日益成熟，用於支持發行的基礎資產類型也不斷豐富，目前還包括汽車消費貸款、信用卡應收款、學生貸款、住房權益貸款、設備租賃費、廠房抵押貸款、貿易應收款等。

這裡以信貸 ABS 為例對資產支持證券做一個簡要的介紹。信貸 ABS 是指以信貸資產未來所產生的現金流作為償付支持，通過結構化分層設計進行信用增級，在此基礎上發行資產支持證券（ABS）的過程。

7.4.1.1 ABS 交易結構（見圖 7.2）

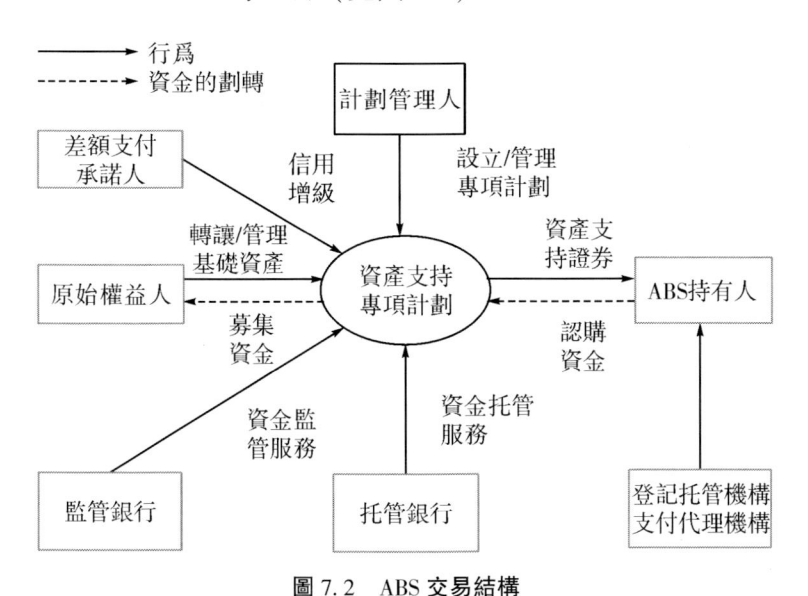

圖 7.2 ABS 交易結構

認購人通過與計劃管理人簽訂認購協議，將認購資金以專項資產管理的方式委託計劃管理人管理，計劃管理人設立並管理專項計劃，認購

人取得資產支持證券，成為資產支持證券持有人。

計劃管理人根據與原始權益人簽訂的資產買賣協議的約定，將專項計劃資金用於向原始權益人購買基礎資產，即基礎資產清單所列的由原始權益人在專項計劃設立日轉讓給計劃管理人的，原始權益人依據租賃合同自基準日（含該日）起對承租人享有的租金請求權和其他權利及其附屬擔保權益。

資產服務機構根據服務協議的約定，負責基礎資產對應的應收租金的回收和催收，以及違約資產處置等基礎資產管理工作。資產服務機構在收入歸集日將基礎資產產生的現金流劃入監管帳戶。

監管銀行根據監管協議的約定，在回收款轉付日依照資產服務機構的指令將基礎資產產生的現金流劃入專項計劃帳戶，由託管銀行根據託管協議對專項計劃資產進行託管。

當發生任一差額支付啓動事件時，差額支付承諾人根據差額支付承諾函將差額資金劃入專項計劃帳戶。

計劃管理人根據計劃說明書及相關文件的約定，向託管銀行發出分配指令，託管銀行根據分配指令，將相應資金劃撥至登記託管機構的指定帳戶，用於支付資產支持證券本金和預期收益。

7.4.1.2 信貸 ABS 的作用

一是獲得低成本融資。ABS 資產組合的整體信用比依賴機構信用的長期信用工具具有更高的信用等級，使發起機構能獲得更低成本的融資。二是增強資產流動性。信貸 ABS 提供了將缺乏流動性的資產轉變成金融商品的手段，增加了新的流動性機制，提高了金融體系整體的流動性水準。三是改善資產負債結構。發起機構能夠通過信貸 ABS 調整信貸資產期限結構，實現風險的合理配置，降低期限錯配風險。四是縮小風險資產規模。信貸 ABS 使得信貸資產出表變成現金，但不增加發起機構的負債，有利於縮小發起機構的風險資產規模，提高資本充足率，降低經營風險。對投資者來說，信貸 ABS 資產組合能夠充分滿足投資者對期限、風險和利率的偏好，豐富了投資品種的風險收益結構。

7.4.2 區塊鏈應用於資產證券化的優勢

在傳統模式下，資產證券化（ABS）業務參與方較多，包括基礎資產原始權益人、設立 ABS 載體 SPV 的仲介機構、為 ABS 提供擔保的擔保人、ABS 的投資者（包括優先級投資者、劣後級投資者）等；涉及的資產也較多，包括基礎資產、擔保資產、ABS 份額等；業務鏈條較長，包括基礎資產的轉讓出表、基礎資產的打包發行、為 ABS 提供財產擔保等。在一些創新結構模式下，情形會更為複雜。因此，ABS 存在信息不對稱和不透明的問題，增加了金融市場信息傳播和為其風險定價的難度。

在資產證券化領域，可借助區塊鏈連接基礎資產與資產證券化產品，並應用智能合約保障資產證券化自動履行，減少人工環節，促進規模化推廣。如果在 ABS 業務流程中部署區塊鏈和智能合約，由各參與方作為區塊鏈節點，加強協同和共享即時數據，將顯著提升透明度，緩解信息不對稱問題。同時，區塊鏈具有跨界優勢，能夠將涉及基礎資產的交易記錄和風險變動情況向全網進行更新和傳播，使基礎資產管理和基礎資產現金流歸集能向全網公開。由於對基礎資產的監測更加及時，ABS 存續期內的風險點將可以被提前預警。

同時，應用智能合約有助於對 ABS 風險進行穩妥處置。智能合約可以通過編程來設置 ABS 的業務運行、違約處置、合約終止等業務環節，還可設定業務閾值，一旦觸發閾值，將啟動相應的業務流程（如設置時間條件和資金閾值，到期自行啟動將歸集的資金用於償付投資者利息）。此外，也可設置擔保條件及其閾值，如因發行人違約觸發行使擔保權利的閾值，智能合約會自動運行擔保措施，無須中間環節，由機器來直接保障投資者的利益，違約風險也會隨之得到有效化解。

7.4.3 區塊鏈技術在 ABS 上的應用——以京東金融為例

目前已有部分貸款機構推出了信貸 ABS 的區塊鏈應用，其中，京東金融的資產雲工廠管理系統比較具有代表性。

7.4.3.1 業務模式

京東金融於 2015 年 9 月 15 日發行首單資產證券化產品,截至 2017 年 6 月末,共發行資產證券化產品 280.57 億元。據京東金融介紹,其應用具有資產方、資金方和 SPV 三個驗證節點,京東支付負責放款和信貸資產入鏈,現金流、借款人評級等信息全部記錄在區塊鏈上,授權的外部機構可查看區塊鏈信息。

7.4.3.2 應用特徵

一是以私有鏈作為應用技術架構。資產方和資金方都屬於京東金融,除 SPV 外的其他機構僅有查看數據的權限,其實質是私有鏈或類似私有鏈技術架構。二是可監控的底層資產形成過程。以資金的實際流動為記錄依據,實現了對底層資產形成過程的切實監控。三是持續的基礎資產存續期監控。授權主體能夠及時獲取底層信貸資產的現金流信息,實現持續監控和跟蹤。

7.4.3.3 局限性

京東金融由於其公信力、聚合資源等方面的限制,在實際操作中還存在一定的局限性:一是信息的不可篡改性以及與現實資產的錨定完全由京東金融背書。京東金融對區塊鏈數據具有完全控制權,與目前資產方所提供的中心化帳本式信息查詢功能本質上相同。二是缺少其他業務參與主體,難以實現信貸資產交易功能。區塊鏈技術長於處理多方參與的交易場景,但京東金融的區塊鏈應用僅包含了資產方、資金方和 SPV,難以實現信貸 ABS 的完整過程。三是資產方單一,信貸資產資源的擴展性不強。京東金融信貸資產規模有限,缺乏廣泛的信貸資產資源,存在資源劣勢。

7.5 區塊鏈在股東投票中的應用

在上市公司股東大會當中,投資者的投票行為往往決定著股東的收益。但不管是在股票交易還是股權交易中,傳統的投票方式往往不能準確地反應投資者尤其是中小投資者的意願,也無益於保護中小投資者的

切身利益，因為股權交易往往採取代理投票的方式，實質上是剝奪了中小投資者的投票權。這種方式對於代理者的道德風險很難起到防範作用，而利用移動端下載基於區塊鏈的股權投票應用系統可以很好地解決這一問題。基於區塊鏈的應用，使得各參與方扁平化，相對於傳統方式來說大大保證了各投資者對項目中涉及投票的重大方案的知情權，簡化了這些方案的投票流程。

7.5.1 傳統的股東投票制度

在中國目前上市公司「一股獨大」的股權結構下，股東大會、董事會及監事會面臨著大股東操縱的嚴重問題，特別是在委託代理制度中，一些小股東不能親自參加股東大會，其投票表決意願經由代理人代為表達，實際上是剝奪了小股東的投票表決權。此外，這些小股東獲取股東大會資訊的權利也被剝奪。委託代理問題下傳統的股東投票制度容易引發道德風險，變成大股東和高管操縱公司的工具。

7.5.1.1 一股一票制度

世界上絕大多數國家證券管理部門規定所有上市公司必須實行一股一票制度。但是一股一票原則存在實質上的不平等，特別是對於公司的小股東而言存在一定的不公平性，容易導致一股獨大和大股東壟斷控制公司的局面。

（1）在大股東控股比例較高尤其是超過50%情況下，董事及董事會完全處於大股東的控制之下。

（2）在大股東相對控股或公司股權結構相對分散時，有可能發生大股東無人進入董事會，控制權徹底旁落的情況。

7.5.1.2 累計投票制度

累計投票制是指股東大會選舉兩名以上的董事或者監事時，股東所持的每一股份擁有與應選董事或者監事總人數相等的表決權，股東既可用所有的表決權集中投票選舉一人，也可分散投票選舉數人，按得票多少依次決定董事或監事入選的表決權制度。累計投票制度在一定程度上可以克服一股一票制度的弊端，這種方式有助於避免董事會被單個大股

東全部占據的情況發生，也更加符合出資者資本多數的原則，而且有助於中小股東選出自己滿意的董事。但是他仍然不能克服以下兩方面的問題：

（1）親自出席投票表決成本過大。現代上市公司，大多數中小股東所持股份很少且往往分佈於世界各地，他們往往認為其所行使的表決權對股東大會決議的形成無足輕重，因此出席股東大會行使表決權的熱情並不高。

（2）委託代理表決制度的局限性。中國《公司法》規定：「股東可以委託代理人出席股東大會，代理人應當向公司提交股東授權委託書，並在授權範圍內行使表決權」。雖然委託代理制度可在一定程度上解決股東不出席股東大會而行使表決權的問題，但是制度本身具有缺陷性。

7.5.1.3 網絡投票

隨著信息技術的產生和發展，許多國家的法律規定允許股東或其代理人在不到場參加的情況下可以通過股東網絡投票方式表達自己的意願。股東網絡投票主要存在兩種形式，一種是依託互聯網的投票，另一種是依託證券交易系統的投票。但是隨著時代的不斷發展，網絡投票系統和一股一票制度、累計投票制度一樣都存在種種弊端。無論是基於哪種投票形式，在目前的股份有限公司特別是上市公司股東大會投票中，公司的小股東和大股東表現出來的積極性截然不同，絕大多數小股東要麼放棄參與大會的資格，要麼委託代理參加股東大會。因此，廣大小股東的表決權往往不能得到有效保護，參與度、投票效率和公正性也無法得到應有的保證。但是隨著區塊鏈技術的出現，可以為股東投票制度帶來新的解決思路，並在眾多方面展示出了相較於傳統股東投票制度的優勢。

7.5.2 區塊鏈股東投票系統

7.5.2.1 區塊鏈應用於股東投票的優勢

由上面我們可以知道，網絡投票制度作為一種高效、便捷的投票方式保護了公司的民主決策機制，維護了中小股東的權益，並且有效解決

了小股東親自出席股東大會成本過高的問題，衝破了股東行使表決權的時空限制，降低了上司公司的治理成本，提高了治理水準。但是前面也同時提到網絡投票存在的諸多問題，並沒有真正滿足目前眾多小股東以及資本市場的需求，眾多小股東需要的投票系統至少要滿足以下三方面的要求：①一個可信的分佈式數據網絡，而不是一個數據集中存儲的系統；②一個支持自動化認證的系統，允許系統的所有參與者驗證其選擇的權利，並且其投票結果是不可篡改的；③一個可以隨時追蹤的高度透明的系統，保證結果的真實準確，做到公平公正公開。

毫無疑問，這正是區塊鏈所能夠給股東投票帶來的優勢，能夠有效地克服傳統股東投票的種種弊端，其優勢主要體現在以下三個方面：

（1）區塊鏈可以有效地降低中小股東參加股東大會的時間成本和資金成本，提高股東投票的積極性，擴大股東投票的參與度。提高股東參與度是提高公司治理的需要，從公司角度而言，提高股東參與度有利於公司民主化並幫助公司實現內在價值的最大化。對於整個證券而言，由於股東不再盲目地「用腳投票」，有利於維護證券市場的穩定。

（2）區塊鏈能夠簡化股東投票流程。現行的股東投票機制流程長、程序複雜且非標準化，投票信息在層層傳遞的過程中可能會被人為地篡改或意外丟失，這給投票的追溯和驗證工作帶來極大的困難。圖 7.3 是現行的應用廣泛的股東投票流程圖。

中小股東 ▷ 股票經紀人 ▷ 股票分配者 ▷ 托管人 ▷ 公證人 ▷ 公司秘書

圖 7.3　傳統股東投票流程

由於區塊鏈的分佈式記帳功能，提交成功的股東投票信息都被記錄在了公共的共享帳本上，並且不易被篡改和變更，極大地提高了投票信息的可審計性和可追蹤性，大大簡化了股東投票流程，提高了投票效率。

（3）區塊鏈的安全加密認證可以克服網絡技術缺陷，確保投票結果的唯一性、真實性和可追溯性。礦工們會對每一個投票結果進行解密並驗證數字簽名和投票帳戶的對應性，並將結果記錄在每一個區塊之

中，通過鏈式連結記錄在每一個區塊中的信息，同時基於去中心化的特徵，即使區塊鏈遭受了嚴重的攻擊，只要控制的節點數不超過總節點數的一半，系統就依然能正常運行，數據也不會被篡改。因為所有節點的權利和義務都是均等的，而且活動會受到全網的監督。這些節點都各自有能力用計算能力投票，這就保證得到承認的結果是過半數節點公認的結果，這也使得投票結果的安全性大幅提高。

7.5.2.2 區塊鏈股東投票系統

區塊鏈技術打破了傳統的流水線型的投票流程。首先，用戶要下載相應的區塊鏈投票 APP，通過提交身分驗證信息註冊成為資產管理人，註冊成功後即可使用該 APP 參與股東大會進行投票。圖 7.4 是基於區塊鏈的新型股東投票流程圖。

中小股東 〉 下載APP 〉 註冊驗證登記 〉 提交投票 〉 分布式儲存 〉 共享結果

圖 7.4　區塊鏈股東投票系統流程圖

投票結果將被提交至區塊鏈中的每一個區塊當中，並有礦工們的工作量證明驗證投票結果的真實性和唯一性，一旦投票結果提交成功，則意味著該投票結果不能被篡改，同時該網絡中的每一個中小股東（資產管理人）都能通過該共享帳簿查詢到投票結果，使得該投票系統流程更加高效、便捷、安全和透明。

總的來說，區塊鏈股東投票系統能夠有效地克服傳統股東投票系統的諸多弊端，激發中小股東參與公司股東大會的積極性，減少股東參加股東大會的時間成本和資金成本，大大節省公司場地開支，簡化股東投票流程，克服網絡技術缺陷，確保投票結果的真實有效性。同時區塊鏈還可以優化證券的發行與結算，實現即時結算清算，促進資產證券化的發行的推廣，緩解資產證券化中的信息不對稱問題。對於維護廣大投資者的合法權益進而維護證券市場的穩定性將起到很大的促進作用。

8　區塊鏈與大數據

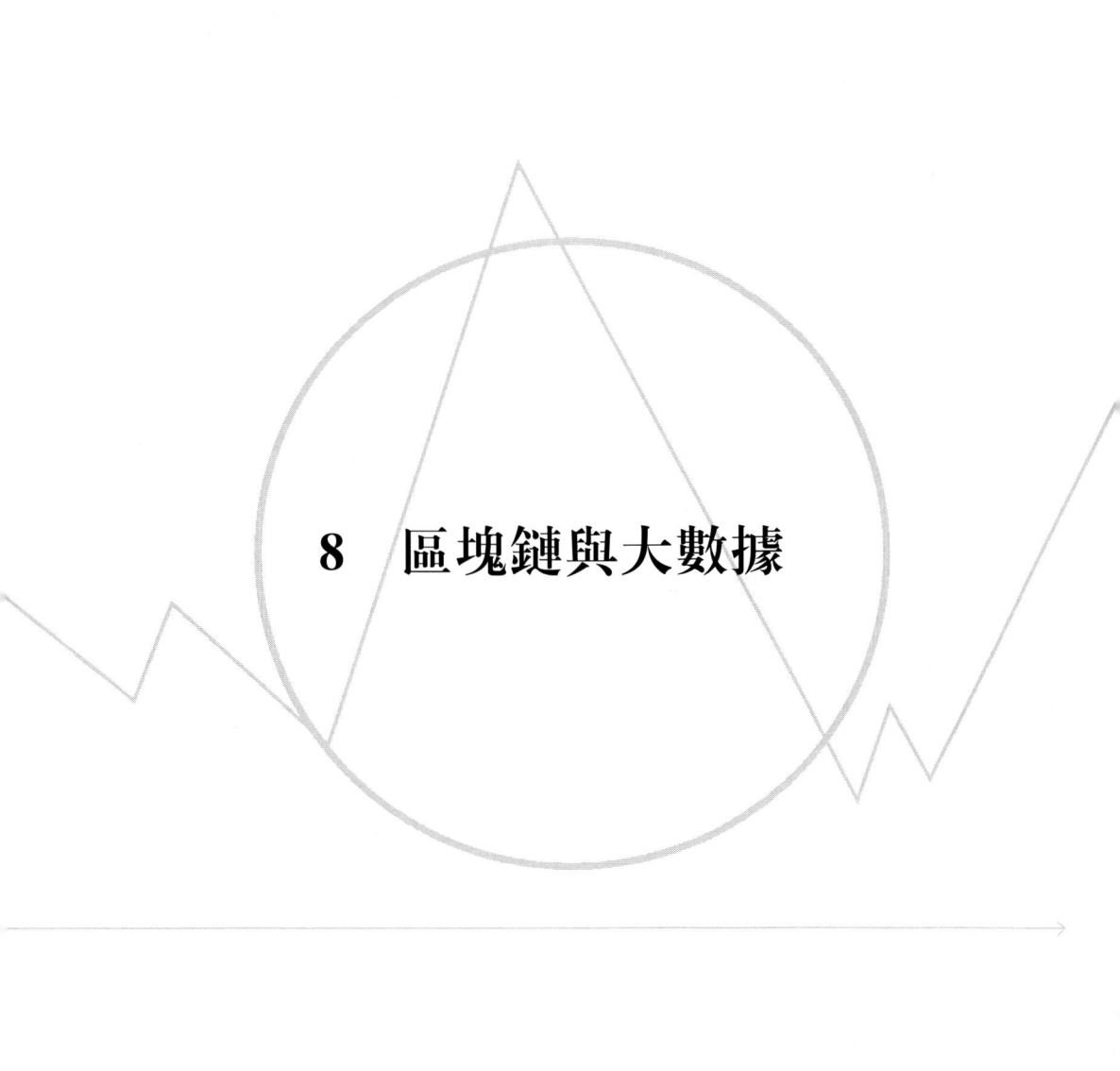

8.1 大數據概述

大數據（Big Data/Mega Data），或稱巨量資料，研究機構 Gartner 給出了這樣的定義：大數據指的是需要新處理模式才能具有更強的決策力、洞察力和流程優化能力的海量、高增長率和多樣化的信息資產。在維克托·邁爾·舍恩伯格及肯尼斯·庫克耶編寫的《大數據時代》中，大數據指不用隨機分析法（抽樣調查）這樣的捷徑，而採用所有數據進行分析處理。具有以下五大特徵（4V+1O）的數據才稱之為大數據，即：

8.1.1 數據量大（Volume）

第一個特徵是數據量大，包括採集、存儲和計算的量都非常大。大數據的起始計量單位至少是P（1,000個T）、E（100萬個T）或Z（10億個T）。

8.1.2 類型繁多（Variety）

第二個特徵是種類和來源多樣化，包括結構化、半結構化和非結構化數據，具體表現為網絡日志、音頻、視頻、圖片、地理位置信息，等等，多類型的數據對數據的處理能力提出了更高的要求。

8.1.3 價值密度低（Value）

第三個特徵是數據價值密度相對較低，或者說是浪裡淘沙卻又彌足珍貴。隨著互聯網以及物聯網的廣泛應用，信息感知無處不在，信息海量，但價值密度較低，如何結合業務邏輯並通過強大的機器算法來挖掘數據價值，是大數據時代最需要解決的問題。

8.1.4 速度快時效性強（Velocity）

第四個特徵是數據增長速度快，處理速度也快，時效性要求高。比如搜索引擎要求幾分鐘前的新聞能夠被用戶查詢到，個性化推薦算法盡

可能要求即時完成推薦。這是大數據區別於傳統數據挖掘的顯著特徵。

8.1.5 數據是在線的（Online）

第五個特徵是數據是永遠在線的，是隨時能調用和計算的，這是大數據區別於傳統數據最大的特徵。現在我們所談到的大數據不僅僅是大，更重要的是數據變得在線了，這是互聯網高速發展背景下的特點。比如，對於打車工具，客戶的數據和出租司機數據都是即時在線的，這樣的數據才有意義。如果是放在磁盤中而且是離線的，這些數據遠遠不如在線的商業價值大。

關於大數據特徵方面，特別要強調的一點是數據是在線的，因為很多人認為數據量大就是大數據，往往忽略了大數據的在線特性。數據只有在線，即數據在與產品用戶或者客戶產生連接的時候才有意義。如某用戶在使用某互聯網應用時，其行為及時地傳給數據使用方，數據使用方通過某種方式有效加工後（通過數據分析或者數據挖掘進行加工），進行該應用推送內容的優化，把用戶最想看到的內容推送給用戶，也提升了用戶的使用體驗。

大數據技術的戰略意義不在於掌握龐大的數據信息，而在於對這些含有意義的數據進行專業化處理。換言之，如果把大數據比作一種產業，那麼這種產業實現盈利的關鍵，就在於提高對數據的「加工能力」，通過「加工」實現數據的「增值」。

8.2 大數據發展歷程

大數據概念最早的提出者現已不可考證，但早在 1980 年，未來學家托夫勒在其所著的《第三次浪潮》中就提到「大數據」一詞。2001 年麥塔集團分析員道格·萊尼指出數據增長的挑戰和機遇有三個方向：量（Volume，數據大小）、速（Velocity，資料輸入輸出的速度）與多變（Variety，多樣性），現在這被認為是大數據的三個特性。2011 年麥肯錫正式定義了大數據的概念。2012 年《紐約時報》的一篇專欄中寫道，「大數據」時代已經降臨，在商業、經濟及其他領域中，決策將日

益基於數據和分析而做出，而並非基於經驗和直覺。大數據開始跟時代掛勾，在當時人們並不以為然，甚至許多人認為這不過是商學院或諮詢公司嘩眾取寵罷了。現在「大數據時代」已經變成了人盡皆知的口頭禪。2012 年維克托・邁爾・舍恩伯的《大數據時代》開始在國內風靡，推動了國內大數據的發展，許多人的大數據啓蒙也是來源於這本書。2010 年後雲計算的成熟讓大數據不再是紙上談兵，大數據技術有了真正實現的可能性。

以下從兩個方面梳理了大數據發展的時間線：政府推動和大數據價值。

8.2.1　政府推動

2009 年——美國政府開放政府數據，這一行動使得各國政府相繼效仿。

2010 年——德國聯邦政府啓動「數字德國 2015」戰略，將物聯網引入製造業，打造智能工廠，工廠通過 CPS（網絡物理系統）實現在全球互聯。

2011 年——中國工信部把信息處理技術作為四項關鍵技術創新工程之一，其中包括了海量數據存儲、數據挖掘、圖像視頻智能分析等大數據的重要組成部分。

2012 年——美國政府在白宮網站發布《大數據研究和發展倡議》，這一倡議標志著大數據已經成為重要的時代特徵。之後美國政府宣布以 2 億美元投資大數據領域，大數據技術從商業行為上升到國家科技戰略。聯合國在紐約發布大數據政務白皮書，總結了各國政府如何利用大數據更好地服務和保護人民。

2013 年——英國政府宣布註資 6 億英鎊發展 8 類高新技術，其中，1.89 億英鎊用來發展大數據技術。歐盟實施開放數據戰略，旨在開放歐盟公共管理部門的所有信息。

2014 年——數據開放運動已覆蓋全球 44 個國家。中國國務院通過《企業信息公示暫行條例（草案）》，要求在企業部門間建立互聯共享的信息平臺，運用大數據等手段提高監管水準。

2015 年——黨的十八屆五中全會的「十三五」規劃中將大數據作為國家級戰略。

8.2.2　大數據價值

2010 年——肯尼斯庫克爾發表大數據專題報告《數據，無所不在的數據》。庫克爾在報告中提到：「世界上有著無法想像的巨量數字信息，並以極快的速度增長。從經濟界到科學界，從政府部門到藝術領域，很多方面都已經感受到了這種巨量信息的影響。」科學家和計算機工程師已經為這個現象創造了一個新詞彙：「大數據」。庫克爾也因此成為最早洞察大數據時代趨勢的數據科學家之一。

2011 年——IBM 的沃森超級計算機每秒可掃描並分析 4TB（約 2 億頁文字量）的數據量，並在美國著名智力競賽電視節目《危險邊緣》「Jeopardy」上擊敗兩名人類選手而奪冠。後來《紐約時報》認為這一刻為一個「大數據計算的勝利」。同年 5 月，麥肯錫（McKinsey & Company）發布報告《大數據：創新、競爭和生產力的下一個新領域》，大數據開始備受關注，這是專業機構第一次全方位的介紹和展望大數據。

2012 年——在瑞士達沃斯召開的世界經濟論壇上，大數據是主題之一，會上發布的報告《大數據，大影響》宣稱，數據已經成為一種新的經濟資產類別，就像貨幣或黃金一樣。

2013 年——互聯網巨頭紛紛發布機器學習產品，IBM Watson 系統、微軟小冰、蘋果 Siri，標誌著大數據進入深層價值階段。

2015 年——Computing Research（計算研究）發布《2015 大數據市場評論》，該評論發現在過去的一年中，沒有將大數據和大數據分析集成到其營運過程的企業的比例從 33% 降到了 16%。大數據開始作為企業決策的重要支撐，在商業市場上發揮巨大價值。

8.3　區塊鏈重構大數據

從移動互聯網到大數據、區塊鏈，當今時代，技術變化的潮流勢不可擋，以至於很多人一時竟難以明白和適應。但毫無疑問，區塊鏈正在

讓大數據洶湧而來。區塊鏈的可信任性、安全性和不可篡改性，正在讓更多數據被釋放出來。

8.3.1 區塊鏈使大數據極大地降低信用成本

我們未來的信用資源從何而來？其實中國正迅速發展的互聯網金融行業已經告訴了我們，信用資源會很大程度上來自大數據。

通過大數據挖掘建立每個人的信用資源是件很容易的事，但是現實並沒有如此樂觀。關鍵問題就在於現在的大數據並沒有基於區塊鏈存在，這些大的互聯網公司幾乎都是各自壟斷，導致了數據孤島現象。

在經濟全球化、數據全球化的時代，如果大數據僅僅掌握在互聯網公司的話，全球的市場信用體系建立是並不能去中心化的，如果使用區塊鏈技術讓數據文件加密，直接在區塊鏈上做交易，那麼我們的交易數據將來可以完全存儲在區塊鏈上，成為我們個人的信用資源，所有的大數據將成為每個人產權清晰的信用資源，這也是未來全球信用體系構建的基礎。

8.3.2 區塊鏈是構建大數據時代的信任基石

8.3.2.1 大數據存在缺陷

在前段時間，百度 CEO 李彥宏曾經說過，中國用戶更傾向於用隱私換取便捷性。更準確來說，應該是中國用戶被動甚至是被迫共享自己的隱私來換取便捷性。比如現在許多手機 APP，強迫用戶必須同意接受一些隱私採集條款才能夠正常使用，若不同意，則完全無法使用。

通常而言，應用軟件採集用戶數據，通過雲計算，將對這些用戶的大數據進行分類檢索，提取有價值的信息，然後為用戶提供便捷性服務。這種行為顯然是雙贏的，企業採集到了有效的數據，用戶也體驗到了更好的服務。

但是問題在於，李彥宏的說法是用戶自願用隱私換取便捷性。相信涉及隱私的時候，沒有多少用戶是心甘情願的，並且無論用戶的隱私數據是否安全，隨意獲取這些數據都讓人感到不適。聯繫到最近 Facebook 用戶隱私數據洩露事件，可以看出大數據安全依然是嚴峻的問題。

並且在收集到用戶隱私數據之後，有可能還會被大數據「殺熟」，通過數據判斷用戶為高收入群體，在其購買以及消費產品時，將會比平常更加昂貴，屆時由於更加成熟的大數據辨別機制，即使通過分享給好友來確認也無法察覺自己已經被「殺熟」。

在收集用戶大數據之後，企業可以更加精準的推送相關廣告，但是這些數據收集之後，用戶完全沒有任何受益，廣告費全部都被相關公司賺取，這相當於把用戶的東西搶走之後，再加價賣出來，這種情況雖然很普遍，但是真的合理嗎？區塊鏈因其「去信任化、不可篡改」的特性，可以極大地降低信用成本，實現大數據的安全存儲。將數據放在區塊鏈上，可以解放出更多數據，使數據可以真正「流通」起來。基於區塊鏈技術的數據庫應用平臺，不僅可以保障數據的真實、安全、可信，如果數據遭到破壞，也可以通過區塊鏈技術的數據庫應用平臺在備件間進行迅速恢復。

8.3.2.2　區塊鏈為大數據加密

區塊鏈則可以利用其自身特性，利用密鑰限制這些應用的訪問權限，並且可以溯源追查自己的隱私數據都被用於哪些方面，可以做到用戶自身完全掌控自己的數據，讓用戶更加方便地管理屬於自己的權限，推動大數據的進一步成長。

就以上面的廣告精準推送來說，用戶可以通過區塊鏈，完全把控自己的隱私數據，這也就意味著，用戶可以決定自己的數據是否出售給相關廣告商，廣告的推送權也迴歸到用戶的手中。並且如果用戶同意分享自己的數據，那些廣告的收入，也將會拿到屬於自己的一份。

再舉一個例子，通常而言，大數據在收集用戶隱私數據之後，會對用戶精準畫像，不僅體現在廣告的推送上，在日常視頻、文章、購物，也會給用戶進行相關的喜好的推薦，如果僅僅是這些也無可厚非，但是在推薦這些內容的時候，相關企業都會摻雜私貨，也就是在某幾條內容中夾帶營利性質的廣告。

而這些摻雜的廣告大多數都屬於三無產品，因此對於用戶而言，購買其產品沒有任何的保障。過去的「魏則西事件」，則是在這種情況下

典型的受害者。由於輕信了網站上推薦的醫院廣告，導致魏則西病情被耽誤，最後病逝，這也是大數據沒有得到有效監管的一個案例。

8.3.2.3 讓數據的歸屬權回到用戶手中

如果將區塊鏈運用到大數據當中，魏則西這樣的悲劇顯然是能夠避免的。用戶通過區塊鏈可以對自己的隱私數據進行跟蹤、溯源，因此這種軟文推送的權利掌握在用戶自己手中，並且可以一眼就辨別出哪些是軟文，哪些又是真正的優質內容。

對於企業而言，把數據上傳至區塊鏈當中，這些數據會形成鏈條，具有真實、順序、可追溯的特性，相當於已經從大數據中把有效數據進行了分類整理，也降低了企業對大數據處理的門檻，能夠更快、更好地提取更多有利的數據。

確切來說，區塊鏈與大數據是一對相得益彰的夥伴，在收集數據上，區塊鏈沒有大數據如此擅長，而在數據安全上，大數據也沒有區塊鏈這般穩固。大數據的蓬勃發展也會相對帶動區塊鏈的進步，兩者相輔相成，才會更好地為社會服務。

8.3.3 區塊鏈技術健全大數據價值流通體系

數據資源是大數據產業發展的關鍵基礎，作為大數據時代重要的生產要素和戰略資產，其價值體現以數據開放和流通為前提。然而，目前數據資源在流通過程中遇到的權益體系與監管體系不完善、分級分類機制缺失，以及安全可靠保障體系不健全等問題，制約了大數據產業的健康發展。

區塊鏈作為一種新興的信息技術，在金融、能源、農業等多個領域已被證實具有廣闊的應用潛力，其去中心化、集體維護、數據不可篡改與偽造等特性，使其成為破解數據流通難題的有效工具。如何推動區塊鏈與大數據協同發展值得深入探索與研究。

數據確權是指對數據的所有權、佔有權、使用權、受益權和他項權利的確認、確定，是構建數據權益體系的基礎與核心。一個國家對本國數據資源的控制是維護數據資產利益的關鍵，各國都高度重視對數據主

權的保護。以美國為代表的西方國家利用技術優勢實施數據霸權，通過服務全球變相收集、匯聚網絡數據，威脅其他國家的數據資源所有權。

　　中國由於基礎核心技術支撐能力較弱，數據跨境流動保護等規則缺失，無法對數據資源在網絡空間的傳播過程實現有效監督管理，數據主權的確認及維護面臨巨大挑戰。同時，數據權益體系的不健全也極大阻礙了價值數據的流通，為中國數據開放、交易和隱私保護帶來諸多困難。以數據交易為例，由於數據確權機制不完善，北京、上海、貴州等地大數據交易平臺的數據開放進程緩慢、供需不對稱，嚴重影響了數據的成交率與成交額。中國亟須運用網絡新技術完善數據流通過程中的確權功能，同時提升維護數據主權的技術能力，避免喪失國家的信息主導權。

　　數據分級分類管理，是指對用戶數據資源按照內容屬性、價值層次和重要性進行級別和類型的確定，旨在明確各類數據的使用範圍與方式，並依據各類信息的價值和安全風險實施不同程度的管理和保護。實行數據分級分類管理，不僅有助於從國家層面加強對政府部門數據的統籌管理，提升政府數據共享、開放的標準化程度，從而更快地推進政府數據共享和公共數據開放工作，也有助於數據管理機構或平臺制定數據流通規則，促進各行業數據的交易與交換。就目前來看，中國分級分類管理體系的不健全導致數據授權機制遲遲未能建立，政府數據的開放共享進程異常緩慢，甚至引發了一系列的信息洩露案件。

　　數據追溯是實現大數據監管的重要功能，也是明確數據所有權的基本手段之一，依賴於數據流通路徑的確定。數量巨大、來源分散、格式多樣的大數據對政府監管能力是一種新挑戰，若能實現對網絡數據流經過程的全記錄，將極大豐富對網絡數據的監管功能，並為數據資源的綜合管理與網絡違法案件的查處提供新手段。

　　防丟失、防篡改是構建數據資源安全保障體系的重要環節，直接影響著數據的真實性、可靠性和完整性。當前，政府、金融、互聯網等重要領域和行業的信息基礎設施承載著大量的業務數據和用戶數據，保證關鍵數據免遭非法篡改與利用成為大數據健康發展的重要基礎和關鍵保

障。然而，現實的狀況卻令人擔憂。一方面是價值數據易丟失、易被篡改或被破壞的特點依然突出；另一方面是各行業和各領域網絡頻遭黑客攻擊，導致互聯網平臺數據被篡改和丟失事件時有發生，從而給互聯網和大數據發展帶來惡劣影響。

在基於去中心化的分佈式對等網絡中，所有節點均擁有數據保存以及獲取區塊構建能力的權利與機會，為區塊鏈技術賦予了強大的共識機制。這種共識機制保證了區塊鏈體系中各個節點對區塊構建及其發展的認可。基於共識機制，在數據資源產生或流通之前，將確權信息和數據資源進行有效綁定並登記存儲，使全網節點可同時驗證確權信息的有效性，並以此明確數據資產的權利所屬人。通過數據確權建立全新的、可信賴的大數據權益體系，為數據交易、公共數據開放、個人數據保護提供技術支撐，同時為維護數據主權提供有力保障。對於數據資產的確權，區塊鏈技術已經被證實是一種存儲永久性價值數據的理想解決方案，目前在真實性驗證、土地所有權、股權交易等場景中已得到應用。「小蟻」系統正在嘗試構建基於區塊鏈的公司股權登記系統，使區塊鏈成為公司的股東名冊，以及持股信息的合法記載場所。

區塊鏈技術本質上是一個不可篡改的、全歷史的分佈式數據庫。在比特幣等典型的區塊鏈數據結構中，巨大的區塊數據集合包含了每一筆數據交易的全部歷史，能夠實現對數據資源流轉的全生命週期記錄。該特性使得區塊鏈技術能夠實現對數據交易過程的可追溯，從而為數據在流通過程中的監管提供便利，為政府和行業部門治理非法數據使用和交易提供有效手段。區塊鏈公司 R3 宣布與 Axoni 公司、瑞士信貸公司、聯博（AB）公司，以及匯豐銀行等 7 家公司合作，共同建立以區塊鏈技術為支撐的高效自動化信息處理系統，用以追溯金融業不清晰、不準確的參考數據，保證金融市場的良好運作。

區塊鏈技術要求系統內所有節點對已驗證的數據進行存儲備份。數據存儲採用非對稱加密算法，一方面可保證數據經過脫敏處理後才能流通，有利於突破信息孤島；另一方面能夠辨識任何改動數據的行為，使區塊鏈數據具有不可篡改性。

与此同时，如果將非對稱加密算法與數據的分級分類機制有機結合，就能為網絡空間數據管理帶來新手段。基於區塊鏈的比特幣自2008年誕生以來不斷發展壯大，當前總市值已超過100億美元，其系統的穩定性正是依賴於強大的安全保障機制。

「流通」使得大數據發揮出更大的價值，類似資產交易管理系統的區塊鏈應用，可以將大數據作為數字資產進行流通，實現大數據在更加廣泛的領域應用及變現，充分發揮大數據的經濟價值。

我們可以看到，數據的「看過、複製即被擁有」等特徵，曾經嚴重阻礙數據流通。但基於去中心化的區塊鏈，卻能夠破除數據被任意複製的威脅，從而保障數據擁有者的合法權益。區塊鏈還提供了可追溯路徑，能有效破解數據確權難題。有了區塊鏈提供的安全保障，大數據將更加活躍和湧動。

8.4 區塊鏈和大數據的結合

8.4.1 區塊鏈技術進入大數據領域彌補大數據的不足

區塊鏈作為一個去中心化的分佈式數據庫出現，憑藉其自身的去中心化、開放自治、匿名不可篡改的特性在很多領域都受到關注。這使得區塊鏈的應用場景更加廣泛，如最初的數字貨幣、證券交易結算、會計審計等適合金融領域的應用，以及政府、醫療等公共領域的應用。可以說，區塊鏈天然適用大數據難以解決的諸多技術壁壘。並且重要的是，區塊鏈的出現也有效解決了大數據的一些弊端，即大數據沒有辦法對自己的「身分」即數據源進行澄清，而區塊鏈技術應用於大數據，可以有效解決大數據的孤島、數據低質、數據洩露等數據源問題。

數據庫的信息傳遞效率和維護成本直接影響大數據處理的有效性。僅僅從數據的層面上來講，區塊鏈是一個由所有參與者共同記錄的信息，並且是由所有參與記錄的節點共同存儲的且不可篡改的數據庫。在這個區塊鏈數據庫中，每一個節點都擁有整個數據庫的完整副本，並且

當某一節點要對數據庫的數據進行變更時，需要向區塊鏈網絡廣播這些數據，從而便於其他節點對數據進口全網所有的節點都完成共同驗證和認可，對被更改的數據進行驗證和審核之後，數據才能被認為是有效的。這樣，區塊鏈構建的數據庫在大數據處理的有效性才能真正提高。

8.4.1.1 解決數據孤島問題

區塊鏈具有去中心化、開放性等特點，使得大數據的數據孤島問題得到有效解決，信息公開透明地傳遞到所有金融市場參與者。監管部門作為金融市場中的秩序維護者，可以利用區塊鏈技術中全部數據鏈條對可能出現的風險問題進行預測和分析，並可以及時發現和預防這些風險問題，從而更好地維護金融市場有序運行。可見，區塊鏈去中心化的特徵可以消除大數據處理尤其是風險控制方面的信息孤島問題，通過信息共享完善風控模式。

舉例來說，客戶甲分別向 A 銀行和 B 銀行申請了 100 萬元的房屋抵押貸款，實際上其房屋也就值 100 萬元。如果銀行 A 和銀行 B 都位於同一區塊鏈體系，就可以對客戶甲的交易行為和風險系數一目了然，這樣能夠有效預防房貸總額超過抵押值。不但如此，監管部門雖不是交易的參與方，依然可以加入區塊鏈，對區塊鏈上任何一個節點的交易行為進行即時監控，可有效防止風險行為事件發生。

8.4.1.2 改善大數據中數據質量不佳的問題

區塊鏈分佈式數據庫可以改善大數據處理中數據質量不佳的問題，有效解決數據格式多樣化、數據形式碎片化、有效數據缺失和數據內容不完整的問題。在區塊鏈中，每個節點共同記錄和存儲交易的數據信息，每個節點都可以參與對數據的檢查，並對數據的「身分」進行驗證，這樣就保證了數據的真實性。另外，去中心化決定了區塊鏈上的數據是不可以隨意更改的，這樣就有效降低了數據更改的可能性。因此，可以說區塊鏈技術使得數據更具公開性、安全性，從源頭上提高了數據質量，增強了數據的檢驗能力。

比如，對於存檔的歷史數據，因為它們是不能被修改的，我們可以

對大數據作哈希處理，並加上時間戳，保存在區塊鏈之上。在未來的某一時刻，當我們需要驗證原始數據的真實性時，可以對對應的數據做同樣的哈希處理，如果得出的答案是相同的，則說明數據是沒有被篡改過的。或者只對匯總數據和結果做處理，這樣只需要處理增量數據，那麼應對的數據量級和吞吐量級可能是今天的區塊鏈或改善過的系統可以處理的。

8.4.1.3 防範數據洩露

區塊鏈作為一個去中心化的數據庫，任何節點對數據的操作都會被其他節點發現，從而提升了對數據洩露的監控水準。並且區塊鏈中的各個節點的身分信息是通過私鑰的形式才能獲得的，而私鑰僅僅是信息的擁有者才能知道，即便是其他信息洩露了，但是如果私鑰沒有洩露，那麼那些被洩露的信息也無法與節點身分進行匹配，這樣這些洩露的信息也就失去了利用價值。黑客發起的對數據庫外部的攻擊，只有掌握超過網絡上50%的計算力才能攻破區塊鏈。並且區塊鏈上的節點越多，需要的節點力越大。當節點數目達到一定規模的時候，黑客發動一次攻擊所需要的成本之大，是完全得不償失的。這樣一來，通過區塊鏈對信息存儲技術進行加密，就保證了數據的安全性，防範了大數據處理中可能出現的數據洩露問題。

因此，區塊鏈+大數據是突破大數據中存在的弊端，有效提升業務能力的有效模式之一。

8.4.2 大數據技術提升區塊鏈效率

區塊鏈的去中心化特徵使得它在具備較高的安全性的同時，犧牲了一定的效率。在一個區塊鏈系統中，每個人都有一份完整帳本，並且有時需要追溯每一筆記錄，因此隨著時間推進，交易數據超大的時候，就會產生性能問題，如第一次使用需要下載歷史上所有交易記錄才能正常工作，每次交易為了驗證用戶確實擁有足夠的錢而需要追溯歷史每一筆交易來計算餘額。雖然可以通過一些技術手段（如索引）來緩解性能問題，但問題還是明顯存在的。與此同時，區塊鏈的交易是存在延遲

的。拿比特幣舉例，當前產生的交易的有效性受網絡傳輸影響，因為要被網絡上大多數節點得知這筆交易，還要等到下一個記帳週期（比特幣控制在 10 分鐘左右），也就是要被大多數節點認可這筆交易。還受一個小概率事件影響，就是當網絡上同時有 2 個或 2 個以上節點競爭到記帳權力，那麼在網絡中就會產生 2 個或 2 個以上的區塊鏈分支，這時候到底哪個分支記錄的數據是有效的，則要再等下一個記帳週期，最終由最長的區塊鏈分支來決定。因此區塊鏈的交易數據是有延遲的。

而大數據技術的長處就在於對海量數據的特徵把握與分析，大數據技術的引進可以幫助解決區塊鏈中數據訪問和分析的效率問題，在進行交易確認和數據訪問的時候，大數據技術可以極大地提升區塊鏈系統的整體效率。

8.4.3 區塊鏈為大數據行業帶來新的可能

隨著數字貨幣的興起，區塊鏈對數據領域的變革引起各方的重視。金融服務行業正在開始認真研究區塊鏈技術。瑞銀集團首席信息官奧利弗·巴斯曼（Oliver Bussmann）表示，區塊鏈技術可以將交易處理時間從幾天縮短到幾分鐘。

金融服務業務採用區塊鏈技術勢在必行。想像一下這個數量級的區塊鏈：其龐大的數據量包含了所有金融交易的全部歷史記錄，並且全部可供分析。區塊鏈提供了分類帳的完整性，但不能用於分析。但這就給了大數據和相關分析工具發揮作用的機會。

8.4.3.1 大數據分析的機會

2017 年 12 月，一家由 47 家日本銀行組成的財團與一家名為 Ripple 的區塊鏈創業公司簽約，以促進採用區塊鏈在銀行帳戶之間進行資金轉帳。簽署這個合約的主要原因是以極低的成本對資金進行即時傳輸。傳統即時轉帳昂貴的原因之一是轉帳具有潛在的風險因素。雙重支出（這是一種重複使用相同安全令牌的交易失敗形式）是即時傳輸面臨的一個實際問題。通過區塊鏈，可以顯著地避免這種風險。大數據分析使得識別消費者支出模式成為可能，並且可以比現在更快地識別高風險交

易，這就降低了即時交易的成本。

而在銀行以外的行業，採用區塊鏈技術的主要動力是安全性。在醫療保健、零售以及公共管理領域，企業已經開始試驗區塊鏈來處理數據，以防止黑客入侵和數據洩露。在醫療保健方面，區塊鏈等技術可以確保在各個級別的數據訪問中尋求多個「簽名」。這可以幫助防止再次發生諸如 2015 年的襲擊事件，該事件中有超過 1 億份病歷被盜。

8.4.3.2 即時分析的可能性

到目前為止，對即時詐欺進行檢測只是一個夢想，銀行機構一直依靠技術來識別詐欺交易。由於區塊鏈擁有每筆交易的數據庫記錄，因此，如果需要的話，它可以為機構提供即時挖掘模式的途徑。

但所有這些可能性也引發了有關隱私的問題。這與區塊鏈和比特幣受到歡迎的原因相反。一些業內專家對此表示擔心，這種能夠提供每筆交易記錄的技術，能夠被用於從客戶資料分析到用於其他目的分析的所有事情。

但從另一個角度來看，區塊鏈大大提高了數據分析的透明度。與以前的算法不同，區塊鏈的設計會拒絕任何無法驗證的輸入，而且這種輸入被認為是可疑的。因此，零售行業的分析師只能處理完全透明的數據。換句話說，區塊鏈系統識別的客戶行為模式可能比現在更為精確。

8.4.3.3 發現交易數據

據預測，區塊鏈中的數據價值數萬億美元，因為區塊鏈將繼續在銀行、小額支付、匯款和其他金融服務中應用。實際上，截至 2030 年，區塊鏈帳本的價值可能達到大數據市場的 20%，其年收入可達 1,000 億美元。從這個角度來看，這個潛在的收入超過了 Visa, Mastercard 和 PayPal 等金融支付工具目前所產生的收入。大數據分析對跟蹤這些活動至關重要，幫助組織使用區塊鏈做出更明智的決策。

數據情報服務正在出現，以幫助金融機構、政府機構以及各種組織深入研究他們可能與區塊鏈互動並發現「隱藏」模式。

8.4.3.4 發現社交數據

隨著2014年和2015年比特幣的日益普及，虛擬貨幣開始由於現實世界和大眾對技術的看法而大幅波動，而這些波動證明，虛擬貨幣有幾個特徵，使其成為社交數據預測的理想選擇。

行業專家表示，「使用社交數據預測消費者行為並不是什麼新鮮事，許多交易者一直在尋求將社交指標納入其交易算法。但是，由於大多數金融工具定價涉及的因素太多，所以要預測市場將如何變化是非常困難的」。

幸運的是，比特幣和社交媒體的用戶趨於一致，使用這兩種數據進行數據分析可能是有益的，該專家對此做了進一步的解釋：

（1）比特幣用戶往往與社交媒體用戶在相同的人口統計範圍內，因此他們對比特幣的態度、觀點和看法都有詳細記錄。

（2）比特幣和其他加密貨幣的價值幾乎完全由市場需求決定，因為市場上的貨幣數量是可以預測的，不受任何實物商品的束縛。

（3）比特幣主要由個人而不是由大型機構進行交易。

（4）影響比特幣價值的事件首先在社交媒體上傳播。

（5）數據分析師現在正在挖掘社交數據，以洞察關鍵的加密貨幣趨勢。這反過來幫助組織發現強大的人口統計信息，並將比特幣的表現與世界發生的事件聯繫起來。

8.4.3.5 揭開數據貨幣化的新形態

Dell EMC公司服務首席技術官比爾·施馬佐（Bill Schmarzo）表示，區塊鏈技術也有可能通過消除中間人促進交易，以實現數據和分析的共享和貨幣化。在商業世界中，這給消費者提供了更強大的談判能力。它允許消費者通過區塊鏈控制誰有權訪問他們的數據。然後，他們可以要求定價折扣，以換取消費者對於企業產品或服務的個人消費數據。

施馬佐對區塊鏈如何可能導致新的數據貨幣化形式進行了闡述，因為它具有對大數據的以下三個方面的影響：

（1）參與交易的所有參與方都可以訪問相同的數據。這加快和提高了數據採集、數據共享、數據質量以及數據分析。

（2）所有交易的詳細記錄都保存在一個「文件」或區塊鏈中。這提供了從開始到結束的事務的完整概述，消除了對多個系統的需求。

（3）個人可以管理和控制他們的個人數據，而無須第三方仲介或集中式存儲庫。

最終，區塊鏈可以通過創建新的市場，讓公司和個人可以直接共享、出售以及提供他們的數據和分析見解，從而成為數據貨幣化的關鍵推動者。

在比特幣的大規模採用的帶動下，區塊鏈技術在商業和金融領域獲得了成功。它促進了快速和安全的交易可能會徹底改變傳統的數據系統。根據畢馬威和Forrester諮詢公司的調查，1/3的決策者信任他們公司的數據。但是區塊鏈技術可以大大加強這種信任，其實際應用將會變得更加普遍。

8.5 區塊鏈+大數據的應用

8.5.1 智能電網的應用

大數據和區塊鏈在公共服務領域的應用相當被人看好。其中比較成功的例子，就是智能電網。

智能電網，是指將現代信息技術融入到傳統能源網絡中構成新的電網，通過戶的用電習慣等信息，優化電能的生產、供給和消耗，這是大數據在電力系統中的應用。智能電網可以解決以下幾方面的問題：

（1）電網規劃。通過對智能電網中的數據進行分析，可以知道哪些地區的用電負荷和停電頻率過高，甚至可以預測哪些線路可能出現故障。基於這些分析結果，可以有助於電網的升級、改造、維護等工作。

例如，美國加州大學洛杉磯分校的研究者就根據大數據理論設計了一款「電力地圖」，將人口調查信息、電力企業提供的用戶即時用電信

息和地理、氣象等信息全部集合在一起，製作了一款加州地圖。該圖以街區為單位，展示了每個街區在當下時刻的用電量，甚至還可以將這個街區的用電量與該街區居民的平均收入和建築物類型等信息相比照，從而得出更為準確的社會各群體的用電習慣信息。這個地圖為城市和電網規劃提供了直觀有效的負荷數量預測依據，也可以按照圖中顯示的停電頻率較高、過載較為嚴重的街區進行電網設施的優先改造。

（2）發電與用電的互動。理想的電網，應該是發電與用電的平衡。但是傳統電網的建設是基於發→輸→變→配→用的單向思維，無法根據用電量的需求調整發電量，造成電能的冗餘浪費。為了實現用電與發電的互動，提高供電效率，研究者開發出了智能的用電設備——智能電表。德克薩斯電力公司（TXU Energy）已經廣泛使用智能電表，並取得了巨大的成效。供電公司能每隔 15 分鐘就讀一次用電數據，而不是過去的 1 月 1 次。這不僅僅節省了抄表的人工費用，而且由於能高頻率快速採集分析用電數據，供電公司能根據用電高峰和低谷時段制定不同的電價，利用這種價格槓桿來平抑用電高峰和低谷的波動幅度，智能電表和大數據應用讓分時動態定價成為可能，而且這對於 TXU Energy 和用戶來說是一個雙贏的變化。

（3）間歇式可再生能源的接入。目前許多新能源也被接入電網，但是風能和太陽能等新能源，其發電能力與氣候條件密切相關，具有隨機性和間歇性的特點，因此難以直接並入電網。如果通過對電網大數據的分析，則可對這些間歇式新能源進行有效調節，在其產生電能時，根據電網中的數據將其調配給電力緊缺地區，與傳統的水、火電能進行有效地互補。

8.5.2 數字資產的應用

區塊鏈與大數據的結合除了對公共領域有一系列的影響以外，其對一些傳統思維模式下難以挖掘和處理的價值問題也有著顛覆性的影響，比如數字資產的確權和價值挖掘。

實體資產和權益資產，屬於原子世界的，是能夠看得見摸得著的資產。

數字資產，屬於量子世界的，是看不見（或許通過屏幕能看得見）摸不著的資產，是數量級非常龐大的，需要使用更高級技術進行確權的資產。

極大的數據量需要大數據的處理模式來實現，而所謂的更高級的技術就是區塊鏈，它的去中心化和分佈式特點，能夠比當今中心化的機構更好地支持和服務數字資產的確權。區塊鏈裡的智能合約提供了類似量子力學裡的麥克斯韋妖可以進行持續熵減，並且智能合約能保證區塊鏈網絡中的秩序。

麥克斯韋妖，可以理解為一種能量或者物理學裡的做功。提供能量把無序變成有序，因為無序不會自發變成有序，一定是提供能量支持。大自然的麥克斯韋妖是太陽光線，把地球從最初的混沌狀態變成有植物和動物並有序共存的生機勃勃的狀態。

熵，是體系混亂程度的度量，可以理解為不確定的狀態。持續熵減就是把不確定狀態持續改善為確定的狀態，即無序變有序。只有有序才能產生價值和財富。

基礎協議，即秩序。本書引用了亞當·斯密的《國富論》的基礎理論：政府只需要建立法制，維護這樣一個系統，維護這個基礎協議，讓消費者和投資人正當地行使市場中應得的自由，這個所謂的市場就會產生財富。這個理論適用於原子世界，只要政府把基礎協議或者叫法制協議維護好，市場就能運行，就能產生財富。它同樣適用於量子世界(數理環境)，而區塊鏈的智能合約就是這個基礎協議，它是一段計算機語言，規定了相應的觸發條件、邏輯關係、因果關係、達成結果必需的條件等。區塊鏈的礦工提供的 CPU 或 GPU 的算力，消耗電力和熱量，就是麥克斯韋妖。礦工將數字信息持續不斷地按照智能合約的規定打包到區塊鏈中，把雜亂信息變為有價值的數據和數字信息，就是完成了持續熵減。

因此在區塊鏈中，只要把智能合約提前編製完備，所有加入到這個區塊鏈網絡的人都被強制遵守這個基礎協議，那麼自然就能井然有序地執行智能合約的規定從而完成數字資產的確權。區塊鏈的特點是去中心

化的全網分佈式網絡，也就是只要接入該網絡的所有計算機一起運行智能合約，不能作假，可信任，數據處理能力強。這些優點都遠遠超過依靠銀行服務器、房管中心等中心化的記帳方式，因此區塊鏈逐步進入人們的視野就是自然而然的事情了。

互聯網上最核心的數字資產就是網絡流量。特別是網絡流量這一數字資產具有與比特幣同樣的特點：

第一，網絡流量是所有互聯網用戶分佈式產生的，天生具有去中心化特性；

第二，網絡流量只存在互聯網世界，並且只在互聯網世界中分佈式流轉；

第三，網絡流量可以計量和分佈式交易和監管。

由於對流量這一互聯網核心資產沒有控制力，金融企業還不得不向互聯網巨頭購買在線廣告來獲取流量，其實是花錢在培養自己的對手，互聯網企業拿著金融企業的廣告費先獲取終端用戶的流量再轉手賣給金融企業，這些用戶隨時可以轉化為互聯網企業自己的客戶。淘寶+支付寶就是個養虎為患的案例。

認識到網絡流量具有與比特幣相近的數字資產特點，也為區塊鏈+大數據技術應用到網絡流量營運領域中提供了新的思路和方向。基於區塊鏈和大數據技術的網絡流量經營管理方案才能真正解決傳統金融企業的痛點，才是真實的行業的需求。

8.5.3 社交數據的應用

除了金融行業，社交行業也因為區塊鏈和大數據的出現引發了強烈的衝擊。Facebook 的用戶數據洩露事件暴露出現有的社交平臺存在的問題，很多人不滿 Facebook 不謹慎對待用戶數據，而區塊鏈和大數據的結合提供了一個全新的解決方案，在大數據的處理模式基礎上，區塊鏈挖掘並拓展了傳統數據的價值，比如社交數據，這些海量的數據在傳統的模式下難以確權和提取價值，而區塊鏈和大數據的結合讓我們看到了新的可能。

8　區塊鏈與大數據

　　區塊鏈可以怎麼改變現有的社交媒體？目前看來有幾個方向：一是獎勵分利，強調挖礦不必靠算力，而是用魅力，以新的合理獎勵機制，將內容獲利自動化，開創新的社交玩法；二是通過分散式架構，不讓單一公司把持數據的擁有權，進而提升用戶的數據隱私權；三是開始有人提出區塊鏈或許是打擊假新聞、不實信息在社交平臺上日趨泛濫的方法之一，特別是隨著人工智能技術的演進，對抗生成網絡（GAN）能創造以假亂真的圖像，這個問題將是所有人都必須面對的。

　　首先是社交挖礦，就是充分發揮信息的價值。Steemit可以說是上述這個模式的區塊鏈的社交先驅，當用戶創作出了好的內容，如文章、音樂、照片等，被其他用戶分享或稱贊，創作者就可以獲得獎勵。如果你不是創作者，但當你在Steemit上看到很不錯的帖子，可以稱贊它或在底下發表評論，這種用戶身分（在Steemit上稱為curators）也可以獲得獎賞，所謂的獎勵就是Steemit代幣，稱為Steem。而秘銀公司也推出一個新的類似的社交平臺Lit，可以傳送即時信息、發布動態、探尋新朋友，只要用戶在Lit上發的照片、影片獲得更多的人喜歡，秘銀就會贈予「秘銀幣」來獎勵有貢獻的客戶，而秘銀是基於ERC-20標準的以太坊社群代幣，使用者通過秘銀錢包儲存、使用秘銀幣，也可將它兌換成比特幣或以太幣。區塊鏈社交的挖礦和比特幣相似，礦工要靠工作量證明（POW），社交平臺裡的動態就是工作量證明，平臺把個人內容創造的價值和營收，去中心化給用戶，這就是「社交挖礦」。

　　而針對數據的安全問題，區塊鏈社交也提供了一個可能的解決途徑。大型社交平臺都是提供集中式的服務架構，數據都存儲在這些公司位於各地的大型機房裡，Facebook鬧出的風波，讓全球驚醒網絡數據很可能嚴重被濫用的問題，其實很多大型互聯網公司包括Google、Amazon等都曾經被爆出侵犯用戶隱私、竊取用戶資料的負面消息，有區塊鏈社交初創公司希望解決這樣的問題。以色列公司Synereo推出了WildSpark平臺，用戶可以發布內容，當其他用戶看了之後喜歡這些內容，就可以對創作者發送加密貨幣作為獎勵。聽起來跟其他企業沒有太大的差別，不過Synereo的模式是讓用戶通過自己的裝置運行節點，或是下載一個

用戶端軟件，並與其他節點互聯，用戶數據都經過加密，並分佈在多個節點之間，形成一個「分散雲」（Distributed Cloud）。Synereo 強調不會也無法記錄或存儲任何類型的用戶個人信息，自然也不會向你推送廣告，或把你的信息賣給第三方企業。

8.5.4 預測市場的應用

什麼是預測市場？預測市場是以進行預測並以營利為目的而產生的一種交易市場，主要依據參與者對未來事件結果的選擇判斷，預測正確即可獲得盈利，規則自由，公平可信。

在預測市場逐步完善的幾十年間，各項研究與改良已使其取得長足發展，用戶群不斷擴大。但是，在傳統預測市場中存在預測過程過度中心化、結果可能被篡改等隱患。恰逢區塊鏈和大數據技術嶄露頭角，區塊鏈去中心化、信息無法被篡改等優點彌補了信任方面的不足，而大數據則解決了數據處理方面的弊端，在新的模式下產生了新型預測市場。以此作為基石，新型預測市場足以擁抱更廣泛的應用場景。同時衍生自區塊鏈的數字貨幣經濟激勵體系為該市場帶來了自維護性，參與者們傾向於自發的基於經濟利益共同維護這一市場。當然，作為一項起步較晚、尚處於成長階段的新技術，新型預測市場仍有不完備之處。

在這個市場中比較典型的應用就是 Delphy。Delphy 是一個基於以太坊的、去中心化的、移動社交市場預測平臺。從模式上講，Delphy 是一個預測即服務（Prediction as a Service，PaaS）的移動應用平臺和生態鏈。用戶一方面可以隨時隨地參與預測市場的交易，另一方面也可以利用 Delphy API &SDK 實現各種定制，開設各個垂直領域的預測市場。

Delphy 會發行一種符合 ERC20 的代幣 DPY，該代幣在 ICO 的時候發行，由智能合約生成。用戶需要使用 DPY 代幣才能使用 Delphy 服務，也就是說每個預測市場的資金池都是 DPY 代幣，市場贏家收穫的也都是 DPY 代幣。

用戶可以方便地創建 Event，根據自己感興趣的 Event 創建 Market，並設置 Event & Market 的描述和原數據，快速的查詢 Event & Market、

股價及其走勢，針對不同的 Market 去買賣股份、付帳和接受贏款等。

Delphy 採用漢森（Hanson）提出的一種定價方式 LMSR（Logarithmic Market Scoring Rule，對數市場評價法則），並進行了一定的優化。它是一種自動化市場莊家機制，有許多優良的特性：

首先，去中心化分佈式的信息聚合。市場參與者自動貢獻信息，根據各自佔有的信息自動形成最終的預測結果。「像燈一樣一打開就自動亮了」。

其次，一件事發生的概率和購買的價格對應。購買某個概率以後價格變化，購買越多價格上漲越快，擁有無限的流動性。

最後，即時更新。傳統預測方式不管是投票、電話調查甚至是專家意見，都是一次性的，樣本量也有限，無法更新，就像賭局一樣「買定離手」。LMSR 定價引擎可以即時根據購買行為算出即時價格，下一個人購買則按照當時的價格購買。

Delphy 將傳統互聯網上無法實現的大面積預測市場應用，使用大數據和區塊鏈技術真正地實現，並且和傳統的平臺相比，有著自身獨特的優勢。

首先，在 Delphy 預測市場採用區塊鏈技術，數據全網共識，不可篡改，其去中心化的特徵使得無須像傳統預測市場由中心化服務器來維護，而是由全網節點共同維護。

其次，在 Delphy 預測市場裡，每個參與者都處於平等地位，打破了傳統中心化預測團隊最終結果由一個或幾個決策者決定的模式，參與者可以自由投票，不再依賴於單一中心化決策的認可。正因為如此，預測平臺能夠避免被中心化組織操縱，做到自證清白，將政府監管的限制降到最低。

再次，Delphy 預測市場作為一個區塊鏈平臺，不存在國界和時空限制，一個基於區塊鏈的去中心化預測市場能夠吸引全球用戶參與，預測對象也不再局限於傳統預測市場討論的話題，全球用戶都可以依據自身興趣，對任何問題開展詢問和預測。而由於其設置了代幣獎勵，用戶基礎也將迅速擴大。

最後，基於區塊鏈的預測市場中的數字貨幣和智能合約能夠保證其執行的自動化和資金的安全性，同時也為預測市場提供了更好的便捷性和流動性，與傳統的中心化平臺相比，用戶在區塊鏈平臺上的每一次參與預測都更加安全、便捷和低成本。

大數據和區塊鏈的結合對傳統的預測市場領域帶來了巨大的衝擊，大數據對海量數據的獲取和處理能力提升了效率和精度，而區塊鏈的特性賦予了這個系統更高的可信度和安全性，可以說，大數據和區塊鏈完美的結合給這個市場帶來了新的極大的可能。

9　區塊鏈+時代

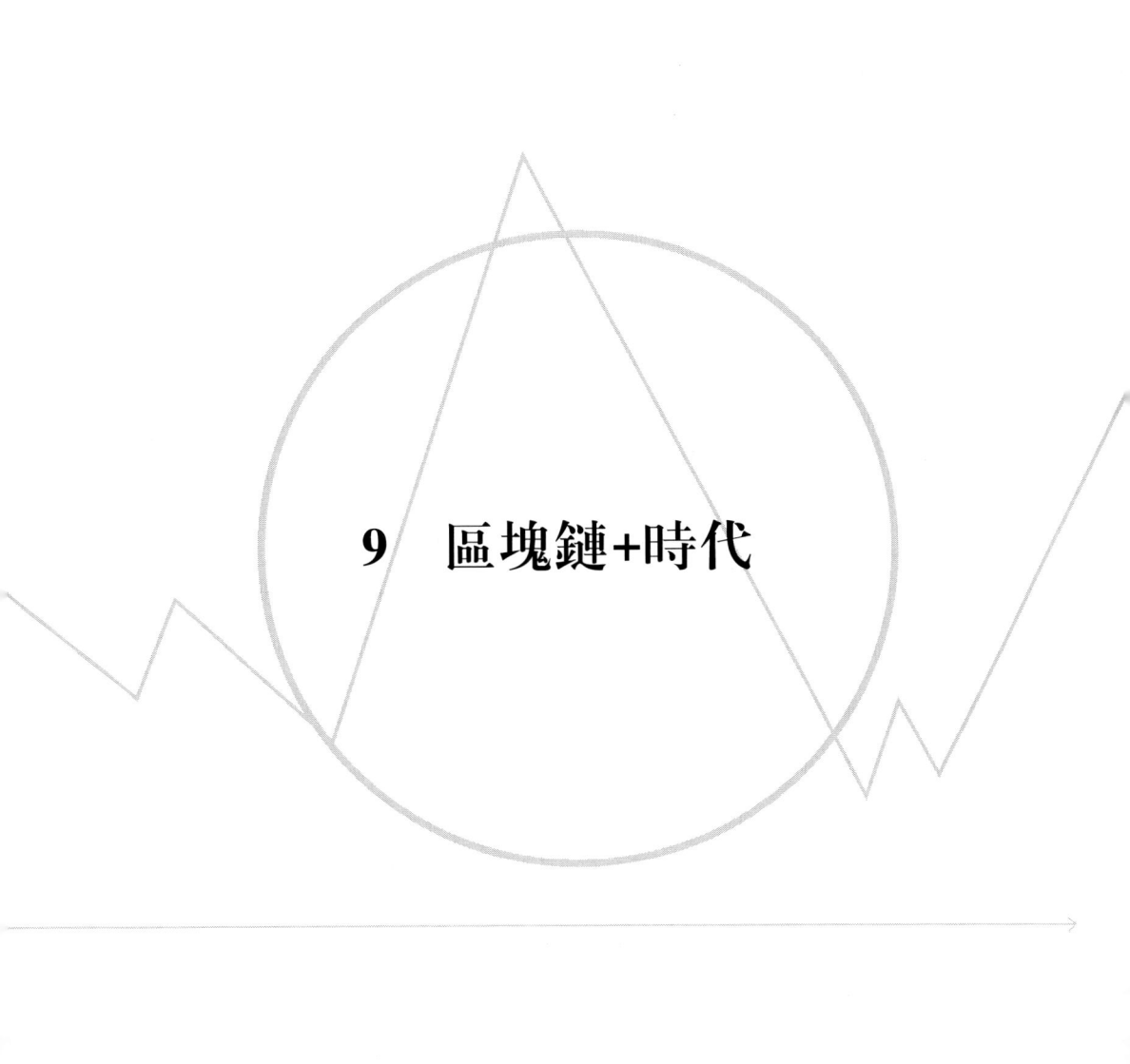

9.1 區塊鏈的現狀

9.1.1 BATJ 等的佈局

區塊鏈憑藉顛覆性的概念火爆各大領域，吸引公司紛紛入場。據鏈得得 App 編輯整理，中國區塊鏈方向公開專利的數量從 2014 年的 2 件增加到 2017 年前 7 個月的 428 件，無論是數量還是增速，都超過了美國。私募投資方面，中國區塊鏈領域私募股權融資金額從 0.16 億美元增長到 0.76 億美元，增長了 3.75 倍。

以百度、阿里巴巴、騰訊、京東（BATJ）為例，傳統互聯網巨頭最先意識到新浪潮將至。四家企業中，騰訊最先成立團隊，京東較滯後。值得注意的是，騰訊的區塊鏈版圖擴張更偏向於先建立完整的金融生態平臺，阿里巴巴專項負責團隊，螞蟻金服則著力於底層項目的落地，成果顯著。據瞭解，螞蟻金服技術實驗室目前獲得的區塊鏈專利數量排名為全球首位。

從項目方向上看，騰訊與百度主攻金融領域的區塊鏈技術應用，基於其本身所擁有的雲計算技術基礎，雙方先後建立了面向金融業的商業級區塊鏈雲計算平臺 BaaS。

螞蟻金服和京東受其主要業務的影響，更關注線上電商與線下物流的數據一體化，分別在商品防偽溯源領域進行技術探索。與京東不同的是，螞蟻金服在防偽溯源和物流跟蹤領域之外，於 2017 年 11 月與雄安新區簽署戰略合作協議，協議顯示，螞蟻金服將承建數字雄安區塊鏈基礎設施平臺。

從項目進展上看，騰訊於 2017 年 1 月完成區塊鏈商業場景的內部落地，2017 年 11 月正式發布區塊鏈金融級解決方案 BaaS，完成了生態平臺的搭建。

百度金融於 2017 年 7 月推出商業級區塊鏈雲計算平臺 BaaS，同年 9 月上線基於區塊鏈技術的公募 ABS 平臺。

2017 年 3 月，阿里巴巴宣布將打造可追溯的跨境食品供應鏈，

2018年2月，菜鳥與天貓國際宣布已實現跨境商品的物流全鏈路信息追蹤。

京東於2017年6月宣布成立「京東品質溯源防偽聯盟」，開放區塊鏈防偽追溯技術平臺，2018年2月，京東物流正式加入全球區塊鏈貨運聯盟（BiTA）。

9.1.1.1　百度金融：著力消費金融，推出區塊鏈雲計算BaaS平臺

目前來看，互聯網巨頭更注重區塊鏈技術本身和以區塊鏈技術為基礎的應用場景。百度的區塊鏈佈局大致與騰訊殊途同歸，更偏向於對金融領域的應用探索。由於百度金融服務較其他互金平臺存在差距，百度金融試圖依託於百度本身的技術場景優勢，重點關注區塊鏈金融項目，賦予其新的消費生態。

2016年6月，百度投資美國全球性區塊鏈技術支付公司Circle。據鏈得得App瞭解，Circle是一家提供數字貨幣儲存及國家貨幣兌換服務的消費金融創業公司，在獲得百度融資前已獲得四輪融資。

2017年5月，百度金融與佰仟租賃、華能信託等在內的合作方聯合發行了國內首單區塊鏈技術支持的ABS項目，發行總規模達4.24億元。該項目為個人消費汽車租賃債權私募ABS。8月，由百度金融發布的「百度—長安新生—天風2017年第一期資產支持專項計劃」獲得上交所批准通過，這是中國首單基於區塊鏈技術的公募ABS平臺產品。9月，該平臺正式上線。通過作為技術服務商搭建的區塊鏈服務端BaaS，百度金融實現了在消費金融ABS行業對於區塊鏈技術的初步應用探索。

據瞭解，百度金融自2016年10月開展場外ABS業務以來，主要發力於消費金融市場。鑒於目前ABS市場的徵信體系、風險管理體系、資產評估等方面都存在著大量的問題，百度金融通過區塊鏈技術本身具有的去仲介信任、防篡改、交易可追溯等特性的技術特點，解決了交易各方對底層資產質量真實性的信任問題。

2017年7月，百度金融推出其商業級區塊鏈雲計算平臺BaaS，旨在聯合企業、機構、聯盟組織構建區塊鏈網絡體系。公開資料顯示，這是繼騰訊後國內第二個融合雲計算與區塊鏈技術，在架構中嵌入區塊鏈

技術的商業級雲計算平臺。據鏈得得 App 瞭解，百度 BaaS 目前已應用於信貸、資產證券化、資產交易所等業務。如圖 9.1 所示。

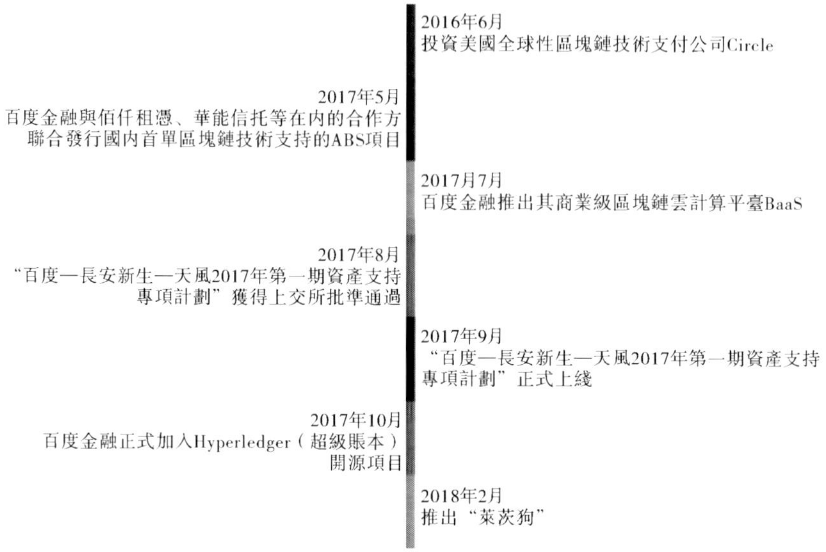

2016年6月
投資美國全球性區塊鏈技術支付公司Circle

2017年5月
百度金融與佰仟租憑、華能信托等在內的合作方聯合發行國內首單區塊鏈技術支持的ABS項目

2017月7月
百度金融推出其商業級區塊鏈雲計算平臺BaaS

2017年8月
"百度—長安新生—天風2017年第一期資產支持專項計劃"獲得上交所批準通過

2017年9月
"百度—長安新生—天風2017年第一期資產支持專項計劃"正式上綫

2017年10月
百度金融正式加入Hyperledger（超級賬本）開源項目

2018年2月
推出"萊茨狗"

圖 9.1　百度區塊鏈佈局

資料來源：由鏈得得 App 提供。

9.1.1.2　螞蟻金服（阿里系）：研發生產級底層技術，專注項目落地

據知識產權產業媒體 IPRdaily 聯合 incoPat 創新指數研究中心發布的《2017 全球區塊鏈企業專利排行榜》顯示，阿里巴巴區塊鏈技術專利數量排名第一，這些專利全部出自於螞蟻金服技術實驗室。

目前阿里巴巴與螞蟻金服在區塊鏈上的探索與數字資產並不相關，螞蟻金服區塊鏈研究團隊的技術方向主要是研發生產級基礎設施底層技術，如共識機制、平臺架構、隱私保護和智能合約等。

考慮到阿里巴巴是最大的電商與物流體系，螞蟻金服在「信用」角度發力，致力於將區塊鏈技術的核心——「信用」與現實場景結合。這也和螞蟻金服從建立之初就追求解決信用的目標不謀而合。例如捐贈信息追蹤、食品溯源、醫療場景，物流分析等。

2016 年 7 月，阿里巴巴的螞蟻金服率先將區塊鏈技術應用於支付

9 區塊鏈+時代

寶愛心捐贈平臺，以此來增加慈善捐款的可信度和透明度。2017 年 3 月，阿里巴巴宣布將應用區塊鏈技術打造可追溯的跨境食品供應鏈。

同年 8 月，阿里健康與江蘇省常州市合作開展「醫聯體+區塊鏈」試點項目。11 月，天貓國際宣布升級全球原產地溯源計劃。2018 年 2 月，菜鳥與天貓國際宣布已啟用區塊鏈技術追蹤跨境進口商品的物流全鏈路信息。

相較於騰訊的金融版圖的鋪展，由於阿里生態體系中存在支付寶、電商、物流幾個核心模塊，螞蟻金服更希望利用區塊鏈技術達到「信

時間	事件
2016年7月	螞蟻金服在支付寶愛心捐贈平臺加入區塊鏈技術
2016年10月	阿裏金融雲和易誠互動聯合推出"雲優商城"
2016年10月	與微軟、小蟻、法大大等合作開發"法鏈"
2017年3月	與普華永道合作，打造可追溯的跨境食品供應鏈
2017年5月	投資Symbiont
2017年8月	阿裏健康與江蘇省常州市合作開展"醫聯體+區塊鏈"試點項目
2017年10月	螞蟻金服CTO首度披露螞蟻金服"BASIC"戰略，B爲區塊鏈
2017年11月	天猫國際宣布升級全球原產地溯源計劃
2017年11月	承建數字雄安區塊鏈實施平臺
2018年1月	雄安建成區塊鏈租房應用平臺，螞蟻區塊鏈上綫
2018年2月	菜鳥與天貓國際啓用區塊鏈技術追踪跨境進口商品的物流全鏈路信息

圖 9.2　阿里巴巴區塊鏈佈局

資料來源：由鏈得得 App 提供。

任」從線上支付到線下物流的一體化。以支付寶為依託的消費、信貸、保險、金融理財以及信用評估數據等業務，在區塊鏈這個信任連結器的基礎上，將更好地實現「連接」「風控」和「信用」這三大金融服務功能。

值得關注的是，2017年11月8日，雄安新區與阿里巴巴集團、螞蟻金服集團簽署戰略合作協議。阿里巴巴與螞蟻金服將承建數字雄安區塊鏈基礎設施平臺。2018年1月，雄安建成區塊鏈租房應用平臺，這是國內首例把區塊鏈技術運用到租房領域。在政府主導的區塊鏈平臺上，螞蟻金服主張的信任連結為公民個人數據帳戶，為雄安房屋租賃大數據和數字誠信應用提供了核心支撐。如圖9.2所示。

9.1.1.3 騰訊：打造垂直行業應用的生態平臺

2015年年底騰訊在區塊鏈方面研究先行，成立了區塊鏈團隊，確認技術路線，從零開始搭建。與此同時，騰訊選用了聯盟鏈技術作為其實現區塊鏈應用場景的技術路徑。區別於比特幣之類的公有鏈，聯盟鏈參與方皆為大型機構，本身參與的節點可信度要高於任何普通比特幣節點。同時聯盟鏈作為組織結合的「多中心化系統」，具備自主可控、隱私保護、效率高效的特點。針對中國的政策環境，聯盟鏈用「多中心化」取代「去中心化」，可以實現區塊鏈技術從概念到落地應用。

多家機構組成聯盟鏈，金融機構間支付、結算、清算等交易速度與交易成本將大幅降低。一旦完成聯盟鏈的區塊鏈雲服務，騰訊自身的金融業務與銀行業、保險業、信託業、證券業和租賃業可以形成無縫接軌。

2016年5月，由騰訊公司及百業源、立業集團等知名民營企業設立的微眾銀行參與發起了金融區塊鏈合作聯盟——金鏈盟。6月，微眾銀行開發出國內第一個面向金融業的聯盟鏈雲服務BaaS。部署好所有基礎後，微黃金應運而生，這是騰訊第一個內部落地的區塊鏈商業場景。2017年4月，騰訊正式發布《騰訊區塊鏈方案白皮書》和騰訊區塊鏈行業解決方案。同年11月，騰訊雲正式發布區塊鏈金融級解決方案BaaS。

作為行業巨頭，騰訊的目標不只是將區塊鏈技術應用於金融場景，

9　區塊鏈+時代

而是意圖基於騰訊區塊鏈搭建垂直行業應用的生態平臺。該平臺是未來騰訊金融服務的關鍵，通過金融雲的接口，騰訊本身業務如游戲、社交及效果廣告、數字內容銷售和支付業務等與外界金融機構間的聯繫進一步增強。

目前騰訊的區塊鏈應用領域是：供應鏈金融、騰訊微黃金、物流信息、法務存證、公益尋人以及區塊鏈開放平臺 BaaS。至此，基於騰訊區塊鏈搭建的生態平臺已拉開序幕。如圖 9.3 所示。

時間	事件
2015年年底	成立區塊鏈團隊
2016年5月	微眾銀行參與發起了金融區塊鏈合作聯盟——金鏈盟
2016年6月	微眾銀行開發出聯盟鏈雲服務BaaS
2016年9月	騰訊與萬向集團在上海區塊鏈國際周上達成合作協議
2017年1月	騰訊微黃金正式上線
2017年4月	發布《騰訊區塊鏈方案白皮書》
2017年4月	區塊鏈落地"公益尋人鏈"
2017年6月	成立"中國銀行—騰訊金融科技聯合實驗室"
2017年9月	騰訊和英特爾宣布達成合作，并簽署合作意向書
2017年10月	騰訊加入加拿大區塊鏈研究所
2017年11月	騰訊雲正式發布區塊鏈金融級解決方案BaaS
2017年12月	發布供應鏈金融服務平臺"星貝雲鏈"
2018年3月	和中國物流與采購聯合會簽署戰略合作協議

圖 9.3　騰訊區塊鏈佈局

資料來源：由鏈得得 App 提供。

213

9.1.1.4 京東：落地商品防偽溯源和物流追蹤

作為中國的兩大電商巨頭，阿里巴巴在商品防偽溯源領域較京東先行一步。區塊鏈作為一種不可篡改的分佈式記帳系統，與商品溯源需要的數據記錄及真實性相對契合。使用區塊鏈技術以後的物流全鏈路信息涵蓋了生產、運輸、通關、報檢、第三方檢驗等商品進口全流程。品牌商、監管機構、第三方認證機構及消費者可全程查詢，確保品質。

區別於阿里在商品防偽溯源領域的單兵作戰，京東選擇基於京東商城的數據節點進行持續擴展，在品牌商、監管機構、第三方認證機構逐步部署聯盟鏈節點，形成社會化的區塊鏈防偽與追溯網絡。同時京東建立開放式技術平臺，圍繞京東商城的零售生態，服務優質品牌商，並向接入的品牌商開放數據採集、數據整合、數據可信、數據展示四方面技術。

2018年2月，京東物流正式加入全球區塊鏈貨運聯盟（BiTA），據網絡公開資料顯示，BiTA 成立於 2017 年 8 月，由經驗豐富的物流技術和貨運管理人員組成。目前，包括 UPS、FedEx、PENSKE、C. H. Robinson、SAP 等超過 200 家國際物流與技術企業已加入聯盟。京東物流則是國內首個加入該聯盟的物流企業。京東物流旨在搭建一個「新鏈路、高品質、全透明」的跨境商品精準追溯生態體系，有效串聯生產、運輸、倉儲、清關、報檢和配送等相關環節，打通保稅備貨和跨境直郵兩種形式的跨境電商供應鏈信息，形成跨境物流領域的全鏈條服務。

2018 年 3 月，京東推出一項名為「AI Catapult Accelerator（AICA）」的項目，以扶持初創企業在區塊鏈領域的業務。該項目於 2018 年 3 月啟動，為期 6 個月，第一批成員均為海外初創公司，包括 CanYa、Bluzelle、Nuggets、Republic Protocol、Devery 和 Bankorus。

3 月 22 日，京東發布《京東區塊鏈技術實踐白皮書（2018 年 3 月）》，白皮書指出，京東區塊鏈的目標是打造面向企業級應用的區塊鏈基礎設施，為企業提供能夠切實解決業務痛點的區塊鏈技術方案。23 日，援引中國證券網消息，京東金融與近 30 家商業銀行共同發起成立「商業銀行零售信貸聯盟」，聯盟成員優先享受場景開放、技術共享，

並優先加入基於區塊鏈技術的反詐欺聯盟。如圖 9.4 所示。

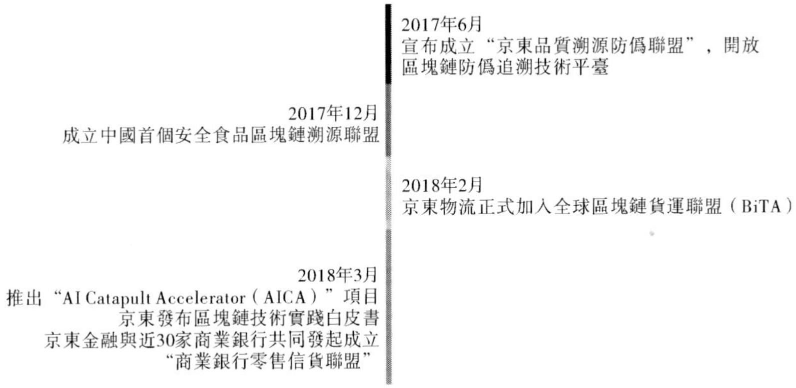

```
2017年12月                    2017年6月
成立中國首個安全食品區塊鏈溯源聯盟    宣布成立"京東品質溯源防偽聯盟",開放
                            區塊鏈防偽追溯技術平臺

                            2018年2月
                            京東物流正式加入全球區塊鏈貨運聯盟(BiTA)

2018年3月
推出"AI Catapult Accelerator(AICA)"項目
京東發布區塊鏈技術實踐白皮書
京東金融與近30家商業銀行共同發起成立
"商業銀行零售信貸聯盟"
```

圖 9.4　京東區塊鏈佈局

資料來源：由鏈得得 App 提供。

9.1.1.5　典型科技公司：深度研究，謹慎嘗試

除了上述四家公司，目前國內大型企業紛紛湧入區塊鏈領域。華為於 2016 年 8 月開始申請區塊鏈技術專利，10 月，華為加入超級帳本（Hyperledger）區塊鏈聯盟。該項目是區塊鏈技術領域最具影響力的開源項目，並在兩個熱度最高的子項目 Fabric 和 STL 中持續做出技術和代碼貢獻，同時被社區授予 Maintainer 職位，華為也是兩個項目中唯一來自亞洲的 Maintainer。

總體來看，國內大型企業涉獵區塊鏈項目主要開始於 2017 年。隨著區塊鏈概念的普及以及智能合約技術的成熟，以區塊鏈技術為基礎的項目落地變得更為迫切、密集。但對於區塊鏈這個新技術，如何找到有效的應用場景，企業尚處於摸索階段。2017 年下半年至今，蘇寧金融和 360 金融先後宣布成立區塊鏈研究團隊，探索佈局；迅雷推出共享計算服務；網易、小米對區塊鏈遊戲進行了初步嘗試。

9.1.2　各國（地區）政府的態度

9.1.2.1　歐盟議會：對區塊鏈技術持開放態度

2016 年 2 月，歐盟委員會把加密數字貨幣放在快速發展目標領域

的首位，這項舉措推動了各個機構針對數字貨幣的政策研究。4月18~21日，歐洲數字貨幣與區塊鏈技術論壇（EDCAB）為歐盟議會的政策制定者舉辦了一個集中討論區塊鏈的「博覽會」。同時，歐洲央行對新技術持開放態度，表示歐洲央行計劃對區塊鏈和分類帳簿技術與支付、證券託管及抵押等銀行業務的相關性進行評估。

9.1.2.2 杜拜：建立全球區塊鏈委員會

該委員會於2016年初成立，目前擁有超過30個成員。包括政府實體，例如智能杜拜辦事處、杜拜智能政府、杜拜多商品交易中心（DM-CC）、國際公司（思科、IBM、SAP、微軟），以及區塊鏈創業公司(BitOasis、Kraken 及 YellowPay)。2016年5月30日，杜拜全球區塊鏈委員會（GBC）舉行了2016年行業主題會議，公布了7個新的區塊鏈概念驗證。包括：醫療記錄、保障珠寶交易、所有權轉讓、企業註冊、數字遺囑、旅遊業管理、改善貨運。

9.1.2.3 韓國：自上而下地進行區塊鏈創新

2015年年底，韓國新韓銀行參與區塊鏈企業的融資。2016年2月，韓國央行在報告中提出鼓勵探索區塊鏈技術。當月，韓國唯一的證券交易所 KoreaExchange（KRX）宣布正在開發基於區塊鏈技術的交易平臺。

9.1.2.4 俄羅斯：態度由強硬趨於緩和

俄羅斯一向對比特幣採取強硬態度，但近來有所改觀。2016年初，俄央行開始考慮合法化比特幣和監管比特幣交易，尤其是P2P交易和個人業務託管。

9.1.2.5 澳大利亞：多領域探索區塊鏈技術

2015年年底，澳洲證券交易所（ASX）（澳大利亞最大的交易所）正考慮申請區塊鏈技術以提高其交易系統效率，將其作為其清算和結算系統的替代品。2016年3月，澳大利亞郵政（Australia Post）（澳大利亞國內最大的快遞服務公司）開始探索區塊鏈技術在身分識別中的應用。區塊鏈技術在澳大利亞也被應用於政治領域。一個新政黨 Flux 正在試圖利用區塊鏈技術改寫基於通貨的政治制度。

9.1.2.6 美國：區塊鏈逐漸引起立法者的積極興趣

2016年7月29日，22名美國參議員致函美聯儲要求對區塊鏈進行指導；9月12日，美國眾議院通過了一項要求支持區塊鏈技術的無約束力的決議；9月14日，代表大衛·施維克特（David Schweikert）提出區塊鏈被視為解決退伍軍人事務部管理問題的解決方案；9月28日，美聯儲主席耶倫透露美國央行正在研究區塊鏈技術。

9.1.2.7 中國：行業聯盟迅速興起

從政府部門來看，2016年2月，時任央行行長周小川指出，數字貨幣必須由央行發行，區塊鏈是可選的技術。此前，央行還召開了數字貨幣研討會。從行業角度來看，一批行業聯盟正逐步建立起來。2015年12月，區塊鏈研究聯盟、區塊鏈應用研究中心成立；2016年1月，全球共享金融100人論壇在北京宣布成立「中國區塊鏈研究聯盟」；2016年2月，中關村區塊鏈產業聯盟成立；2016年4月，中國分佈式總帳基礎協議聯盟（ChinaLedger）宣布成立。從企業角度來看，陸續湧現出很多與區塊鏈技術相關的創業公司。

9.1.2.8 英國：鼓勵對區塊鏈技術的深入研究

2016年1月19日，英國政府發布了長達88頁的《分佈式帳本技術：超越區塊鏈》白皮書。英國政府認為，政府參與數字貨幣和區塊鏈網絡的立法是非常重要的，政府鼓勵對區塊鏈技術的深入研究。英國政府正在積極評估區塊鏈技術的潛力，考慮將它用於減少金融詐欺，降低成本。此外，英國政府計劃開發能夠在政府和公共機構之間使用的應用系統。英國政府首席科學顧問Walport和他的研究小組，將協作把分佈式帳本技術集成到政府管理中，保障政府的隱私和安全。

9.1.2.9 新加坡：區塊鏈被持續看好

新加坡政府2016年第四季度報告顯示，對於區塊鏈的關注度持續看好的趨勢沒有放緩跡象。也許最鼓舞人心的是，大型央行機構的參與，第四季度及未來很長一段時間，區塊鏈發展的推動力可能都來自他們。

9.1.2.10　其他國家及機構：開始探索區塊鏈技術

2016年6月1日，阿布扎比的獨立監管機構開始探索如何為區塊鏈初創公司創建監管沙箱；6月6日，菲律賓央行表示它正在考慮如何監管數字貨幣兌換；7月22日，印度儲備銀行（RBI）推動銀行開發數字貨幣和分佈式分類帳的應用程序；8月23日，日本銀行公開表示其對區塊鏈技術所帶來收益的興趣。

9.1.3　中國各級政府的政策

2017年以來，區塊鏈日益受到中國政府的重視與關注，一方面中央加大對ICO項目的監管，另一方面積極推動國內區塊鏈的相關領域研究、標準化制定以及產業化發展。

據現在財經（http://caijing.io）統計，截至2018年3月底，國內有北京、上海、廣東、重慶、江蘇、浙江、貴州、山東、江西、廣西等多地發布了政策指導信息，開展對區塊鏈產業鏈佈局。

9.1.3.1　中央政策

（1）ICO監管。2017年8月30日，中國互聯網金融協會發布了《關於防範各類以ICO名義吸收投資相關風險的提示》，該提示指出，國內外部分機構採用各類誤導性宣傳手段，以ICO名義從事融資活動，相關金融活動未取得任何許可，其中涉嫌詐騙、非法證券、非法集資等行為。

2017年9月2日，互聯網金融風險專項整治工作領導小組辦公室向各省（市、區）金融辦（局），發布了《關於對代幣發行融資開展清理整頓工作的通知》。要求各省（市、區）金融辦（局）對轄內平臺高管人員進行約談和監控，帳戶監控，必要時凍結資金資產，防止平臺卷款跑路；全面停止新發生代幣發行融資活動，建立代幣發行融資的活動監測機制，防止死灰復燃；對已完成的ICO項目要進行逐案研判，針對大眾發行的要清退，打擊違法違規行為；針對已發項目清理整頓的內容，要求各地互金整治辦對已發項目逐案研判，對違法違規行為進行查處。

2017年9月4日，央行等七部委（中國人民銀行、中央網信辦、

工業和信息化部、工商總局、銀監會、證監會、保監會）發布了《關於防範代幣發行融資風險的公告》。公告指出，比特幣、以太幣等所謂虛擬貨幣的交易，本質上是一種未經批准非法公開融資的行為，代幣發行融資與交易存在多重風險，包括虛假資產風險、經營失敗風險、投資炒作風險等，投資者須自行承擔投資風險。要求即日起停止各類代幣發行融資活動，已完成代幣發行融資的組織和個人應當做出清退安排等。

（2）區塊鏈推動。2016年10月，工業和信息化部發布《中國區塊鏈技術和應用發展白皮書（2016）》，總結了國內外區塊鏈發展現狀和典型應用場景，介紹了國內區塊鏈技術發展路線圖以及未來區塊鏈技術標準化方向和進程。

2016年12月，「區塊鏈」首次被作為戰略性前沿技術寫入《國務院關於印發「十三五」國家信息化規劃的通知》。

2017年1月，工信部發布了《軟件和信息技術服務業發展規劃(2016—2020年)》，提出區塊鏈等領域創新要達到國際先進水準等要求。

2017年8月，國務院發布了《關於進一步擴大和升級信息消費持續釋放內需潛力的指導意見》，提出開展基於區塊鏈、人工智能等新技術的試點應用。

2017年10月，國務院發布了《關於積極推進供應鏈創新與應用的指導意見》，提出要研究利用區塊鏈、人工智能等新興技術，建立基於供應鏈的信用評價機制。

2018年3月，工信部發布了《2018年信息化和軟件服務業標準化工作要點》，提出推動組建全國信息化和工業化融合管理標準化技術委員會、全國區塊鏈和分佈式記帳技術標準化委員會。

9.1.3.2 各地政策

（1）北京市區塊鏈政策。北京作為全國的政治、文化中心，區塊鏈創業優勢明顯，雖然未出抬針對區塊鏈產業發展的專項政策，但一直保持高速發展狀態。

2016年8月，北京市金融工作局發布了《北京市金融工作局2016年度績效任務》，為推進北京市金融發展環境建設，推動設立了中關村

區塊鏈聯盟。

2016年12月，北京市金融工作局與北京市發展和改革委員會聯合下發了《北京市「十三五」時期金融業發展規劃》的通知，將區塊鏈歸為互聯網金融的一項技術，鼓勵其發展。

2017年4月，北京市發布了首個對區塊鏈企業予以資金支持的政策《中關村國家自主創新示範區促進科技金融深度融合創新發展支持資金管理辦法》。開展人工智能、區塊鏈、量化投資、智能金融等前沿技術示範應用，按照簽署的技術應用合同或採購協議金額的30%給予企業資金支持，單個項目最高支持金額不超過500萬元。

2017年9月，由北京市金融工作局、北京市發展和改革委員會、北京市財政局、北京市環境保護局等聯合下發了《關於構建首都綠色金融體系的實施辦法的通知》，再次提到區塊鏈，提出發展基於區塊鏈的綠色金融信息基礎設施，提高綠色金融項目安全保障水準。

（2）上海市區塊鏈政策。上海市政府在區塊鏈政策上相對保守，只在金融區塊鏈試點上出抬了多項指導政策。

2017年3月，上海市寶山區人民政府辦公室發布了《2017年寶山區金融服務工作要點的通知》。提到跟蹤服務廟行區塊鏈孵化基地建設和淞南上海互聯網金融評價中心建設。

2017年4月，上海市互聯網金融行業協會發布了《互聯網金融從業機構區塊鏈技術應用自律規則》，包含系統風險防範、監管等12條內容，這也是國內首個互聯網金融行業區塊鏈自律規則。

（3）廣州市區塊鏈政策。廣州作為改革開放的前沿，對新生事物向來都是包容開放支持的，緊密對接國家「區塊鏈+」發展戰略，針對區塊鏈產業多個環節給予重點扶持，出抬了目前國內支持力度最大、模式突破最強的區塊鏈扶持政策。

2016年12月，廣州市委書記任學鋒關於五年主要工作任務的講話中曾提到要發展區塊鏈等前沿技術。

2017年12月，廣州出抬了第一部關於區塊鏈產業的政府扶植政策《廣州市黃埔區廣州開發區促進區塊鏈產業發展辦法》，整個政策共10條，核心條款包括：涵蓋成長獎勵、平臺獎勵、應用獎勵、技術獎勵、

金融支持、活動補貼等。預計每年將投入 2 億元左右的財政資金。

（4）深圳市區塊鏈政策。2016 年 11 月，深圳市金融辦發布了《深圳市金融業發展「十三五」規劃》，該規劃提到，支持金融機構加強對區塊鏈、數字貨幣等新興技術的研究探索的政策。

深圳為確保在區塊鏈產業國際化競爭中走在前列，積極扶持重點企業和重點項目，出抬長期配套發展資金的政策。

2017 年 9 月，深圳市下發了《深圳市人民政府關於印發扶持金融業發展若干措施的通知》，鼓勵金融創新，設立金融科技專項獎，重點獎勵在區塊鏈、數字貨幣、金融大數據運用等領域的優秀項目，年度獎勵額度控制在 600 萬元以內。

2018 年 3 月，深圳市經濟貿易和信息化委員會發布了文件《市經貿信息委關於組織實施深圳市戰略性新興產業新一代信息技術信息安全專項 2018 年第二批扶持計劃的通知》，區塊鏈屬於扶持領域之一，按投資計算，單個項目資助金額不超過 200 萬元，資助金額不超過項目總投資的 30%。

（5）重慶市區塊鏈政策。重慶市政府對區塊鏈產業發展高度重視，在引進專業人才、凝聚產業力量以及營造良好的產業生態環境等方面加大投入和支持力度。

2017 年 11 月，重慶市經濟和信息化委員會發布了《關於加快區塊鏈產業培育及創新應用的意見》，提出到 2020 年，力爭全市打造 2~5 個區塊鏈產業基地，引進和培育區塊鏈國內細分領域龍頭企業 10 家以上、有核心技術或成長型的區塊鏈企業 50 家以上，引進和培育區塊鏈中高級人才 500 名以上，初步形成國內重要的區塊鏈產業高地和創新應用基地。

（6）浙江省區塊鏈政策。浙江是國內最早重視區塊鏈技術的省份之一，2016 年初就有相關人士指出，希望浙江成為全國區塊鏈技術開發應用高地。2018 年更是提出把區塊鏈打造成未來產業，對區塊鏈的重視程度非常高，發布的諸多政府文件中都提及區塊鏈。

2016 年 12 月，浙江省人民政府辦公廳發布了《關於推進錢塘江金融港灣建設的若干意見》，為推進錢塘江金融港灣建設，將積極引進區塊鏈企業入駐。

2017 年 5 月，西湖區人民政府金融工作辦公室發布了《關於打造西湖谷區區塊鏈產業的政策意見（試行）》。

2017 年 5 月，寧波市經濟和信息化委員會發布了《寧波市智能經濟中長期規劃（2016—2025 年）》，其中提到加大區塊鏈、人工智能等技術的推廣應用。

2017 年 6 月，杭州市人民政府發布了《關於推進錢塘江金融港灣建設的實施意見》，支持金融機構探索區塊鏈等新型技術。

2017 年 11 月，《浙江省人民政府辦公廳關於進一步加快軟件和信息服務業發展的實施意見（代擬稿）》中提及需要加快雲計算、大數據、區塊鏈等前沿領域的研究和產品創新。

（7）江蘇省區塊鏈政策。江蘇是目前國內在政府文件中提及區塊鏈最多的省份之一，江蘇軟件產業發達，科教資源豐富，具備區塊鏈技術發展與應用的良好環境，在政策扶持上制定了針對區塊鏈領域的人才扶持及產業創新的優惠政策，先後成立了一批區塊鏈相關的研究機構，致力於推動區塊鏈技術應用、發展。

2017 年 2 月，南京市人民政府下發了《市政府辦公廳關於印發「十三五」智慧南京發展規劃的通知》，明確提出要使區塊鏈等一批新技術形成突破並得以實際應用。

2017 年 3 月，南京市政府印發的《南京市「十三五」金融業發展規劃》中，強調要以大數據、雲計算、人工智能及區塊鏈技術為核心，推進金融科技在徵信、授信、風險控制等領域的廣泛應用。

2017 年 5 月，首屆中國（無錫）物聯網與區塊鏈產業發展高峰論壇上，無錫軟件行業協會區塊鏈專業委員會暨物聯網與區塊鏈聯合實驗室正式對外掛牌。

2017 年 9 月，2017 世界物聯網新技術新產品成果發布會上，《中國區塊鏈與物聯網融合創新應用藍皮書》發布。

2017 年 10 月，南京發布了「互聯網+政務服務+普惠金融便民服務應用協同區塊鏈支撐平臺項目方案」。該方案利用區塊鏈技術解決了政府各部門政務系統與各銀行業務系統的打通。

2017 年 12 月，蘇州高鐵新城向社會開放了首批 15 個區塊鏈應用場

景，並發布了 9 條扶持政策，吸引區塊鏈企業和人才落戶。

（8）貴州省區塊鏈政策。貴州是國內最早占據區塊鏈發展風口，率先制定出區塊鏈發展戰略規劃、發展區塊鏈產業的地區之一。在推動區塊鏈產業迅速發展的同時，也形成了國內較為完善的區塊鏈產業生態。

2016 年 12 月，貴陽市政府新聞辦舉行了《貴陽區塊鏈發展和應用》白皮書新聞發布會，該白皮書中提出，計劃在 5 年內建成主權區塊鏈應用示範區。

2017 年 2 月，在貴州省大數據發展領導小組印發的《貴州省數字經濟發展規劃（2017—2020 年）》的政府報告中，提到了「建設區塊鏈數字資產交易平臺，構建區塊鏈應用標準體系」等目標。

2017 年 5 月，貴陽國家高新區推出了《促進區塊鏈技術創新及應用十條政策措施（試行）》，在入駐、營運、成果獎勵、人才、培訓、融資、風險、上市等十個方面提供政策支持。

2017 年 6 月，貴陽市人民政府下發了《關於支持區塊鏈發展和應用的若干政策措施（試行）的通知》，主要在主體、平臺、創新、金融和人才五方面對區塊鏈產業提供政策扶持。

（9）山東省區塊鏈政策。山東在政策扶持力度上，設立區塊鏈產業發展年度專項資金，連續執行五年。

2017 年 6 月，山東省青島市市北區發布了《關於加快區塊鏈產業發展實施意見》，發布了區塊鏈技術在政府管理、跨境貿易、供應鏈管理、供應鏈金融、大健康產業、公示公證、城市治理、社會救助、知識產權產業化、工業檢測存證等十大領域的轉化應用。

2017 年 7 月，山東省市北區人民政府印發了《關於加快區塊鏈產業發展的意見（實行）》，力爭到 2020 年，形成一套區塊鏈可視化標準，打造一批可複製推廣的應用模板，引進和培育一批區塊鏈創新企業。

2017 年 9 月，青島市發布了《「鏈灣」》白皮書，計劃成立全球區塊鏈中心，建設青島「全球區塊鏈+」創新應用基地。同時通過稅收優惠、房租補貼等方式吸引區塊鏈企業入駐。

2017 年 12 月，青島國際沙盒研究院在嶗山區發布了全球首個基於區塊鏈的產業沙盒「泰山沙盒」。

（10）江西省區塊鏈政策。江西政府出抬了多部政策，鼓勵發展區塊鏈技術，培育江西區塊鏈產業集群，推動江西區塊鏈產業的發展。

2017年7月，贛州市設立了區塊鏈金融產業沙盒園，在企業入駐、技術扶持、營運、金融等方面予以扶持。

2017年9月，江西省人民政府下發了《關於印發江西省「十三五」建設綠色金融體系規劃的通知》，鼓勵發展區塊鏈技術、可信時間戳認定等互聯網金融安全技術，應用於金融業務場景。

2018年1月，江西人民政府印發了《贛江新區建設綠色金融改革創新試驗區實施細則》，該細則提到了推廣運用大數據、雲計算、區塊鏈等金融科技，服務綠色金融發展。

（11）廣西壯族自治區區塊鏈政策。廣西區政府即將出抬相關的產業政策，推動廣西區塊鏈產業，安排財政引導資金，創建公司，採用開放的產業合作模式，引進外部基礎投資和企業，培育廣西的區塊鏈研發、應用產業發展，形成對東盟和北部灣地區有輻射能力的產業集群。

2017年12月，廣西壯族自治區人民政府辦公廳關於印發《廣西進一步擴大和升級信息消費持續釋放內需潛力實施方案的通知》，該通知強調大力發展軟件和信息技術服務業，開展基於區塊鏈、人工智能等新技術的試點應用。

2018年1月，政協第十二屆廣西壯族自治區委員會第一次會議上，《關於加快引進和培育區塊鏈產業的建議》的提案，得到了71名政協委員力挺。

9.2　區塊鏈的未來

9.2.1　區塊鏈+金融面臨的挑戰與發展趨勢

9.2.1.1　金融領域中區塊鏈技術應用面臨挑戰

儘管區塊鏈技術在金融等領域有很大的應用潛力，但目前技術應用還在起步階段，在未來的實踐應用中仍面臨著諸多挑戰：

（1）區塊鏈技術本身的限制。

首先，比特幣區塊鏈是最初的公有鏈，但是其採用的POW共識算法會導致中心化並耗費大量能源。根據比特幣區塊鏈的規則，如果新開發一個區塊會有相應的比特幣獎勵，而能否獲得開發出一個區塊則與算力有直接關係，因此產生了「礦池」（大規模的專業挖礦設備集群），專門去挖比特幣，比特幣區塊鏈遵從少數服從多數的原則，在極端情況下，礦池如果掌控了51%以上的算力，則可以在別人開發出一個新區塊後故意不認可，由於51%以上的節點不認可，則這個區塊無法接入區塊鏈，從而導致了節點之間的不對等以及中心化。此外，礦池的出現會消耗大量算力和電能，如果挖礦成功會有比特幣獎勵，而如果沒有成功則會白白消耗大量算力和電能。不過，針對這些問題，開發者已經研究出POS、PBFT等相對節能的共識算法，預期未來在這個方向上會有進一步的突破。

其次，智能合約的去人為干涉使得在系統出現問題時無法及時彌補損失。2016年4月上線的眾籌項目The DAO在1個月內就募集到價值超過1.5億美元的以太幣用於建立該項目，但一個月之後，以太幣的創始人之一維塔利克·布特林（Vitalik Buterin）發表了聲明表示The DAO存在巨大的漏洞，並且有大量的以太幣被盜，由於智能合約的去人為干涉特性，該缺陷無法在線上修補，只能眼睜睜看著以太幣繼續被盜。且區塊鏈一旦被寫入就不可篡改的特性使得失誤操作或者錯誤交易等事件不可回退，需要設計額外的追索修正機制，靈活性較差。

再次，雖然P2P方式大大提高了跨國清算效率，但是在日常交易中，區塊鏈的交易與存儲效率並不高。以比特幣為例，在比特幣區塊鏈中，固定地會每10分鐘產生一個大小為1M的新區塊。這種設計是為了減少數據衝突，最基本的比特幣交易大小是250B，每秒處理速度為1,024,000（1M）/250/600（10分鐘）= 6.6，即每秒可以處理6.6個比特幣的交易。而目前支付寶、微信等支付結算中心每秒可以處理上萬筆交易，上交所、深交所、港交所等都已經具備每秒處理幾十萬筆交易的能力。相比之下，目前區塊鏈技術的處理能力是無法滿足大規模支付場景的需要的。針對這些問題有閃電網絡、區塊擴容等解決方案。但這些方案的可

靠性仍在進一步探索中。

最後，隨著數學、密碼學和量子技術的發展，非對稱加密技術在未來將有可能被破解，從而將大大削弱區塊鏈的安全性。不過，密碼學家也在研發新的抗量子計算的密碼，比如格密碼。

除了以上幾點，還有硬分叉、重放攻擊等問題，區塊鏈技術也有待進一步完善。

（2）隱私安全有待加強。在隱私層面上，區塊鏈技術的去中心化使得所有參與者都能夠獲得完整的數據備份，數據庫完全透明共享。比特幣可以通過密鑰隔斷交易地址和地址持有人真實身分的關聯，達到匿名的效果。但如果區塊鏈需要承載更多的業務，比如實名資產，又或者通過智能合約實現具體的借款合同等，就會出現隱私保護和合同驗證的矛盾。未來通過合理設計系統鏈上的數據，安排鏈外信息交換通道等機制，或許可以規避一些隱私保護的難點。

在安全層面上，由於部分互聯網金融行業的准入門檻較低，所有的交易記錄全部公開透明，客觀上也可能會增加惡意詐騙和信息洩露的風險，因此網絡安全認證體系的建設責任更大。此外，區塊鏈消除了仲介的角色，通過程序算法建立起信用擔保，例如客戶徵信信息被儲存在區塊鏈中進行信息共享，只能通過密鑰識別，信息的這種不可逆性將增大信息洩露等安全問題的追責難度，一旦密鑰丟失往往可能會造成客戶資產無法挽回的損失。

（3）金融監管的難度增加。雖然區塊鏈的透明性、不可篡改、信息共享等特性在理論上有利於穿透式監管，但是區塊鏈去中心化的特性使其成為一個分散均衡的節點體系，降低了金融監管的針對性和有效性。並且區塊鏈技術在不同程度上會給傳統的管理機制、業務流程、交易模式帶來了顛覆性的變化。目前區塊鏈領域的學術研究還處於初級階段，理論研究和準備也並不十分充分，各國的監管機構還處於觀察和研究階段。當創新技術的發展速度快於監管出抬速度時，容易造成監管短期內的缺失，可能帶來的金融系統性風險上升；而如果在市場起步階段監管過嚴又可能會在一定程度上阻礙區塊鏈創新技術的正常發展。不僅區塊鏈技術，人工智能、大數據等技術亦是如此。為了協調金融的創新

發展與有效監管，監管機構應該具有前瞻性的戰略眼光與清晰的監管思路。一方面監管分類應該更加細緻，基於區塊鏈技術的金融產品日趨多樣化，監管機構可以針對監管對象、機構主體和業務範圍進行更細緻的分類監管。另一方面應該注意協調。金融科技的跨界性、混業經營與傳染性會使得風險外溢，應該建立起有效的綜合監管機制。

9.2.1.2 區塊鏈技術在金融領域的發展趨勢

金融與區塊鏈技術相互融合，必然會創造出越來越多的新的業務模式、新的應用、新的流程和新的產品，從而對金融市場、金融機構、金融服務的提供方式產生更大的影響。目前的區塊鏈應用已經可以解決金融業當前面臨的一些痛點並提升傳統金融的效率，但是從總體評估來看，當前區塊鏈技術的應用仍處在初級階段（見圖9.5）。

| 2017年11月15日，新加坡央行公布"Project Ubin"第二階段工作細節 | 2017年11月17日，加拿大區塊鏈數字身份認證系統將于2018年上線 | 2018年1月15日，上海票據交易所數字票據交易平臺實驗性系統成功上線試運行 | 2018年2月14日，美國召開主題為"超越比特幣，區塊鏈技術新興應用"的聽證會 | 2018年3月8日，歐盟委員會宣布啓動一項新機制，以促進歐洲區塊鏈技術發展 |

各國都在積極推動區塊鏈技術 →

圖 9.5　各國對區塊鏈的推進

資料來源：中國信通院《區塊鏈在金融領域的應用》。

目前，世界各國政府、金融界和學術界都高度關注區塊鏈的應用發展，從目前的趨勢來看，未來區塊鏈技術在金融業的應用具體呈現出以下幾個方面的趨勢（見圖9.6）。

| 內部試驗探索 | 內部試點應用 | 跨機構和行業共享基礎設施涌現 | 全面應用及相關數字資產規則 |
| 2014—2016年 | 2016—2017年 | 2017—2020年 | 2020—2025年 |

區塊鏈技術發展預判 →

圖 9.6　區塊鏈技術發展的預判

資料來源：中國信通院《區塊鏈在金融領域的應用》。

(1) 各金融機構有可能會逐步組建聯盟，共同制定區塊鏈技術標準。由於目前區塊鏈發展處於初級階段，技術還不夠完善，監管法規尚不明晰。金融科技公司、各大金融機構以及監管部門都可能會影響區塊鏈的應用和發展。現階段，國內和國際化標準組織對區塊鏈技術標準化的佈局工作已有了初步框架，以摩根大通、花旗銀行為代表的商業銀行會同金融科技公司共同組建行業聯盟 R3CEV，期望在監管部門的參與下，建立符合監管要求及金融業需要的分佈式帳本體系，制定區塊鏈技術的行業標準，搶占市場先機。超級帳本（Hyperledger）由各金融機構、金融科技公司以及其他產業企業共同打造跨行業聯盟，建立開放平臺，致力於拓展不同行業的應用案例。中國分佈式總帳基礎協議聯盟也希望可以結合政策法規、行業邏輯，開發符合國家政策標準和行業邏輯習慣的區塊鏈技術底層協議。

(2) 各金融機構將繼續重點開發核心業務中的區塊鏈應用場景。核心業務是各金融機構的首要創新試點，未來各金融機構將聯合科技公司探索可應用於核心業務的區塊鏈技術。且區塊鏈的去中心化、不可篡改等特性有可能對現有金融體系的制度基礎和商業模式產生新的衝擊。

(3) 應當理性務實地看待和推動區塊鏈技術創新發展，客觀認識其發展階段及市場影響。區塊鏈是當前金融科技共同關注和積極探索的新興技術，但由於其在起步階段內生性的一些技術缺陷，是否能夠得到大規模應用還有待觀察，相信隨著區塊鏈技術的改進以及區塊鏈技術與其他金融科技的結合，將逐步可以適應區塊鏈技術的大規模金融場景的應用。

9.2.2 區塊鏈技術在非金融領域應用的發展趨勢

區塊鏈技術發端於數字貨幣，自 2008 年以來，數字貨幣在全球範圍內興起，區塊鏈技術逐步走進人們的視野。目前，世界各國政府、產業界和學術界都高度關注區塊鏈的應用發展，相關的技術創新和模式創新不斷湧現。

9.2.2.1 區塊鏈技術與電商交易平臺的未來

區塊鏈技術是一種去中心化（decentralized），通過分佈式節點進行

數據的存儲、驗證、傳遞和交流的一種技術方案。從促進買家與賣家交易角度來看，以區塊鏈技術為基礎的交易網絡比傳統的中心化電商交易平臺具有更多的優勢，具體來說有以下幾個方面：

溝通：在區塊鏈交易網絡上，買家與賣家依然可以交流溝通，達成交易，而且極有可能比現有的中心化電商交易平臺更快，因為不需要多一個二傳手在中間傳遞。

自我管理：商戶對自己的商業信息（如運作記錄），顧客對個人信息也有完全控制，不再有一個中心平臺存儲信息。

信任：商戶及個人對區塊鏈交易網絡信任度更高——借助背後密碼學的分佈式算法原理，無須借助第三方介入，區塊鏈技術以低成本促成網絡參與者達成共識，解決信任與價值的傳遞問題。

透明：區塊鏈網絡上的交易信息所有參加者即時可見，做壞事者想躲藏難度極大。

不可篡改性（Immutability）：區塊鏈網絡上的交易一旦記錄下來，任何商戶及個人無法篡改，保證可追溯。

目前電商交易平臺是中心化的，買家與賣家之間交易要完成，必須通過平臺，這也是前述提到的商家呼喚控制權及中立性迷失兩個痛點出現的根本原因。

但如果買家與賣家依然在以一個區塊鏈為基礎的電商交易網絡上（如創業公司 Soma, Canya, Shop 等），它們可以自己通過交流完成交易。比如，打算租房的遊客與握有合適房源的房東直接聯繫，完成租房交易，而不需要經過一個叫作 Airbnb 的仲介，在這樣的場景裡，商家控制權不再是問題，因為商家擁有 100% 營運自主權，中立性問題也不再是商戶的困擾，因為那個曾經會自己下場參加「比賽」的平臺也已不復存在。

區塊鏈交易網絡也可用來解決電商交易平臺中的可靠性痛點。傳統電商交易平臺中，負責揪出「壞人」（如欺騙商家）的，只有一個中心警察——平臺本身，因為它掌握著許多關鍵數據，如 A 顧客的預警信號，B 顧客並不知曉。在區塊鏈交易網絡中上，鑒於信息的透明性，所有參與者（商戶及顧客）都可以起到「警察」作用，不良商家想利用

信息不對稱（不透明）躲藏起來就更加困難。

此外，區塊鏈技術的另一個法寶及有效運用場景是智能合約（Smart Contract），就是由計算機算法控制的商業指令。比如顧客 A 可以和商家 B 就某次交易設立一個智能合約：A 在 7 天內收到 B 的發貨（物流公司在區塊鏈更新簽收記錄），相關款項 X 元會在 3 天內打到 B 的 Y 帳號上。交易安排不需中間人（平臺）監督，合同自動執行。這樣的智能合同，相當於植入了自動防欺騙功能。雖說智能合約也不敢保證 100% 杜絕交易欺騙行為，如 Amazon 上 Jinate's Shop 欺騙了 6,000 多位顧客的事件，就更難發生，因為不再需要通過一個平臺在事發後介入調查干預，而平臺在解決這個問題上的表現，已證明漏洞不少。

傳統的中心化電商交易平臺向商戶（有時也包括顧客）收費，因為它們提供了一些第三方服務（如交易促成、質量控制、支付協助等），需要有人為此買單。但在以區塊鏈技術為基礎的去中心化電商交易網絡中，買家與賣家直接對接，傳統意義上的平臺交易佣金就無從談起。再者，由於區塊鏈的透明度及信任度、智能合約運用等因素，買賣雙方之間的信任成本及交易成本降低，對於傳統意義上的交易撮合服務需求降低，所以相關費用也就對應降低（如商戶認證費用）。

商家需要分擔的費用，主要可能來自背後區塊鏈技術架構的建立及支持上。比如，意欲挑戰 Airbnb 的區塊鏈租房公司 Bee Token 的費用結構是：如果房東及旅客願意採用自家發行的 Bee Token 代幣交易，手續費為 0；使用其他數字貨幣如比特幣或以太幣費用也只是 1%~2%，遠遠低於 Airbnb 平均約 15% 的交易手續費。

鑒於目前的傳統電商交易平臺已經占據了相應行業的統治地位，它們對於新型的區塊鏈交易網絡替代自身估計會有一些抗拒，可預期新型的創業公司受到擠壓的可能性不小。當然，不排除這些巨頭可能會部分採用區塊鏈，比如，Alibaba 最近與澳大利亞藥廠 Blackmores 及 Australian Post 合作，準備採用區塊鏈技術在防止和消除假藥，促進在天貓和淘寶平臺上澳洲藥品銷售的真實與安全。

目前區塊鏈技術本身也在發展完善中，由於它的分佈式全網絡加密原理，營運效率在有些場景下，可能還不如傳統中心化平臺快。比如像

Uber、滴滴這樣的高頻打車交易平臺，運用區塊鏈技術需要的運算資源會比較高，不如 Airbnb 之類適用。當然，區塊鏈計算能力方面的挑戰有望在未來得到改進。

最後，傳統電商平臺的一個重要功能是通過強大的品牌及行銷能力聚攏更多的買家與賣家，這方面，區塊鏈技術本身代替不了行銷，這會是區塊鏈交易平臺的一個重大挑戰。不過，由於它的成本低，可以用超低價服務費作為一個賣點，吸引商家入駐，或者以代幣激勵用戶參與行銷推廣。從實際操作層面來看，這類交易網絡的最初一批用戶估計會來自具有創新眼界的商家及個人。比如，雖然與 Expedia 相比，Winding Tree 只是一家小的區塊鏈旅遊交易網絡，但最近 Air New Zealand 已宣布入駐，開闢新的交易渠道。

當前，電商交易巨頭如 Amazon、Alibaba、Ctrip、Airbnb 等，已經是各自相應行業的巨頭，有著舉足輕重的影響力；但它們的中心化營運模式存在一些痛點，而這些正好為新興的區塊鏈技術提供了運用可能。變革的過程可能漫長，但未來的電商交易一定會更加多元化，傳統電商平臺必須順應變革，方能與時俱進。

9.2.2.2 區塊鏈技術與醫療健康行業的未來

區塊鏈是一種按照時間順序將數據區塊以順序相連方式組合成的一種鏈式數據結構，並以密碼學方式保證的不可篡改、不可偽造的分佈式帳本。從本質上來講，它就是一個去中心化的數據庫，而這正是目前醫藥行業所急需的。可以這麼說，區塊鏈技術能夠應用在價值導向型醫療、精準醫療、患者護理以及藥品供應等領域的場景。

（1）區塊鏈與價值導向型醫療。價值導向型醫療是一種與傳統的「按服務項目收費」相對的醫療體系，突出「以患者為中心、以療效為重點」的理念。隨著價值導向型醫療時代的來臨，全球醫療體系都更多地將目光聚焦在醫療服務的「價值」上，醫療市場的競爭規則也正轉變為「基於醫療效果的競爭」。

如何控制醫療費用一直都是令各類醫療機構和付款人頭疼的問題，也是評價醫療服務的參考標準之一。傳統的醫療保健費用支付系統過於

複雜和昂貴。平均來說，院方的管理支出大約占到了醫療支出的14%。而區塊鏈的應用絕對可以減少這類財務支出，因為「區塊鏈可以使分佈式護理團隊與智能支付系統相匹配，支持打包支付和按疾病支付等不同模式」。

區塊鏈作為一種技術架構，可以促進基於價值的支付系統的發展。對於那些基於區塊鏈的支付系統來說，評估和計費管理都已經相當成熟，可以提供切實可行的解決方案，最大限度地減少與醫療帳單相關的詐欺行為。

鑒於在付款人中不當醫療記帳和報銷的詐欺活動數量相當高，因此區塊鏈在這方面有著相當廣的應用性。例如，在患者正同醫保計劃處理合同的情況下，區塊鏈可以自動驗證和授權信息以及執行合同流程，消除信息在多方之間來回地繁冗。這將提高支付的透明度和效率，從而降低管理成本，加快保險理賠的處理速度，減少財務損失。

（2）區塊鏈與精準醫學。基於區塊鏈的系統可以推動研究人員在醫學創新領域進行史無前例的合作，特別是在個性化醫療領域，區塊鏈可以推動實現建設「以患者為中心」的醫療系統。目前個人醫療網絡數據系統之間缺乏互操作性，這對患者的治療與護理極為不利。數據對於提高患者護理水準和生命安全至關重要，且其重要性遠超數據被竊取的風險。因為必須擁有這些數據，他們的醫療服務供應商才能更好地對其進行治療。

目前已經有了教育患者管理自己的健康以更好地進行疾病預防的趨勢，而這種做法將產生大量的數據。如果區塊鏈可以支持一種由患者管理的電子健康記錄系統，那麼醫療保健業者所需要做的就是提供服務和治療以改善患者健康狀況，而不是擁有患者的健康信息。

臨床試驗中的精準醫療為區塊鏈創新提供了另一個絕佳的機會。據統計，約有40%的臨床試驗沒有公開其研究報告。實際上，與臨床試驗相關的大部分藥物研究都是孤立的，這斷送了組織內部團隊之間的協作可能，也使得患者和醫療保健利益相關者、政策制定者之間形成了知識空白，造成了嚴重的安全問題。區塊鏈技術必將在此方面大有作為。

（3）區塊鏈與可穿戴設備。可穿戴設備指那些可以直接穿在身上

或是整合到用戶服裝或配飾上的便攜式設備。它不僅是硬件設備，更是一種能通過軟件支持和雲端交互來實現強大功能的數據系統。未來可穿戴設備有望通過區塊鏈技術整合到醫療 IT 的生態系統中。

醫療可穿戴設備正在為臨床研究、治療效果以及疾病預防和管理囤積大量關鍵信息。然而在目前的狀態下，這些信息通常都只是一堆原始數據，存儲在外部無法訪問且不能為其他用途所共享的數據庫中。

在區塊鏈技術下，這類健康數據在驗證後可以在區塊鏈上得到保護和共享，使可穿戴設備能夠在許多領域發揮全新的作用，例如臨床試驗患者招募、臨床研究和疾病治療等。

實際上，以患者為中心的健康數據交換為區塊鏈在醫療領域的創新提供了巨大的機遇。患者和數據擁有者能夠通過區塊鏈記錄患者知情同意和數據傳輸活動，以此來控制外部對於其醫療數據的訪問。

隨著越來越多的患者開始獲得對自己健康數據的控制權，相關數據將更有效地在整個系統中流動，從而使醫療行業能夠擁有更準確的數據、更新的治療方案和更優的治療結果。

（4）區塊鏈與電子健康記錄。要實現區塊鏈在以上環節的作用，電子健康記錄（EHR）的發展是至關重要的一環。在「患者中心型」醫療中，徵得患者同意後，區塊鏈將幫助醫療供應商訪問 EHR，以便全面地查看患者的健康數據。

目前，EHR 聚焦於收集各類臨床數據。隨著可穿戴設備的發展，來自各類移動醫療設備的外生數據增長異常迅速。區塊鏈技術可以將這些不同來源的數據連結到傳統的臨床數據庫。

區塊鏈在 EHR 領域顯著的發展趨勢，就是將 EHR 交由患者創建、維護和分發。這樣一來，EHR 將不再由各家醫療保健公司擁有並營運。相反，它將是掌握在患者手中的一套包含多個部門數據的記錄，即從提供醫療服務的各個實體中提取相關數據交給患者，以便患者能將其添加到自己的健康記錄中。

這些實體將不再擁有患者的健康記錄，而只是為其提供數據。區塊鏈可以徹底顛覆目前 EHR 的所有權和維護權，讓患者選擇與誰共享、共享多少、什麼時候共享他們的健康信息，而不是聽命於任何醫療系統

的擺布。

EHR供應商還有更多更緊迫的事情要做,在目前尚無明確且令人信服的相關用例的情況下,EHR供應商又怎麼會將發展區塊鏈技術的順位提前?Watson強調道:「供應商們可能會為區塊鏈技術提出一些泛泛的未來定位,以顯得自己能跟得上這股潮流,但那大都不是一個可行的技術部署。」

(5)區塊鏈與數據安全性。與EHR緊密相關的一個概念就是網絡安全。這也是區塊鏈可能產生深遠影響的領域之一。區塊鏈不是補丁,而是一種在防篡改、分佈式系統中管理和驗證信息的全新方法。它不僅僅是一個安全系統,還能迫使每個企業專業人員重新思考其在數字領域的業務運作的技術。

在區塊鏈系統下,所有交易都有時間標記,且能在每個授權用戶可見的板塊中複製,但這些數據都只能添加、不能被修改。區塊鏈的分散性提供了匿名分發、數據加密的能力,並由有權限的用戶進行驗證。

區塊鏈技術可以提供所有健康數據訪問的可追溯性,並對審計人員完全透明。分佈式帳本技術還可以保存訪問數據的密鑰,通過與其他系統協同工作來產生不可變的審計日志,從而增加了另一級別的安全性,使非法訪問變得更加困難。

在數據安全領域,區塊鏈技術最大的機會是如何重塑醫療生態系統中的數據移動模式。區塊鏈使得開發輕量級的數據交換模型成為可能,讓合作夥伴間不需要進行大規模的數據傳輸或擴大數據的可用性。以上兩者都是現今網絡安全風險的重要來源。

(6)區塊鏈與藥品供應鏈管理。區塊鏈的分佈式帳本技術可為藥品供應鏈管理提供立法、物流和患者安全方面的裨益。從邏輯上講,區塊鏈與政府在藥品管理方面的努力相一致;從患者安全的角度來看,區塊鏈最有前途的益處之一就是幫助阻止那些劣質、仿造、虛假藥物繼續困擾藥品供應鏈。

預防假冒藥物是藥品供應區塊鏈的一個主要用途。各類假藥每年在全球造成高達2,000億美元的損失。基於區塊鏈的系統可以確保監管鏈日志的完整,讓相關人員能夠追蹤到藥品或產品供應鏈的每一步。

应用區塊鏈技術後，合作的一方需要依靠另一方才能確保盡可能安全快速地向患者提供藥物。藥物分配模式的性質將使以上三種合作夥伴在審計和追蹤藥品庫存方面具有同等的透明度。

因此，三種合作夥伴都可以更加瞭解供應鏈，並驗證藥品從製造到患者的全過程。如果供應鏈上的每個實體都能夠明確地知曉庫存情況，並審核藥品的分發情況，那麼假藥就很難進入市場。

9.2.2.3 區塊鏈技術與生豬市場的未來

生豬市場利用區塊鏈技術，全流程追溯數據上鏈，通過與追溯雲平臺、電商平臺，以及區塊鏈營運中心進行數據上鏈和數據查詢，提供安全可靠的分佈式數據存儲，可徹底解決食品安全問題。成都龍鏈科技有限公司與美國硅谷技術團隊、北京技術團隊、杭州技術團隊、農業部專家、深圳技術團隊，及眾多業界重量級企業家一起，共同打造了比特豬（見圖9.7、圖9.8）。

區塊鏈生豬項目-Bit豬，利用區塊鏈技術、人工智能技術、物聯網技術，立足高於中國生豬行業標準、國家標準，重構生豬產業體系，重塑生產消費信用體系，重建消費者信心，服務於全民大健康。Bit豬利用龍鏈集團資源優勢致力於全程溯源，從上游、中游、下游全過程溯源信息整合，上游利用雲夢共享農場方式，自有農場和深度合作農場，從育種和育肥開始記錄豬仔成長過程到出欄；中游利用自有屠宰場進行宰

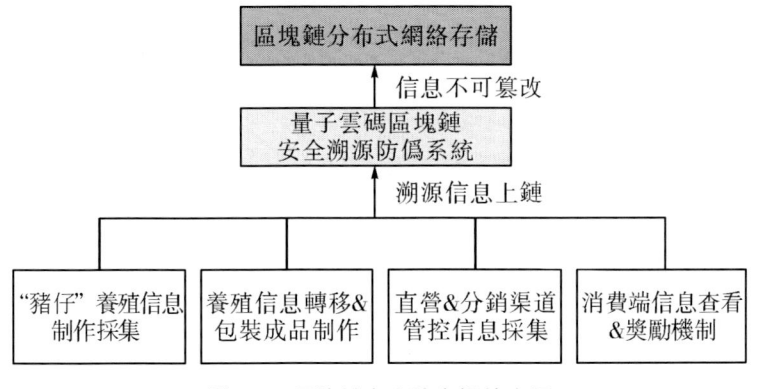

圖9.7　區塊鏈在生豬市場的應用

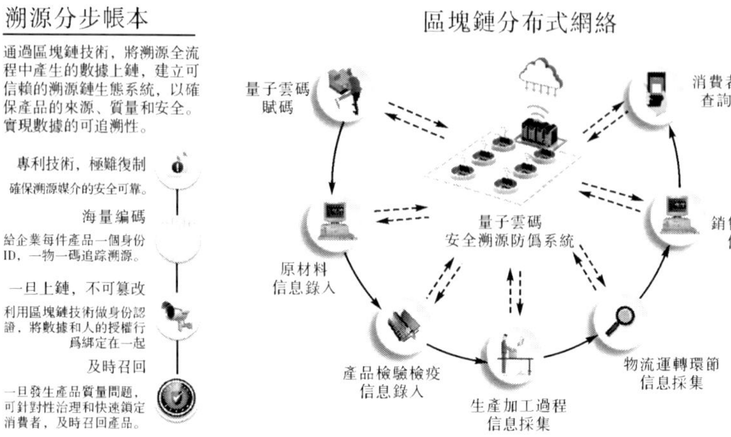

區塊鏈+時代：區塊鏈在金融領域的應用

圖 9.8 比特豬溯源體系

殺、分割、粗分、精分、包裝、物流所有信息上鏈，保證信息安全；下游利用二師兄肉業自有直營店、自動銷售機、商超、餐飲、肉販子等銷售，提供配送、售後等服務。

（1）養殖階段：耳標。印製比特豬專屬量子雲碼追溯耳標，養殖過程中佩戴在「豬只」身上。耳標表面有量子雲碼可見碼，內附 RFID 技術。一豬一碼。

（2）成品包裝：噴碼。直接噴印量子雲碼可見碼於肉類成品包裝上，與比特豬品牌包裝宣傳結合，掃描量子雲碼即可獲取商品信息。消費者使用手機 APP 掃描量子雲碼區域即可知道真假，查詢溯源信息等。

（3）區塊鏈溯源系統。

第一，「豬只」養殖信息的採集製作。比特豬養殖過程中存在多個豬舍，在各豬舍出入口處設立 RFID 感應門，豬仔打上 RFID 耳標，上賦量子雲碼。從「豬只」育種開始，記錄檢疫證明、出生證明，育肥過程中從環境、飼料、生長情況、監控等不同方面，分別記錄「豬只」養殖和管理信息（包含圖片和視頻）。

記錄頻次：生產單位自定。

記錄工具：感應門、安卓手機。

記錄方式：操作員登陸安卓手機上比特豬溯源訂制 APP。

工作人員攜帶工作吊牌（RFID）通過感應門自動記錄頻次。「豬只」進出豬舍自動記錄頻次、時間、位置等信息。

操作員在手機交互界面記錄、寫入當前行為信息、生產地，並拍攝當前「豬只」照片，系統自動記錄時間、操作員、監控信息。並同步存儲到後臺服務器。多次記錄生成完整的「豬只」養殖和管理信息溯源鏈條，並記錄保存於系統後臺。

第二，養殖信息轉移。在「豬只」養成後，經過檢疫合格，運往屠宰場定點宰殺。「豬只」出欄時經過感應門，記錄出欄時間、地點。到達屠宰場後，經過感應門完成簽到。「豬只」分割後將生產成大小不同的包裝成品，一品一標，且有自身編號，編號為從小到大連續，肉眼可識別。在肉類包裝封裝膜上預先印上含量子雲碼的包裝宣傳信息，肉類封裝時掃描耳標上量子雲碼將養殖信息與成品包裝上的量子雲碼封裝進行批量關聯，實現養殖信息轉移。

關聯方式為：掃描此肉類對應的「豬只」耳標上量子雲碼圖；在手機交互界面上掃描「豬只」耳標上量子雲碼然後填寫出產的比特豬成品包裝編號。例如A1號「豬只」標籤出產了100001~100999號，包裝產品則輸入100001~100999。系統自動將雙方雲碼信息進行匹配，此時100001~100999號標籤上的雲碼則繼承了A1號「豬只」的養殖記錄信息；掃描關聯轉移追溯信息時，手機還將記錄生產時間、生產批次、生產地點等信息。

第三，直營或分銷渠道管控信息採集。含量子雲碼的包裝肉類成品從屠宰場出貨時，掃描記錄經銷商、商場或超市、自動售賣點等銷售去向；依據成品包裝上的產品編號，掃描後在操作界面輸入碼段批量出貨或者單個出貨，記錄銷售去向信息；掃描記錄銷售信息時，手機還將記錄發貨時間、檢驗員、屠宰場的信息，作為完整的追溯信息記錄。

第四，消費端信息查詢。企業工作人員查看：工作人員可在後臺查看生產以及出貨信息，並對錯誤信息進行判斷和修改；普通消費者查看：消費者可直接在公眾網絡應用商店下載量子微查APP。掃描成品包裝上量子雲碼，查看完整豬肉追溯信息。追溯信息可逐條展示，也可根據企業要求自行勾選展示其中某些部分（見圖9.9）。

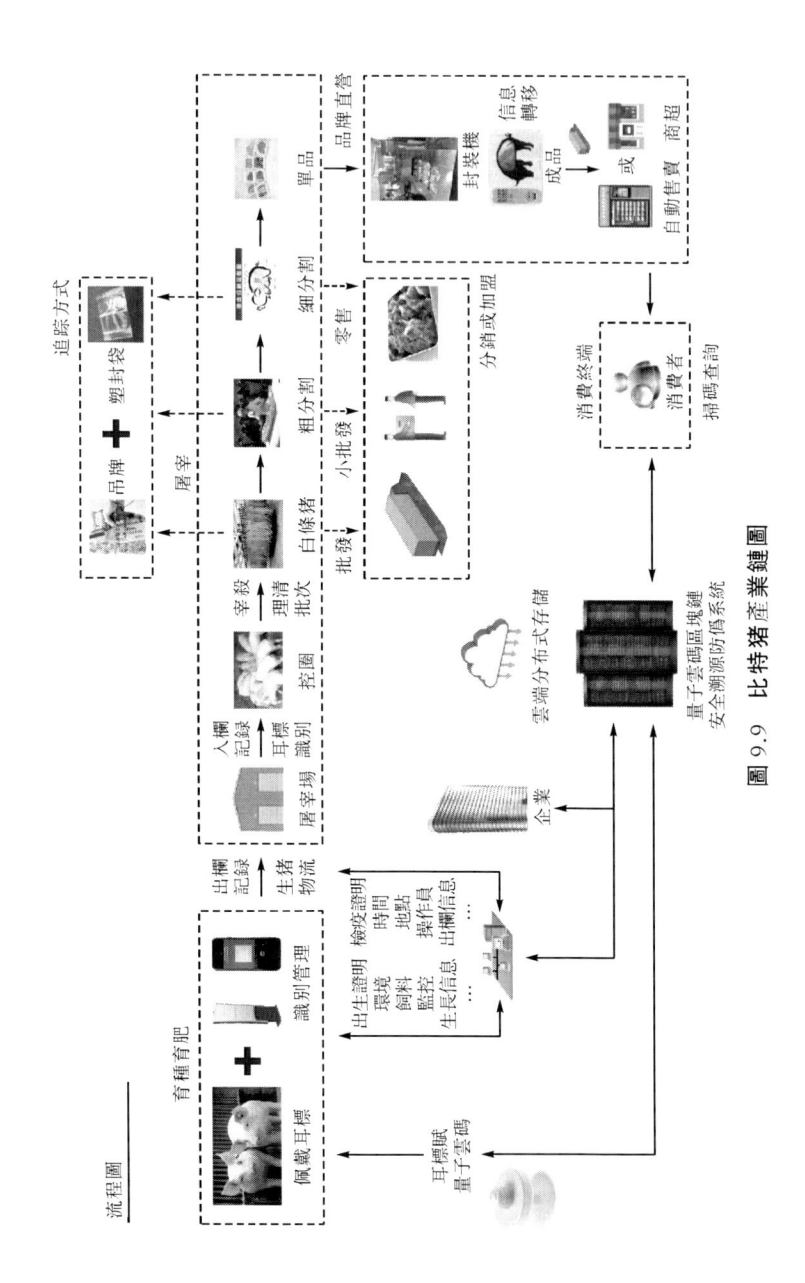

區塊鏈+時代：區塊鏈在金融領域的應用

圖 9.9 比特豬產業鏈圖

國家圖書館出版品預行編目（CIP）資料

區塊鏈+時代：區塊鏈在金融領域的應用 / 帥青紅、段江、夏可 編著.
-- 第一版. -- 臺北市：崧博出版：崧燁文化發行, 2019.04
　　面；　公分
POD版

ISBN 978-957-735-763-2(平裝)

1.金融業 2.金融管理 3.金融自動化

561.029　　　　　　　　　　　　　　108005075

書　　名：區塊鏈+時代：區塊鏈在金融領域的應用
作　　者：帥青紅、段江、夏可 編著
發 行 人：黃振庭
出 版 者：崧博出版事業有限公司
發 行 者：崧燁文化事業有限公司
E - m a i l：sonbookservice@gmail.com
粉絲頁：　　　　　網址：
地　　址：台北市中正區重慶南路一段六十一號八樓 815 室
8F.-815, No.61, Sec. 1, Chongqing S. Rd., Zhongzheng
Dist., Taipei City 100, Taiwan (R.O.C.)
電　　話：(02)2370-3310　傳　真：(02) 2370-3210
總 經 銷：紅螞蟻圖書有限公司
地　　址: 台北市內湖區舊宗路二段 121 巷 19 號
電　　話:02-2795-3656 傳真:02-2795-4100　　網址：
印　　刷：京峯彩色印刷有限公司（京峰數位）

　　本書版權為西南財經大學出版社所有授權崧博出版事業股份有限公司獨家發行
　　電子書及繁體書繁體字版。若有其他相關權利及授權需求請與本公司聯繫。

定　　價：450 元
發行日期：2019 年 04 月第一版
◎ 本書以 POD 印製發行